내 운명의
바코드는
무엇일까?

✒ "만세력 천을귀인" 어플(앱) 핸드폰에 설치하기

1. 핸드폰 play스토어에서 '만세력 천을귀인 – 무료만세력' 앱을 다운받는다.

2. '만세력 천을귀인'이 甲이라는 앱으로 깔린다.

3. 만세력 천을귀인을 열고 첫 화면이 나오면 '시작하기'를 누른다.

4. 지시하는 대로 입력한 다음 음력이면 음력을 누르고 윤달이면 윤달을 누르지만 양력은 아무것도 누르지 않으면 양력으로 자동 입력된다. 글쓰기를 마쳤다면 맨 아래에 '사주 조회'를 누르면 해당 사주가 나온다.

5. 저장하고 싶으면 '저장하기'를 누른다. 저장 목록을 누르면 저장한 이름이 나온다.

6. 저장 목록에서 해당 이름을 누르고 '사주 조회'를 누르면 해당 사주의 명식이 나온다.

7. 사주명식 8글자 밑에 10년 단위로 대운이 보이고 그 밑에 매해운도 볼 수 있다.

내 가족 사주는 내가 본다!

누구나 이해하기 쉬운 사주·명리 총정리

내 운명의
바코드는
무엇일까?

신보경 지음

책과나무

❧ 명리학에서 반드시 외워야 할 한문

명리학이 한문이 많아서 배우기가 어렵다고 생각하시는 분이 많은데, 사실은 그렇지 않다. 오행 5가지, 천간 10가지, 12지지(띠) 12가지, 총 27개만 외우면 된다. 그렇다면 반드시 외워야 할 한문에는 어떤 것들이 있을까? 아래에 암기해야 할 한문을 정리해 두었으니, 반드시 외우자.

l 오행

木(목), 火(화), 土(토), 金(금), 水(수)

l 10 천간

甲(갑), 乙(을), 丙(병), 丁(정), 戊(무), 己(기), 庚(경), 辛(신), 壬(임), 癸(계)

l 12지지(띠)

子(자), 丑(축), 寅(인), 卯(묘), 辰(진), 巳(사), 午(오), 未(미), 申(신), 酉(유), 戌(술), 亥(해)

命理(명리)를 알고 사주를 알면
운명도 비켜 갈 수 있다

거울 앞에 앉아 가만히 나를 들여다본다. 그곳에 저물어 가는 황혼이 보인다. 내 인생을 뒤돌아보니 굴곡진 긴 여정을 살았다. 다사다난한 지난날을 생각해 보면 선택의 연속이었던 것 같다.

지금 생각해 보면 그땐 왜 그런 선택을 했는지 지난날을 생각해보면 후회투성이다. 어느 날 문득 '내 인생은 왜 이럴까? 도대체 나는 누구일까?' 의문이 생겼다. 어떤 때는 노력하지 않아도 일사천리로 일이 술술 잘 풀리고, 또 어떤 때는 아무리 노력해도 되는 일이 없어 내 자신을 알고 싶다. '나라는 사람은 어떤 사람일까?' 알고 싶었다. 그러던 중 우연히 명리학을 알게 되었고, 그 후로 명리학 공부에 푹 빠지고 말았다.

나의 직업은 그림을 그리는 서양화 전업 작가다. 내 젊은 날은 그림에 미쳐서 빠졌었는데, 중년에 접어들어서는 명리학에 미쳐서 빠져 버렸다. 많은 돈과 시간을 들여서 밤새는 줄 모르고 공부하였지만 공부에는 끝이 없었다. 명리를 어느 정도 했다 싶으면 또 다른 공부를 해야 했고, 명리 공부란 끝이 없는 것 같다.

'더 진작 이 공부를 했었다면 이런 삶을 살진 않았을 텐데….' 하고 공부를 하면 할수록 아쉬움만 남는다. 과연 내가 좀 더 젊을 때 이 공부를 했다면 지금의 나는 어떻게 변화되고 어떠한 삶을 살고 있을까? 아마 앞일을 예측했다면 더 옳은 쪽을 선택했을 것이다.

인생에는 숙명과 운명이 있다. 그중 숙명은 바꿀 수 없으나 운명은 내 의지로 어느 정도는 바꿀 수 있다고 생각한다. 그렇게 의지로 바꾼 결과는 나중에는 크나큰 차이가 나지 않을까 하는 생각이 든다.

우리는 태어날 때 누구나 년·월·일·시를 부여받는다. 그것을 '사주팔자'라고 부른다. 년·월·일·시 네 기둥을 기둥 주(柱)자를 써서 4개의 주라는 뜻에서 '사주'라 하고, 천간과 지지에 한 글자씩을 더해 모두 8글자가 된다 하여 '팔자'이다. 그래서 '四柱八子(사주팔자)'라고 부르는 것이다.

사주팔자 중에 年(년)은 조상을, 月(월)은 부모를, 日(일)은 나와 배우자를, 時(시)는 자식을 뜻한다. 여기에서 조상과 부모는 타고난 숙명이라 절대로 바꿀 수 없다. 그러나 배우자와 자식은 운명이므로 내가 선택할 수 있다.

우리는 운명을 알면 어느 정도 비켜 갈 수 있다. 그런 의미에서 명리학은 일기예보와도 같다. 내일은 비가 내린다는 일기예보를 듣고서 미리 우산을 준비한 사람은 비를 덜 맞는 것은 당연하다. 그러나 미처 준비하지 못한 사람은 내리는 비를 고스란히 다 맞아야 한다. 우산을 준비하지 못했기 때문이다.

명리학은 미신도 아니고 점도 아니다. 훌륭한 공자님도 주역책의 가죽

끈이 낡아서 세 번이나 끊어졌을 정도로 열심히 공부한 주역의 대가였다. 현대는 많은 사람들이 명리학에 관심을 갖고 직접 공부하여 내운명은 내 자신이 알아보자는 사람이 늘어나면서 점점 대중적인 학문이 되어가고 있다. 나는 명리학에 관심이 있고 배우고자 하는 후학들에게 내가 배웠던 모든 지식, 아쉬웠던 부분을 총망라해서 아낌없이 알려 주고자 하는 마음에 이 책을 집필하였다. 명리를 공부하고자 하는 분들에게 조금이라도 도움이 되기를 바라는 마음이다.

2021년 3월

신보경

目次

2장 🌿 내가 태어난 월지(月支)가 가리키는 나의 천직은?

궁합

생일에서 보는 길흉

참고 문헌

내 사주에는
오행이 다 갖추어져 있나?

명리의 기초

우주의 모든 만물은 음양오행으로 숫자, 색깔, 방향, 계절을 나타낸다.

木(목)	3 . 8	초록색	동쪽	봄
火(화)	2 . 7	빨간색	남쪽	여름
土(토)	5 . 0	황색	중앙	환절기
金(금)	4 . 9	흰색	서쪽	가을
水(수)	1 . 6	검정색	북쪽	겨울

극과 생의 관계

• 극의 관계

木(목) - 土(토)

土(토) - 水(수)

水(수) - 火(화)

火(화) - 金(금)

金(금) - 木(목)

• 생의 관계

木(목) - 火(화)

火(화) - 土(토)

土(토) - 金(금)

金(금) - 水(수)

水(수) - 木(목)

명리학(命理學)이란 무엇일까?

- 역리 ▶ 용신, 사주팔자: 과거, 현재, 미래
- 주역 ▶ 점(답): 현재만 보는 것. [예: 결혼, 시험운]
- 운명 ▶ 50%, 바꿀 수 있다.
- 숙명 ▶ 50%, 바꿀 수 없다.
- 관상 ▶ 즉흥적으로 볼 수 있다. [예: 찰색(얼굴 색깔)]

명리학이란, 사주(四柱)에 근거하여 사람의 길흉화복(吉凶禍福)을 알아보는 학문을 말한다. 사람이 태어난 年·月·日·時의 네 간지, 곧 사주에 근거하여 사람의 길흉화복을 알아보는 학문으로 '사주학(四柱學)'이라고도 한다.

개인의 생년·월·일·시를 분석해 나무·불·물·쇠·흙 등 5가지 기운의 상생·상극 관계를 따져 길흉화복을 판단한다. 사람이 출생한 연월일시의 간지 여덟 글자에 나타난 음양과 오행의 배합을 보고, 그 사람의 부귀와 빈천, 부모, 형제, 질병, 직업, 결혼, 성공, 길흉 등의 제반 사항을 판단하는 것이다. 이처럼 간지 여덟 글자로 운명을 추리한다고 해서 '팔자학(八字學)', '추명학(推命學)', '산명학(算命學)'이라고도 한다.

십간과 십이지를 조합하여 60주기로 시간과 방위, 각도 등을 나타내는 간지는 중국의 상나라 시대부터 나타났다. 은허에서 출토된 갑골문은 이 시기에 간지를 사용하여 기일이나 숫자 등을 나타내고 있었음을 보여 준다. 그리고 한 시대 이후에는 하루 24시간을 12지로 구분해 나타내면서 년·월·일·시 사주 구분이 더욱 체계화하였다.

이미 주나라 때에도 간지를 근거로 길흉을 판단했지만, 춘추전국시대에 이르러 간지의 사용이 널리 보급되고, 세계와 자연을 음양과 나무(木), 불(火), 흙(土), 쇠(金), 물(水)의 다섯 가지 요소로 설명하는 음양오행설을 결합하여 길흉화복을 점치는 명리학이 발달하기 시작했다.

그러나 명리학이 현재와 같은 모습으로 체계화된 것은 중국의 당나라 이후이다. 당의 이허중(李虛中)은 개인의 사주를 근거로 길흉화복을 알아보는 방법을 체계화하였는데, 이를 '당사주'라고 한다. 그래서 이허중은 중국 고대 명리학의 종사로 평가된다.

이후 송나라 때의 인물인 서자평은 오행의 상생·상극 이론을 결합하여 명리학을 더욱 체계화하였는데, 간지 여덟 글자에 나타난 음양과 오행의 배합으로 그 사람의 부귀와 빈천·길흉·화복을 점친다 하여 그의 명리학을 '팔자학(八字學)', '자평팔자학(子平八字學)'이라고 한다.

간략하게 정리한다면, 四柱八字(사주팔자)란 天干(천간), 地支(지지) 4기둥, 전체 8글자를 말한다.

時(시)	日(일)	月(월)	年(년)
[노년기·말년]	[나·배우자·장년기]	[청년기·부모]	[초년기·조상]

* 예전에는 수명을 60세를 한평생으로 보았기 때문에 한 기둥당 15년으로 계산하였지만, 현대는 100세 시대이기 때문에 19세 이상으로 계산한다.

근묘화실(根苗花實)

年(년)·月(월)·日(일)·時(시)는 근묘화실이다. 나는 어떤 조상으로부터 태어나서 어떤 부모를 만나 어떻게 자랐으며 어떠한 배우자를 만나서 노년에 어떤 결실을 맺을 수 있을까를 알 수 있다.

恩은德덕	努노力력	人인德덕	天천福복
未미來래	現현在재	過과去거	前전生생
子자女녀	夫부婦부	父부母모	福복上상

　근묘화실이란 4주 4기둥인 년주, 월주, 일주, 시주를 말한다. 년주가 뿌리가 되고 뿌리가 있어야 만물의 생함이 있는 것이다. 그래서 苗(묘)란 것은 곧 새싹이 뿌리가 있어야 출상하기 때문에 월간을 내는 년을 따르게 되는 것이다. 꽃은 새싹이 돋아나야 피는데, 외부의 여러 가지 나쁜 환경에서는 꽃을 피울 수가 없다. 그러나 새싹이 힘차게 올라와 비옥한 땅, 적절한 수분, 일조량을 충분히 받았다면 아름다운 꽃과 열매를 얻을 수 있다. 사람의 운명도 이렇듯 氣像學的(기상학적) 觀點(관점)에서 보면 대자연의 성장 과정의 이치와 같다.

　다음에서 년·월·일·시가 인간의 운명에 작용하는 힘을 나타내어 설명하고자 한다.

年(년)	根(근)	元(원)	초년 19년	조부모·선대 가통	전생 과거	365일 원·시
月(월)	苗(묘)	亨(형)	청년 38년	부모·형제 직장	현재 가문의 환경	30일 중·근원

日(일)	花(화)	利(이)	장년 57년	주체·배우자 심복·참모	가정 현실	1일 좌·중
時(시)	實(실)	貞(정)	노년 57세 이후	자녀·자손 부하	내세 미래 예측	1/12일 취·미

年柱(년주) = 根(근)

년주는 뿌리로서 始元(시원)을 알고 19세 이전 어릴 때를 살피며 조부모와 선대의 가통을 알아본다. 년주로 사주의 근본을 삼았다. 년주를 시원으로 苗(묘)가 자라고 꽃이 피고 열매를 맺게 함은 뿌리가 조상이 되고 자기의 전생, 과거를 알아봄을 의미한다. 년의 干支(간지)에 흉성이 있으면 조부는 복받은 사람이 아니고 고난을 겪었거나 미천한 사람이 된다. 또는 본인의 19세 이전 생활이 어렵거나 질병 등으로 고생하였다고 본다. 년월에 간지가 극상을 하면 아버지는 조부宅(댁)을 떠나서 가업을 일으키거나 아버지가 조부宅을 쇠퇴하게 만든 것이 되고, 상생하고 희용신이 있으면 아버지는 부모 복을 받으면서 유복하게 살았으며 본인도 어려서 훌륭한 가정에서 자라는 행복을 누린다.

月住(월주) = 苗(묘)

월주는 19세 이후부터 38세까지를 말하며, 부모·형제·가문을 알아보는 자리다. 월간은 아버지 자리이고, 월지는 어머니 자리이다. 월주에 용신과 희신이 있고 신강하면 부모·형제가 훌륭하고 38세 청년기까지 행복을 누린다. 이에 반해 월주가 상극하고 충·형·공망이면 부모·형제 덕이 없고 38세 전 청년 시기가 불운의 시기가 된다.

日柱(일주) = 花(화)

일주는 꽃이라 하여 자기와 가정을 판단한다. 사주 推命學(추명학)은 일간을 기준으로 다른 일곱 자를 비교하여 운명을 감정하는 것이다. 일지는 남자에게는 처(아내)가 되고 여자는 남편과의 관계를 본다. 일주를 통해 가정생활, 부부 관계와 장년기를 알아볼 수 있다. 일주가 신강하고 용신 희신이 되면 가정생활이 복되고 부부생활은 좋은 배필이 된다. 또 장년에 복을 누리는 것으로 판단한다. 일주가 상극·충·기신이면 가정생활에 풍파와 고생이 많고 부부 관계는 원만하지 못하며 장년기는 복을 받기 어렵다.

時柱(시주) = 實(실)

시주는 열매라 하여 말년을 알아보고 자손의 길흉을 알아본다. 일주와 시주가 서로 상생하여 조화를 이루고 천간도 합을 하고 지지도 합을 하면 綠馬(록마)·福貴(복귀)의 기운이 時上(시상)에 모인다고 하여 훌륭한 자녀를 두고 말년에 크게 행복하게 살 수 있게 된다. 년·월·일·시 중 生時(생시)가 가장 중요하다고 한다.

음양(陰陽)의 성격(性格)

- 양(陽)의 성격(1, 3, 5, 7…)
  - 적극적, 융통성이 있다.
  - 흥분, 소란, 경쾌하며 흥망성쇠.
  - 웃다가 화를 내는 경우.
  - 용감, 의롭다.

- 음(陰)의 성격(2, 4, 6, 7, 8…)
  - 소극적, 답답하다.
  - 차분, 체념, 침울하며 권리 포기.
  - 울다가 웃는 성격.
  - 비겁, 패주한다.

음양오행의 특성

　음양설(陰陽說)은 기원전 5세기 무렵에 생겨난 것으로 추정되고 있다. 음양이란 것은 원래 햇빛이 비치는 양지와 그늘이 지는 음지를 의미한다. 기(氣)로써 생겨난 만물은 모두 음양으로 분류하는데, 이것들은 상호 대립하고 순환하면서 균형을 이룬다.

> **남성(양) ↔ 여성(음)**　　　　**태양(양) ↔ 달(음)**
>
> **하늘(양) ↔ 땅(음)**　　　　　**오전(양) ↔ 오후(음)**

　이들은 서로 대립 관계에 있지만, 어느 한쪽이 없으면 다른 한쪽도 존재할 수 없는 불가분의 관계를 맺고 있다. 따라서 좌우의 극으로서 둘 다 존재하기 때문에 이 세상이 균형을 이루고 있는 것이다.

　오행설(五行說)은 기원전 3세기경에 성립되었으며, 모든 현상을 木, 火, 土, 金, 水, 라는 다섯 개념으로 설명한다.

수(水)	흑색	북	潤下(윤하)	사물을 젖게 해서 낮은 데로 흐르게 한다.
화(火)	적색	남	炎上(염상)	사물을 태워서 높은 곳으로 올라가게 한다.
목(木)	청색	동	曲直(곡직)	굽거나 곧게 된다.
금(金)	백색	서	從革(종혁)	자유롭게 변한다.
토(土)	황색	중앙	稼穡(가색)	씨를 뿌리는 시기와 거두는 시기.

이 다섯 원소는 木은 土에 이기고, 金은 木을 이기며, 火는 金을, 水는 火를, 그리고 土는 火를 이기는 상호 순환 관계에 있다. 이는 사계절의 추이에서부터 왕조의 교체에 이르기까지, 자연계와 인간계의 모든 변화를 관통하는 원리다. 음양설과 오행설이 결합하여 음양오행설이 되었다.

음양(陰陽)

역학에서 음양이란 우주를 인식하는 가장 기본이 되는 이치이다. 이것은 상대성을 나타내며, 우주 안에 존재하는 만물(萬物)이 음과 양이라고 하는 상대성의 구조를 통해서 존재한다는 것을 이치적으로 나타낸 것이다. 낮이 존재하면 밤도 존재하고, 강한 것이 존재하면 약한 것도 존재하며, 차가운 것이 존재하면 따뜻한 것도 존재한다는 원리이다. 이처럼 모든 만물은 상대적인 음양(陰陽)의 우주의 근본 기운(氣運)이 항상 짝을 이루어 존재한다는 것을 나타낸다.

이와 같이 음양은 명리학(命理學)의 기본이며 가장 핵심이다. 이 음양의 기운은 한 차례의 변화를 거쳐서 오행이라는 형태로 그 모양이 변한다. 이 오행에도 음과 양의 짝이 존재한다. 오행에는 목(木), 화(火), 토(土),

금(金), 수(水)의 다섯 가지 기운의 형태로 각각 음양에 소속, 그 성질이 나누어진다.

오행의 양에 속하는 것은 목(木), 화(火)이고 음에 속하는 것은 금(金), 수(水)이다. 토(土)는 음양의 중간 성질을 가졌다고 해서 음양의 구분을 하지 않는다. 또는 음과 양을 모두 갖고 있는 중간의 기운이라고도 한다. 이 오행을 다시 십간(十干)과 십이지(十二支)로 나누어서 사주를 간명하는 기본 자료로 삼는 것이다.

- 음(陰) = 암(暗: 어둠), 여(女), 냉(冷), 월(月: 달), 오행으로는 금(金), 수(水) …
- 양(陽) = 명(明: 밝음), 남(男), 온(溫), 일(日: 태양), 오행으로는 목(木), 화(火) …

오행(五行)

역학에서 사용하는 오행이란 하나의 형태를 가진 물질을 그대로 나타내는 것이 아니다. 행(行)이라는 한문의 뜻대로 움직이고 어디로 간다는 왕래를 한다는 하나의 방향성 성질을 나타내는 것으로, 하나의 고정된 물질이나 형태를 나타내는 것이 아니다. 다섯 가지의 기운이 하나의 흐름을 가지고 일정한 법칙 안에서 움직여 가는 상황을 표시한 것이 목화토금수(木火土金水) 오행(五行)이라는 것이다.

각 오행의 특성이 가지고 있는 대표적인 성질을 다섯 가지 사물에 대입시켜서 표현한 것으로, 이것을 '취상(取象)'이라고 한다. 이 성질은 오행이라는 것을 이해하는 데 아주 중요한 요소이며 명리학에서 인간의 성정 (性精)을 구분하는데 사용하는 기본적인 요소가 된다. 그러므로 이 오행을 정확하게 이해하고 있어야 역학의 개념을 쉽게 이해할 수 있을 것이다. 이 오행을 공부할 때는 각각의 개념을 하나의 원소로 파악하지 말고 하나의 성질로 이해하는 것이 올바른 방법이다.

木(목)

목은 나무라고 쓰지만 우리가 보는 나무를 뜻하는 것이 아니다. 나무가 가지고 있는 뻗어 나가는 성질, 즉 직진성(直進性)이라는 성질을 취상(取象)해서 나타낸 것이다. 직진성이란 한 번 가기 시작하면 계속 전진(前進)한다는 의미를 지니고 있기도 하다. 그래서 기운이 강하다고 표현하며, 목이라는 자체가 꽃을 피워서 열매를 맺는 전 과정을 한자리에서 묵묵하게 실현을 시켜 나가므로 강인한 의지와 생명력의 상징으로 파악하기도 한다.

그리고 목은 창조의 기운으로 비유하기도 하고 용수철처럼 튀는 성질로도 표현된다. 상황에 따라 적절히 휘어져서 전진하기도 하고 강인한 힘으로 직진을 하기도 하는 강인함과 함께 유연함을 겸비하고 있다. 이렇게 강하지만 유연한 모든 성질을 표현한 단어가 바로 '목'이다. 그래서 목은 굳고 곧은 것, 성장, 의욕, 힘, 인(仁), 춘(春), 동(東), 청색(靑色), 새벽, 소년기, 간장, 신맛 등을 상징한다. 목에는 반드시 水와 火가 필요하다[木生火(목생화) 水生木(수생목)].

火(화)

화는 불, 즉 Fire라고 쓰지만 실제의 불이 아닌 발산(發散)하는 성질을 나타낸다. 불이 가지고 있는 변화무쌍한 성질, 즉 확산성(擴散性)을 취상해서 나타낸 것이다. 확산성이란 방향을 정하지 않고 종횡무진(縱橫無盡)으로 그 기운이 펼쳐진다는 의미이고, 그래서 기운이 빠르다고 표현하기도 한다. 화라는 것은 자신의 존재를 고정시키지 않고 자유자재로 펼쳐 내면서 다양한 모습을 만들어 나가는데, 木에서 출발한 기운이 극한으로 가서 자신의 성질을 변화시키고 자신의 목기가 다하려고 하는 상태로 전환되는 것을 화로 표현한 것이다.

火는 화려한 외형을 갖추어 가는 상태를 뜻한다. 화는 분열하고 발전하며 무성하고 풍성해진다는 의미를 가지고 있다. 하지만 외형이 화려한 만큼 내면의 기운은 텅 비어 가는 상태가 되므로 공허하다는 의미로 쓰이기도 한다. 이렇게 화려하게 분산되는 모든 성질을 표현한 단어가 화이다. 그래서 火란 생성, 온도, 소멸, 애정, 질병, 열기의 의미, 전쟁 폐허를 나타낸다.

나무가 없으면 생존하지 못해 목생화(木生火), 흙 속에 유지·보관되어 화생토(火生土), 2개면 모든 물질을 성장·발전시킨다. 원진살+火가 3개 이상이면 불구자가 된다. 火가 많거나 적을 때는 반드시 심장 질환이 생긴다. 그래서 화는 예(禮), 적(赤)색, 여름(夏), 남(南), 청년기(靑年期), 쓴맛(苦), 심장(心臟) 등을 상징한다.

土(토)

토는 땅이나 대지(大地)로 쓰지만 실제로는 땅이 아니고 펼쳐 놓고 모아서 나열(羅列)하는 성질을 나타낸다. 땅이 가지고 있는 정돈되고 모든 것의 바탕이 되어 주는 성질, 즉 정리성(整理性)을 취상해서 나타낸 것이다. 정리성이란 방향성 없이 펼쳐져 있는 기운을 각기 자리 잡게 해 주고 그 기운들이 스스로 모습을 잘 드러낼 수 있도록 하며 간섭하지 않고 중재(仲裁)하면서 각기 자리를 정해 주는 것이다.

토는 기운이 느리지만 균형을 잡아 주는 성질을 가지고 있다고 표현하며, 토는 목화의 과정을 거치면서 생장·발전해 오던 기운을 일단 정지시켜서 그 형태를 완성시키는 과정으로 넘기는 작용을 맡고 있는 중요한 기운이다. 토는 일단 멈춤이라는 과정을 통해서 한 번의 기운 순환의 과정을 만들어 간다. 그리고 그다음 과정인 금수(金水)의 수렴 통합으로 넘어가게 해 주는 중재자(仲裁者)의 역할을 한다. 토는 이러한 중재의 역할을 하기 때문에 음양의 양면성을 다 가지고 있다. 이처럼 조정·정리·나열하는 성질을 표현한 단어가 토(土)이다.

토는 우주만물의 기본이다. 심고 거두고 일하고 쉬는 것, 목·화·금·수를 모두 포함한다. 그리고 만물의 중용이며 안식·치부·재물을 뜻한다. 원진살+토가 4개 이상이면 거지 사주라 내 돈 네 돈 구분이 없다. 또 많거나 적으면 위장으로 건강을 해친다. 토가 3개이면 천복성이다.

土는 삶과 죽음 사이의 모든 것을 말한다[火生土(화생토), 土生金(토생금)]. 토는 믿을 신(信), 환절기(換節期), 중앙(中央), 황색(黃色), 중년기(中年期), 비장(脾臟), 단맛, 오후 등을 상징하며, 정리가 되어서 드러난 것들을 토(土)라고 보면 된다.

金(금)

금은 쇠라고 쓰지만 실제로는 쇠가 아니고 수렴하는 성질을 나타낸다. 쇠라는 성질이 가지고 있는 고정화되고 단단해지는 성질과 수렴성(收斂性)을 취상해서 나타낸 것이다. 수렴성이란 그동안 거쳐 온 변화, 발전하던 방향성을 내부로 향하게 하여 그 형태를 새롭게 만들어 가면서 취합(聚合)하는 쪽으로 그 기운이 모여든다는 의미를 가지고 있다. 목화(木火)의 작용이 끝나면서 이 기운을 중재하는 토의 중화 작용에 의하여 가지고 분화·발전하는 단계가 아닌 음의 기운으로 수렴·고착하려고 하는 잠복 상태를 뜻한다.

이렇게 거두어들이고 모으는 성질을 표현한 단어가 금(金)이다. 다른 말로 '숙살지기(肅殺之氣)'라고도 한다. 금은 의(義), 장년기(長年期), 가을(秋), 서(西), 백색(白色), 저녁(夕), 폐장(肺臟), 매운맛(辛) 등을 상징하며, 모으고 숙성시켜서 거두어들이는 것들을 금(金)이라 하는 것이다.

水(수)

수는 물이라고 쓰지만 실제로 물을 의미하는 게 아니라, 고정(固定)하는 성질을 나타낸다. 물이라는 성질이 가지고 있는 흐느적거리면서도 얼음처럼 딱딱해지는 성질인 고정성(固定性)을 취상해서 나타낸 것이다. 고정성이란 목·화·토·금의 운동 과정을 거쳐서 변화된 기운이 한곳으로 집중되면서 그 형태를 만들어서 고형(固形)하는 쪽으로 그 기운이 뭉친다는 의미를 가지고 있다. 그렇게 어디로든 뭉치려고 하는 방향성을 가지고 있기 때문에 기운이 흐른다는 표현을 하는 것이다.

만물의 순환(循環) 운동이 끝나면서 만물의 기운이 본래 출발한 그 지점으로 돌아가는 단계이며, 수는 양(陽)의 기운을 가지고 분화·발전하는 단계가 완전히 마무리되어서 음(陰)의 기운으로 고착·유지하려고 하는 침잠(沈潛)하는 상태를 뜻한다. 이렇게 모아서 저장하는 성질을 표현한 단어가 수(水)이다.

수는 지(智), 겨울(冬), 북(北), 밤(夜), 흑색(黑色), 노년기(老年期), 신장(腎臟), 짠맛 등을 상징하며, 저장하고 숨겨 두는 것들을 수(水)라고 한다.

오행의 특징과 내용

五行	특징	내용
木	性品	추진력, 애정이 많아서 감정에 치우침, 성장하려고 노력, 인자, 인격적 청렴
	木多	예민, 의욕·성품 强(강), 이성이 잘 따름, 호색가 多(다), 의지 强, 고집
	木無	목적의식 無(무), 인정 無, 실천력 부족, 이성이 잘 따르지 않음, 무정, 질투심 强
火	性品	말을 잘함, 다정, 정열, 활발, 명랑, 적극적 성품, 인연을 잘 맺음
	火多	다혈질, 의견 충돌 多, 질병, 예의 바름, 언변이 좋음, 인내심 부족, 영감 强
	火無	부부 애정·육친 인연 부족, 권태 多, 발전성 無, 냉정, 대인관계 불화, 우둔, 실신
土	性品	성실, 치부(致副), 주체성·독립성 無, 변덕(칠면조같이 잘 변함), 충정심, 관용적, 원칙
	土多	집착심 强, 고집불통, 운이 자주 막힘, 순박, 재물욕 無, 한군데서 오래 삶
	土無	고집 强, 재물복 弱(약), 욕심 多, 이사 변동 多, 집요, 음흉, 파고드는 성질

金	性品	실리·소득, 관심 多, 방어력, 예민, 권력 추구, 예감이 있음, 성공하려고 노력
	金多	용감·과단성 有(유), 충돌, 폭력배, 욕심 多, 불굴의 정신, 구타, 폭행
	金無	우유부단, 심성 유순, 잔인·시비 多, 추진력 부족, 인덕 無, 현금 보관 어려움, 기회 잘 놓침
水	性品	총명, 지혜, 재능·재주, 번성, 언어 부드러움, 융화를 잘함
	水多	지나친 총명, 권모술수, 언변이 좋음, 풍류심, 역마살같이 돌아다님, 누구나 신체 허약
	水無	갈등·번민 多, 우둔·고지식, 융통성·도량 無, 운이 잘 막힘, 건강 弱, 처세 못함

오행의 상생(相生)과 상극(相剋)

상생이란 물이 높은 곳에서부터 낮은 곳으로 흐르는 것과 같이 자연의 순리를 뜻하고, 상극이란 서로 지배하는 형국으로 상대의 세력을 극하는 성질을 말한다. 오행이란 원래 생하기도 하고 극하기도 하는 과정에서 발전을 가져오는 것이다.

상생(相生)의 법칙

상생은 순행하면서 전진적이고 순리적인 질서를 의미하며 서로 생해 준다는 뜻으로 '도와준다', '만든다', '낳는다'는 의미가 있다.

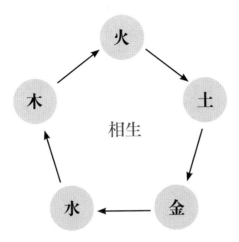

① 목생화(木生火)

실제 상황에서 불을 땔 때는 나무를 사용하기도 하지만, 목(木) 기운이 화(火) 기운으로 변화해 나간다는 원리를 뜻한다. 빛과 열을 얻을 수 있는 전형적인 재료는 나무이다. 나무는 불을 태우게 되는데, 나무가 지나치게 많으면 불이 꺼지게 되고 불이 많고 나무가 지나치게 적어도 꺼지게 되므로 적당한 나무를 필요로 한다.

② 화생토(火生土)

불이 흙을 만들어 낸다는 뜻으로, 나무를 태운 후 시간이 지나면 재가 되므로 그 재가 토(土)가 되는 이치처럼 화(火) 기운이 토(土) 기운으로 변화해 나간다는 원리를 뜻한다. 불이 타면 재가 남고 땅은 태양이 굽어야 거름지다. 불이 타고 나면 재가 남고 그 재가 쌓여서 대지를 덮으면 땅이 기름지게 된다. 그러나 불이 지나치게 많으면 땅이 갈라지므로 火가 지나치게 왕함을 꺼린다.

③ 토생금(土生金)

흙이 오랜 시간이 흘러 압축과 변형을 통해서 광물질로 변화는 것처럼 토의 기운이 금의 기운으로 변화해 간다는 원리를 뜻한다. 대지가 굳으면 땅속에서 金이 나오는데, 흙이 덮여야 광맥이 생긴다. 흙 속에는 많은 광물자원이 내장되어 있다. 그러나 쇠가 지나치게 많으면 흙은 매우 약해진다. 그러므로 金이 너무 많은 것을 꺼린다.

④ 금생수(金生水)

땅속에 있는 광물질이 녹아서 광천수를 만들어 낸다는 설과, 금이 오랜 시간 압력을 받아 석유가 된다는 다양한 이야기들이 있지만 이 또한 물질의 변화 형태로 금생수를 설명하려다가 부딪치게 된 난관일 뿐, 금(金) 기운이 수(水) 기운으로 변화해 나간다는 원리를 뜻한다. 쇠가 녹으면 물이 되고 쇠는 물을 배설한다. 가을이 되면 만물은 열매를 맺게 되고 열매는 水를 가지게 된다. 그러나 金이 지나치게 많으면 쇠는 물을 배설하지 못한 채 잠기고 만다.

⑤ 수생목(水生木)

나무는 물이 있어야 생명을 유지해 나간다는 원리를 의미하지만 수(水) 기운이 목(木) 기운으로 변화해 나가는 원리를 뜻한다. 물이 있어야 나무가 자라므로 물은 나무에게 있어서 없어서는 안 될 중요한 영양소이다. 하지만 물이 지나치게 많으면 나무가 물에 뜨고 썩어 버린다.

상극(相剋)의 법칙

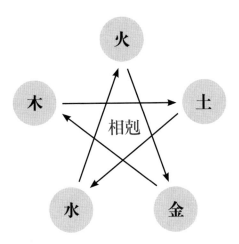

① 목극토(木剋土)

나무가 땅에 뿌리를 내리고 있으면서 성장해 나간다는 원리를 이야기하지만, 목(木) 기운이 토(土) 기운과 서로 교통을 하고 있는 원리를 뜻한다. 나무가 강하면 흙의 영양소는 나무에 의해서 파괴된다.

② 화극금(火剋金)

불이 쇠를 녹인다는 뜻으로, 보통 용광로에 들어간 쇠를 열을 가해서 녹인다고 표현하기도 하지만 화(火) 기운이 금(金) 기운과 서로 교통을 하고 있는 원리를 뜻한다. 불이 강하면 금은 불에 녹아 버린다.

③ 토극수(土剋水)

흘러가는 물을 흙이 가둔다는 의미로 사용하기도 하지만, 토(土) 기운이 수(水) 기운과 서로 교통하고 있는 원리를 뜻한다. 흙이 강하면 물은 흙 속으로 스며든다.

④ 금극목(金剋木)

도끼로 나무를 벤다는 의미로 많이 사용한다. 하지만 토(土) 기운이 수(水) 기운과 서로 교통을 하고 있는 원리를 뜻한다. 쇠가 강하면 나무는 쇠에 의해서 베어진다.

⑤ 수극화(水剋火)

불이 났을 때는 물로 그 불을 끈다는 원리로 주로 설명된다. 하지만 수(水) 기운이 화(火) 기운과 서로 교통을 하고 있는 원리를 뜻한다. 물이 강하면 불은 꺼져 버린다.

이 음양오행은 역학이라는 학문의 큰 줄기이다. 이 음양오행의 변화 운동이 역학의 모든 것이라고 해도 과언이 아니므로 항상 연구를 게을리하지 말아야 한다.

오행의 성품(性品)

목견(木筧)
생물(生物)의 성장력(成長力), 추진력(推進力)
→ 거목(巨木), 화초목(花草木), 잡초(雜草)

① 목성품(木性品)

 – 목(木)은 생물(生物)을 가리키는 상징적인 것이다.

 – 목(木)은 어질고 착하고, 소년(少年)처럼 다정다감하다.

 – 목(木)은 혼자서 설 수 없고, 흙에 뿌리를 내려야 한다.

 – 애정(愛情), 의욕(意慾), 발전(發展), 생기(生氣).

② 목다(木多): 3개 이상

 – 포부가 많다. 정신질환, 광란, 바람 많이 피우며, 여자 복이 많다.

 – 일 시작하는 데 능수, 잘 떠벌리는 사람, 항상 분열하며 새롭게 시작한다.

 – 의욕이 많다. 마음이 선량하고 인자하다. 원진살+木(3개 이상)이면 정신병자가 된다.

 – 여장부, 발전적, 의욕과 리더십이 강하다. 목(木)이 많은 배우자와 만나면 허영과 허세로 망한다.

 – 심성이 선량하다.

 – 인기(人氣)가 많다.

③ 목무(木無)

 – 실천력이 부족하다. 자포자기하며, 목적의식이 없다. 매사 타인이 시켜 주어야 하는 발전성이 없는 삶을 보내며, 남자는 여자가 따르지 않아 여자 복이 없다.

 – 의타심이 많다. 목(木)이 3개인 사업가나 리더격 사주를 만나, 개발·개척정신이 강한 사람을 만나야 이끌어 주어 성공한다. 남성·여성 모두

가 木이 많은 사람을 배우자로 만나야 한다.

 - 이성에게 인기가 없다. 심신이 불안하고, 질투심이 강하며, 심성이 고약하다. 마음의 의욕은 강하나 실천력이 부족해 끝을 못 맺는다. 火(인정, 사랑)에 약하다.

 - 무정(無情)하다. 여자를 그리워하는 것도 생각뿐, 행동으로 못 옮긴다. 의식주 곤란, 의욕 미약, 타인 지배, 목적이 없고, 빈곤하다. 간장으로 건강이 상하며 목적의식이 없다. 직업으로는 제재소, 가구점, 의류, 종이 계통, 책방 등이 요구된다.

 - 天干: 甲乙, 地支: 寅卯, 月: 1, 2月이다.

화견(火筧)

생명 유지(生命維持)의 원동력(原動力), 태양(太陽), 화등(火登), 촉화(燭火), 성진(星辰), 생성, 온도, 소멸, 애정, 질병, 폐허를 의미한다. 나무가 없으면 생존 못한다. 木生火, 흙 속에는 유지·보관되어 火生土. 2개면 모든 물질을 성장·발전시킨다. 원진살+火가 3개 이상이면 불구자가 된다.

① 화성품(火性品)
 - 예의가 바르다.
 - 사리에 잘 통한다.
 - 신령(神靈)과 종교(宗敎)를 잘 숭배한다.
 - 양력기(陽力氣)가 왕성하다.
 - 엄격한 법률(法律)을 잘 지킨다.
 - 용감(勇敢)하다.

– 정열적(精熱的)이다.

– 상승력(上昇力), 촉진(促進), 애정(愛情).

② 화다(火多): 3개 이상

– 과열, 다혈질, 참지 못하는 사람.

– 폭풍과 폭염으로 집안 내의 의견 충돌로 거칠 날이 없다.

– 우환이 가정에 찾아든다.

– 의견 충돌을 잘한다.

– 언변·통변이 매우 좋다.

– 평지풍파(平地風波)가 잘 일어난다.

– 다혈질이다. 신체는 암이나 불치병으로 고생한다.

– 예의 바르고 명랑하며 언변이 바르다.

– 인내심이 부족하다. 화로 인해 병이 유발한다.

– 모든 것이 소멸되니 물이 필요하다. 스스로 파멸을 초래한다.

– 다정다감하여 인연을 빨리 맺으며, 끊기도 잘한다.

– 신병이 쉴 새 없이 찾아오고, 정열이 강하고 과열로 인해 우환이 많다.

③ 화무(火無)

– 권태를 잘 느낀다. 가정에 화목이 없어 이혼, 별거, 권태 등 좋지 않은 결과가 온다.

– 이별수가 많다. 인연을 맺기 어렵다. 사업 파산, 부도, 발전성이 없고 남을 사랑하지 않는다.

– 비사교적이다. 대인관계가 원만치 못하다. 차가운 인상이며, 자식에

게 냉정하고 이혼을 많이 한다.

- 냉정하고 냉혹하며 냉담하다. 성질이 조급하며 혹독하고 변덕스러우며 배신을 잘한다.

- 화친(和親)하기가 어렵다. 추위를 잘 타고, 온도와 인정이 요구된다.

- 직업은 아무것이나 무방하나 火(불) 장사 및 인정과 사랑이 필요한 사업이 길하다.

時(시)	日(일)	月(월)	年(년)
노년이 정해진다	아(我)	부(父)	암시(暗示)
자녀(子息)	배우자(配友者)	이정표 모(母)	결혼운(結婚運)

토견(土筧)

우주만물의 기본이다. 방향은 중앙, 환절기다. 심고 거두고 일하고 쉬는 것, 목·화·금·수 모두 포함하고 있다. 만물의 중용이고 안식·치부·재물을 뜻한다. 토는 삶과 죽음 사이의 모든 것을 말한다[火生土(화생토) 土生金(토생금)]. 많거나 적으면 위장으로 건강을 해친다. 흙은 제이(第二)의 생명(生命)이고 생산(生産)을 하고 있다.

- 토(土)는 주소(住所)가 없다.

- 토(土)는 만물(萬物)의 모(母)다.

- 토(土) 자체(自体)는 아무런 능력이 없다.

- 농토(農土), 가토(家土), 화원(花 園), 산토(山土).

① 토성품(土性品)

– 주체성이 부족하다.

– 능동성(能動性)이 없다.

– 모성(母性)의 특징을 갖고 있다.

– 안식(安息), 치부(致副), 성실(誠実).

– 우주만물기본(宇宙萬物基本)이다. 생산(生産)·감장(盛長)·신용(信用)·

변덕이 있다.

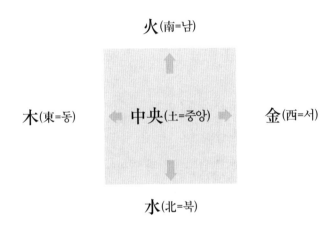

火(南=남)

木(東=동)　　中央(土=중앙)　　金(西=서)

水(北=북)

* 모든 방향이 토의 영향을 받는다. 사주에 토가 없으면 모든 것이 허무하다.

② 토다(土多): 2개 이상

– 埋沒亡家運滯(매몰 망가운체): 운이 자주 막힌다.

– 愚鈍固執不通(우둔 고집불통): 순박하고 약지를 못한다.

– 執着心多(집착심다): 집착심이 많다.

– 토가 많으면 운이 막히는 재앙이 발생한다.

- 3개 이상이면 재벌 사주이며 신앙, 존중, 인품과 신의가 있다.
- 타인의 배반이 없고 도움을 받아 도움을 준다.
- 토가 많은 여성은 인물이 뛰어난 팔방미인형이 많고, 뭇 남성의 편력이 심하다.
- 온순하고 태평스러우며 매사 안일 위주로 산다.

③ 토무(土無)
- 慾心(욕심)이 많다.
- 방황하는 마음이 많다.
- 살생(殺生)을 좋아한다.
- 이사·이동을 많이 한다.
- 재물(財物)은 자신의 것이 아니다.
- 누구든지 점유하는 사람의 것이다(흙의 특징).
- 고층의 아파트는 나쁘고 언제나 땅과 떨어지지 않도록 한다.
- 직업으로는 부동산, 농장, 집장사, 한약, 곡물류 등이 길하다.

금견(金筧)

황금(黃金)은 경제(經濟)의 핵심(核心)이다. 생명(生命)에 결실(結實)·개발(開發)·발전(發展)한다. 세월 속에 자연 생성하며 제일 단단한 것이 금속이다. 대외적으로 국가의 방패이며 가정을 보호한다. 또 자동차의 브레이크 역할을 한다. 자연이 주변 환경과 어긋나며 저지하여 일률적으로 성장을 유도한다.
- 원진살+金(3개 이상) 사람 죽이는 것이 순간적이다.

– 금이 2개면 권모술수에 능하고, 많거나 적으면 폐로 건강에 이상이
온다.

① 금성품(金性品)

– 금은 추절(秋節) 가을이다.

– 오곡백과(五穀百果)가 무르익는 결실(結實)을 맺는 가을이다.

– 추수한 과실(果實)이나 곡식을 현금(現金)으로 바꾼다.

– 금이란 실리(實利)와 소득(所得)과 부(富)에 성진(星辰)이다.

– 미국인(美國人)은 경제와 실리주의자(實利主意者)라 금으로 본다.

– 결정체와 같다. 실리소득(實利所得)으로 본다.

– 결과(結果), 현금(現金), 황금(黃金), 재물(財物)이다.

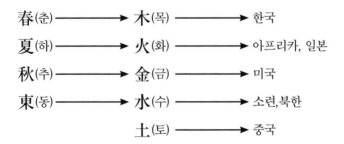

내가 맞는 나라(장소)로 가면 사업이나 유학에 성공한다. 사주에 필요한
사람이 그 나라에 가야 한다.

② 금다(金多): 3개 이상

– 과단성이 있고 용감하다. 부부간에 충돌을 일으키고, 국가 간 충돌도

일으킨다.

- 명예를 소중히 여기고 불굴의 정신이 있다.

- 폭력배같이 힘을 자랑한다(조폭). 모든 오행의 성장을 저지한다.

- 투쟁에 반격을 잘한다. 처세술에 비상하며 유비무환 격이다.

- 인심은 많다. 인간 유대관계가 원만하며, 과하면 까다롭고 권모술수에 능하다.

- 水와 土가 金을 부드럽게 하니 水와 土가 많은 사람이 이롭다.

- 벌근지하(伐根之煆)가 발생한다(뿌리를 자른다). 자식이 떠나 가거나 죽는다.

③ 금무(金無)

- 기회와 찬스를 잘 놓친다. 인간관계에 어려움이 있고, 인덕이 없다. 일이 성사되지 않으며 사기당한다(방어력 부족). 여자는 남편 복, 남자는 여자 복이 없다.

- 우유부단한 성품이 있다. 불의의 사고 방지에 미약하며, 처세가 부족하다.

- 잔인성을 가지고 있다.

- 대기물(大器物)은 되기 어렵다.

- 인덕(人德)이 부족하다.

- 무용지물(無用之物)이 될 때가 있다.

- 욕심이 많아 잔인하고 시비를 잘한다.

- 직업으로는 쇠장사, 판검사, 소개업이 대길하다.

수견(水筧)

물체만성요소(物體萬成要素)의 핵심(核心)이다. 오대양수(五大洋水), 강수, 우수. 木·火·土·金 모두가 '水'를 필요로 한다. 물은 스며들며 적시고(교합) 내려가는(대물림) 성질을 지닌다. 인체의 원활성을 전달하는 동맥이다. 북쪽이며 짠 것이며 흑색이다. 계절은 겨울이다. 水가 많거나 적으면 신장으로부터 건강을 해친다. 원진살+水 3개 이상이면 암과 같은 불치병이 생기거나, 강간범이 된다.

土와 火가 강한 사람과는 불행을 암시한다[水剋火(수극화) 土剋水(토극수)]. 2개는 모든 것을 알맞게 변형시키는 힘을 가지고 있다. 水 2개는 수평을 잡아 주고 고속도로와 같은 역할을 한다. 水가 많으면 흐르는 물을 이용해야 하며 오대양(五大洋)을 이용해야 한다. 그리고 水가 많으면 바다 건너 기술과 시장 개척, 이민, 예술 분야에 길하다.

① 수성품(水性品)

– 사주 내(四柱內)에 水는 고속도로(高速道路)와 같은 역할을 한다.

– 수명(壽命)과 건강(健康)을 관리한다.

– 순리·순환·생명수와 같다.

– 인간에 재능을 발휘한다.

– 인간은 생명수를 섭취하면서 살아간다.

② 수다(水多): 3개 이상

– 풍류심(風流心)이 많다. 고여 썩는다. 여자는 암 종류의 불치병에 걸린다.

－ 3개 이상이면 음란하며, 성관계를 즐긴다. 번성하며 수다스럽다. 지혜롭고 두뇌(頭腦)가 매우 총명하다.

 － 음란이성(淫亂異性) 관계가 많다.

 － 비밀과 음모를 잘한다.

 － 지나치게 권모술수를 잘한다.

 － 계략이 무궁무진하다.

 － 신체(身體)는 허약(虛弱)하다.

 － 표류지하가 발생한다(물에 떠내려간다).

 ③ 수무(水無)

 － 질병이 자주 오고, 생명력이 없다. 고향과 부부와 이별하며, 정서가 부족하다.

 － 융통성이 없어 매사가 막히고 이루어지지 않는다.

 － 도량이 넓지 못하다.

 － 우둔(愚鈍)하며 번민이 많고 갈등을 많이 느낀다.

 － 운이 자주 막힌다.

 － 수명(壽命)은 단명(短命)이다.

 － 의지 약하고, 호색, 음탕, 고지식하며, 변화 운이 아주 미약하다. 물을 찾아 헤맨다.

 － 직업으로는 유흥업소, 연예계, 레저산업, 호텔, 목욕탕, 염색, 도금이 대길하다.

2

내가 태어난 월지(月支)가
가리키는 나의 천직은?

사계절과 시분법

사(四)계절의 절기

寅(인, 1월)	卯(묘, 2월)	辰(진, 3월)	春木(춘목)
巳(사, 4월)	午(오, 5월)	未(미, 6월)	夏火(하화)
申(신, 7월)	酉(유, 8월)	戌(술, 9월)	秋金(추금)
亥(해, 10월)	子(자, 11월)	丑(축, 12월)	冬水(동수)

立春	驚蟄	淸明	立夏	芒種	少署	立秋
입춘	경칩	청명	입하	망종	소서	입추

白露	寒露	立冬	大雪	少寒
백로	한로	입동	대설	소한

시분법(時分法) 보는 법

- 時分法(시분법)

  夜子時(야자시) ――――――― 밤 11시 ~ 밤 12시(당일로 본다)

  明子時(명자시) ――――――― 밤 12시 ~ 새벽 1시(다음 날로 본다)

- 夜子時(야자시) ――――――― 밤 11시 ~ 새벽 1시

아침
- 寅 (인)시 ――――― 3시 ~ 5시
- 卯 (묘)시 ――――― 5시 ~ 7시
- 辰 (진)시 ――――― 7시 ~ 9시

낮
- 巳 (사)시 ――――― 9시 ~ 11시
- 午 (오)시 ――――― 11시 ~ 13시
- 未 (미)시 ――――― 13시 ~ 15시
- 申 (신)시 ――――― 15시 ~ 17시

```
        ┌ 酉 (유)시 ──────── 17시 ~ 19시
  저녁  │ 戌 (술)시 ──────── 19시 ~ 21시
        └ 亥 (해)시 ──────── 21시 ~ 23시
```

천간과 하늘의 물상

천간은 하늘을 뜻하니 하늘의 물상으로 표현한다.

甲(갑): 雷 ──────── 뢰(번개)

乙(을): 風 ──────── 풍(바람)

丙(병): 太陽 ──────── 태양(태양불)

丁(정): 雲精氣 ──────── 운정기(구름 기운)

戊(무): 舞 ──────── 무(안개)

己(기): 雲 ──────── 운(구름)

庚(경): 風露 ──────── 풍로(바람 통로)

辛(신): 太陽精 ──────── 태양정(태양 뿌리)

壬(임): 雲露 ──────── 운로(구름 통로)

癸(계): 雨水 ──────── 우수(비)

천간과 지지

  천간과 지지란 명리학(命理學)에서 사용하는 가장 기초적이고 중요한 오행이다. 명리학이라는 학문은 이 천간 지지를 통해서 사주팔자를 구성하고 인간의 운명을 감정해 나가는 것이다. 여기에서 천간(天干)이란 오행을 음양으로 나누어서 '甲(갑) · 乙(을) · 丙(병) · 丁(정) · 戊(무) · 己(기) · 庚(경) · 辛(신) · 壬(임) · 癸(계)' 열 개의 천간으로 세분화한 것으로, 다른 말로는 십간(十干)이라고도 한다.

천간(天干)

천간을 도표로 나타내면 아래와 같다.

甲(갑)	乙(을)	丙(병)	丁(정)	戊(무)	己(기)	庚(경)	辛(신)	壬(임)	癸(계)
木(목)	木(목)	火(화)	火(화)	土(토)	土(토)	金(금)	金(금)	水(수)	水(수)
陽(양)	陰(음)	陽(양)	陰(음)	陽(양)	陰(음)	陽(양)	陰(음)	陽(양)	陰(음)

하늘 天과 방패 干은 하늘의 기운을 뜻하고, 사람의 정신적인 면이나 의지를 상징 한다. 천간에 흐르는 오행의 기운으로 양에 속하고, 지지는 사계절이 순행하는 순서로서 형체가 있고 음에 속하며 이 땅에 존재하는 모든 물질을 다 포함하고 있다. 천간은 하늘의 특정한 에너지를 상징하는 기호와 같다. 하늘의 음양오행을 열 가지로 정리하여 나타낸 글자이다. 천간의 기운은 깨끗하고 맑은 하늘이나 공중의 운기를 말한다.

- 천간은 귀록의 근본이니 평생의 직위 고저를 본다.
- 천명으로 주어진 복록을 간명한다.
- 모든 사람들의 외부적인 것을 본다.
- 일간에 심성으로 많이 생각하고 있는 것이 천간에 있다.
- 천간 재성: 재물 혹은 처첩에게 관심이 많이 있다.
- 천간 관성: 직위·명예 혹은 부부·자식에게 관심이 많이 있다.
- 천간 비견 겁재: 친정·육친·형제·자매에게 관심이 많다.
- 천간 정인 편인: 효성심이 지극하며 부모에 대한 관심이 많다.
- 천간 식신 상관: 자식 혹은 처가에 대한 관심이 많다.

年天干(년천간)
- 내 인생의 시작이며 평생에 중요한 암시를 하는 곳이다.
- 처음 태어나서 미래를 암시하며 년천간에 의하여 중요한 역할을 한다.
- 길성·흉성에 따라서 평생에 노고·형통을 간명한다.
- 년천간은 일간과 함께 중요한 곳이다.

月天干(월천간)

- 월령에 의해서 일간에 강약을 구분한다.
- 월령은 운로이며 월령이 흉신이 있으면 발전이 약하다.
- 일간에 청년기에 발달 여부를 간명한다.
- 일간에 운명의 주체가 되고 나의 인생에서 속성발달인지 더디게 발달할 것인지를 간명한다.
- 월천간은 평생에 희로애락을 관찰하는 곳이다.
- 부친에 위치하며 길흉 관계를 간명한다.

日天干(일천간)

- 일간의 희신·흉신을 구별하여 어떤 육친과 인연이 있는지 알 수 있다.
- 일간은 나의 신체이며 몸이기 때문에 모든 것을 정확하게 파악해야만 모든 것을 다 볼 수 있다.
- 일간에 활동 기준을 본다.
- 일간과 년·월·시에 어떠한 육친과 인연을 맺고 있는지 알 수 있다.
- 일지에 육친에 따라서 배우자와 화목한지 혹은 불화한지를 예측한다.
- 일간과 사주팔자와의 관계를 치밀하고 섬세하게 대조해서 간명한다.

① 甲(갑): 甲은 양木이며 나무를 상징한다.

성질은 곧고 강한 것을 의미하며 나무는 쭉쭉 뻗어서 한 방향으로 직진하는 성질을 가지고 있다. 이 성질을 甲木이라 이름을 정하고 천간의 시작에 둔다. 甲木은 식물의 씨앗이 껍질을 뚫고 땅 위로 솟아 나오는 모습을 형상화했다고도 한다. 큰 기둥, 큰 나무를 표현할 때 사용하며, 甲木

은 양의 기운을 가진 나무의 성질을 뜻한다.

② 乙(을): 乙은 음木이며 풀이나 화초를 상징한다.

성질은 甲木보다는 유연하고 부드러운 것을 의미하며, 나뭇가지가 펼쳐 나가는 성질을 형상화한 것이다. 구부러져서 뻗어 가는 성질을 취상해서 乙木으로 이름을 정하고 천간의 두 번째 자리에 둔다. 甲木이 한 방향으로 힘차게 뻗어 가는 양의 기질을 가지고 있다면, 乙木은 좀 더 유연하게 옆으로 펼쳐 가는 기운을 표현한 것이다. 또 甲木은 커다란 나무에, 乙木은 풀이나 화초에 비유를 하기도 한다.

③ 丙(병): 丙은 陽火이며 빛을 상징한다.

성질은 태양처럼 모든 것을 비추는 빛과 같다. 이것은 태양빛이 먼 곳까지 이동하고 하늘 위에서 모든 곳을 비추는 성질을 형상화한 것으로, 분산되고 퍼지는 성질을 취상해서 丙火로 이름을 정하고 천간의 세 번째 자리에 둔다. 丙火는 火가 가지고 있는 열(熱)적인 속성보다는 빛의 속성을 대표한다. 丙火는 태양의 역할처럼 만물을 비추고 자신의 기운을 조건 없이 상대에게 베풀어 주는 모습을 형상화한 것이다. 태양이나 우두머리를 표현할 때 쓰기도 하며, 丙火는 양의 기운을 가진 火의 성질을 뜻한다.

④ 丁(정): 丁은 陰火이며 열을 상징한다.

성질은 태양에서 나와서 모든 곳을 따뜻하게 해 주는 열을 의미한다. 이것은 빛이 가진 발산력으로 하늘 아래 모든 곳의 온도를 높여 주는 성질을 취상해서 丁火로 이름을 정하고 천간의 네 번째에 둔다. 丁火는 火를 가지고 있는 빛의 속성보다는 열적인 속성을 대표한다. 丁火는 이렇게 열의 기운을 사용해서 만물을 익히고 성장시키는 모습을 형상화한 것이다. 丁火는 음의 기운을 가진 火의 성질을 뜻한다.

⑤ 戊(무): 戊는 陽土이며 뭉쳐 있는 흙을 상징한다.

성질은 산처럼 무겁게 자리 잡고 모든 것의 중심을 잡아 주는 것을 의미한다. 土가 가진 무게로 만물의 성장 속도를 늦추는 성질을 취상해서 戊土라고 이름을 정하고 천간의 다섯 번째 자리에 둔다. 戊土는 산이나 둑처럼 木과 火의 뻗어 나가며 분산되는 기운을 막아서 정지시키고 만물을 완전히 분화(分化)시키는 속성을 대표한다. 戊土의 戊자는 무성할 茂(무)자를 의미하며 만물을 완전히 분화시키는 모습을 형상화했다고 한다. 戊土는 양의 기운을 가진 土의 성질을 뜻한다.

⑥ 己(기): 己는 음土이며 펼쳐져 있는 흙을 상징한다.

성질은 비옥한 대지처럼 분열·발달한 기운을 수렴하기 시작하는 것을 의미한다. 이것은 땅이 가진 취합성으로 만물의 생장 기운을 수렴 기운으로 바꾸어 주는 성질을 취상해서 己土라 이름을 정하고 천간의 여섯 번째 자리에 둔다. 己土는 논밭이나 평야처럼 비옥한 토지의 기운처럼 만물의 기운을 거두어서 결실을 준비하는 속성을 대표한다. 己土의 역할은 변화인데, 木火의 분열·발전이 土에 이르되 수렴으로 전환하고 변화하는 속성을 형상화했다고 한다. 己土는 음의 기운을 가진 土의 성질을 뜻한다.

⑦ 庚(경): 庚은 양金이며 제련되지 않은 쇠를 상징한다.

성질은 단번에 무엇이든 베어 버리는 도끼와 같은 기운을 의미한다. 이 것은 쇠가 가진 강인함으로 만물의 발전 기운을 수렴시켜서 모으는 성질을 취상해서 庚金이라 이름을 정하고 천간의 일곱 번째 자리에 둔다. 庚金은 가공되지 않은 쇳덩어리를 뜻하는데, 투박하지만 숙살지기(肅殺之氣)처럼 만물의 기운을 한 번에 방향 전환시키는 강력한 속성을 대표한다. 庚金의 역할은 수렴인데, 모아들이고 정돈해서 만물의 기운을 바꾸는 속성을 형상화했다고 한다. 庚金은 양의 기운을 가진 金의 성질을 뜻한다.

⑧ 辛(신): 辛은 음金이며 가공된 금속을 상징한다.

성질은 완전하게 수렴시켜서 그 형상을 고정시켜 놓은 기운을 의미한다. 이것은 쇠가 가진 날카로움으로 만물의 기운을 더욱 단단하게 만드는 성질을 취상해서 辛金이라 이름을 정하고 천간의 여덟 번째 자리에 둔다. 辛金은 가공이 끝난 금속 제품이나 보석을 뜻하는데, 날카롭고 예리함으로 만물의 형태를 고착화시켜 가는 속성을 대표한다. 辛金의 역할은 성형인데, 형태를 만들고 가다듬어서 만물의 기운을 공고하게 다지는 속성을 형상화했다고 한다. 辛金은 음의 기운을 가진 金의 성질을 뜻한다.

⑨ 壬(임): 壬은 양水이며 흐르는 물을 상징한다.

성질은 단단하게 뭉쳐진 기운을 더욱더 압축시킨 기운을 의미한다. 이 것은 물이 가진 압력으로 만물의 기운을 압축시켜서 고정시키는 성질을 취상해서 壬水라고 이름을 정하고 천간의 아홉 번째 자리에 둔다. 壬水는 큰 강물처럼 庚辛金의 과정을 지나면서 숙성된 기운을 씨앗의 형태로 만들어 두고 다음번에 있을 계절의 변화를 준비하는 속성을 형상화했다고 한다. 壬水는 양의 기운을 가진 水의 성질을 뜻한다.

⑩ 癸(계): 癸는 음水이며 얼어 있는 물을 상징한다.

성질은 완전히 굳어져서 고착화된 기운을 의미한다. 이것은 완전히 얼어붙어서 더 이상 압축되지 않는 성질을 취상해서 癸水라고 이름을 정하고, 천간의 마지막 자리에 둔다. 癸水는 순수한 물의 특성을 지니고 있으며 생명력을 바로 펼쳐 낼 준비가 되어 있는 속성을 형상화했다고 한다. 癸水는 음의 기운을 가진 水의 성질을 뜻한다.

천간의 합(合)·충(冲)

천간합(天干合)

천간합은 십천간이 음양오행의 배열 규칙에 따라 두 개씩 짝을 짓는 것을 말한다. '간합'이라고도 하는 천간합은 자신을 기준으로 여섯 번째 천간과 합을 하며, 일양 일음이 합하니 유정지합이요, 유정하니 부부지합으로 보는 것이다.

그렇다고 원국에 합이 있다 하여 부부 관계의 정이 있고 없음을 뜻하지는 않는다. 천간에 합이 있는 사람은 다정다감하며 자칫 부화뇌동하는 경향이 있는 가운데, 특히 일간을 기준하여 정재합을 하면 현실 중시의 실리적 기질이 있는 반면, 정관과 합한 경우는 체면 중시의 보수적 기질이 표출된다.

① 합의 조건

두 개의 천간이 나란히 붙어 있어야 하며, 다른 천간이 두 천간 사이에 있으면 합은 성립하지 않는다(마음만 합하고 싶어 한다). 합을 하는 천간을 다른 천간이 옆에서 방해하면 완전한 합이 성립되지 않는다. 두 개의 합하는 천간은 각자가 뿌리가 없어야 한다(뿌리: 각자 합을 하려는 천간의 자체 지지가 같은 오행이거나 지지가 합을 하려는 천간을 생해 줄 때를 '뿌리가 있다' 또는 '통근했다'고 말한다). 합을 한 후의 변화한 오행이 그 사주에 좋은 의미인지 나쁜 의미인지를 파악한다.

(천간합)   (합화 오행)
甲己(갑기) 合(합)   土(토) --- 신용·돈·재물
乙庚(을경) 合(합)   金(금) --- 의욕·의리
丙辛(병신) 合(합)   水(수) --- 총명·지혜·학자·교육
丁壬(정임) 合(합)   木(목) --- 인정·인자
戊癸(무계) 合(합)   火(화) --- 애정

合(합) 6번째

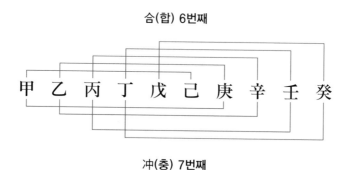

甲 乙 丙 丁 戊 己 庚 辛 壬 癸

冲(충) 7번째

合(합) 6번째 =**甲己, 乙庚, 丙辛, 丁壬, 戊癸**

沖(충) 7번째 =**甲庚, 乙辛, 丙壬, 丁癸**

② 합충법(合沖法)

相合(상합=천간합). 합이란, '만나다', '화합하다', '합거하다', '묶이다', '끌려가다' 등으로 응용되며 상합이란 서로 합하다는 뜻이다.

– 甲己合(갑기합): 中正之合(중정지합). 어진 甲의 리더 기질과 순박한 己의 신뢰하는 성품이 올곧은 중용의 덕으로 결합한다.

– 乙庚合(을경합): 仁義之合(인의지합). 여린 乙의 끈질긴 성품과 굳센 庚의 강인한 기질이 진솔한 신의의 덕으로 결합한다.

– 丙辛合(병신합): 威制之合(위제지합). 밝은 丙의 강렬한 의지와 가녀린 辛의 예리한 성품이 빛나는 위험의 힘으로 결합한다.

– 丁壬合(정임합): 淫亂之合(음란지합). 달빛 丁의 요염한 성품과 다정한 壬의 감상적인 기질이 애욕으로 결합한다.

– 戊癸合(무계합): 無精之合(무정지합). 큰 꾀 戊의 의연한 무심과 해맑은 癸의 청순한 성품이 잘못된 신념의 힘으로 결합한다.

– 甲己合化(갑기합화) 土, 乙庚合化(을경합화) 金, 丙辛合化(병신합화) 水, 丁壬合化(정임합화) 木, 戊癸合化(무계합화) 火로 변하기도 한다.

천간충(天干沖)

천간의 충(沖: 빌 충)은 양양, 음음의 동일한 음양의 천간끼리 충돌하는 양상으로서, 일곱 번째 천간과 충한다 하여 '천간칠충'이라고도 한다. 이른바 甲庚충, 乙辛충, 丙壬충, 丁癸충의 4충을 말한다. 일각에서는 戊甲

충, 己乙충, 庚丙충, 辛丁충, 壬戊충, 癸己충을 충으로 취급하고 있으나, 극의 의미만 부여하는 것이 좋다.

충은 극의 의미를 내포하고 있지만 엄밀한 의미에서 충과 극은 다르다. 일반적으로 정관과 정재의 음양배합에 따른 극은 유정지합이지만, 천간상충은 동일 음양이 부딪힘으로서 오는 충격의 극이기 때문에 무정지합의 양상을 띠게 된다.

기본적으로 충은 정신적·심리적 불협화음을 나타내지만, 길신이 충하면 흉하고 흉신이 충하면 흉화가 소멸되는 효과도 있다. 그러나 충한다 하여 반드시 부정적 영향을 미치는 것만도 아니라는 점을 분명히 해야 한다.

天干冲(천간충)에는 甲庚冲(갑경충), 乙辛冲(을신충), 丙壬冲(병임충), 丁癸冲(정계충)이 있다. 구성 원리를 보면 陽(양)과 陽(양), 陰(음)과 陰(음)이고, 방위로 보면 東(동)과 西(서), 南(남)과 北(북)으로 정반대이며 180도로 되어 있다. 또 이 상충을 七冲(7충)이라고도 하는데, 이는 甲(갑)에서 庚金(경금)까지가 일곱째이고 乙木(을목)과 辛金(신금), 丙火(병화)에서 壬水(임수), 丁火(정화)에서 癸水(계수)까지가 일곱째이기 때문이다.

천간충이 성립되기 위해서는 충을 하려는 오행이 가까이 있어야 한다. 천간충 사이에 다른 오행이 있어도 충의 성립이 곤란하며, 천간충이 지지에 뿌리를 내리고 있는지(생을 받고 있는지)의 여부도 꼼꼼히 살펴야 한다.

① 천간충의 특징

甲庚冲(갑경충), 乙辛冲(을신충), 丙壬冲(병임충), 丁癸冲(정계충), 戊己冲(무기충)

- 天干冲(천간충)이 되면 地支(지지)는 動(동)함을 받는다.

– 지지가 충하면 천간도 동하게 된다.

– 천간충·지지충이 되면 천간 지충이라 하여 그 영향력은 매우 강하다.

– 천간극은 그 영향력이 약하다. 지지충은 급하기가 불과 같아서 그 영향력이 강하다.

– 왕한 곳을 충하면 쇠약해지고, 쇠한 곳을 충하면 넘어지거나 다시 왕하여진다.

– 왕을 원하는데 충을 절기한다.

– 쇠약을 원하는데 충이 되면 기쁘다.

– 희신을 충하면 흉하게 된다.

– 흉신을 충하면 길하게 된다.

– 近(근)충은 충의 작용이 100%로가 되고 遠(원)충은 작용이 60%가 된다.

– 공망을 충하면 공망에 작용이 없어지고 풀린다. 天干(천간) 支冲(지충)은 200% 작용한다.

② 四柱(사주)의 역할

– 年柱(년주): 일간의 뿌리이며 평생의 노선(路線)을 암시한다. 근본을 본다. 결혼 운을 본다.

– 月柱(월주): 운명의 주체가 되며 평생의 희로애락(喜怒哀樂)을 관찰한다. 사주팔자에서는 제일 중요한 곳이다.

– 日柱(일주): 나 자신을 주관한다. 경영주와 같다. 평생 동업자, 동반자, 동행자를 본다.

– 時柱(시주): 노년(老年)의 결실을 보며 자식 인연을 본다. 마지막 명복(命福)을 본다.

時(시)	日(일)	月(월)	年(년)
노년의 결실 자식 인연 (두 번째로 중요)	경영주 나 자신을 주관 동반자, 동업자, 동행자		내 인생을 암시 (인간의 뿌리로 평생 노선을 암시)
마지막 명복의 행복 · 불행		운명의 주체 평생 희로애락 관찰 (첫 번째로 중요)	결혼운

지지(地支)

지지는 12개로 구성되어 있으며 흔히 우리들이 '띠'라고 부르는 것이다. 누구나 각자가 자신의 띠들을 가지고 있을 것이다. 쥐띠, 소띠로 시작해서 개띠, 돼지띠로 끝나는 12가지의 띠들을 전문 용어로 '12地支(지지)'라고 한다. 땅 지(地), 가를 지(支) 천간의 상대적 개념으로 순수한 기운을 가진 천간과 달리 지지 속에는 지장간이라는 기운이 내포되어 있어서 복잡하고 변화가 많은 특징을 가지고 있다.

하늘이 위에 있고 땅이 밑에 있어서 지지는 천간 아래에 있는 글자이며, 12개로 12지지로 불린다. 12지지는 태어난 해를 의미하는 12가지 띠와 1년을 12달로 상징하는 달력에서 볼 수 있으며, 하루를 12시간으로 분류했던 옛 시계에서도 볼 수 있다.

지지(地支)를 표로 나타내면 다음과 같다.

子 (자)	丑 (축)	寅 (인)	卯 (묘)	辰 (진)	巳 (사)	午 (오)	未 (미)	申 (신)	酉 (유)	戌 (술)	亥 (해)
수	토	목	목	토	화	화	토	금	금	토	수
양	음	양	음	양	음	양	음	양	음	양	음

• 지지의 작용

－ 사주팔자를 간명하는 데는 기본적인 일간의 뿌리이기 때문에 중요한 작용을 한다.

－ 지지는 나의 수명에 장단을 보기도 하며, 나 자신의 시종(始種)으로 본다.

－ 수명(壽命)이나 재물(財物)이 장구(長求)할 수 있을까.

－ 재물이 거부, 중부, 소부인지 대귀, 중귀, 소귀인지를 지지에 의하여 판단한다.

－ 지지는 내 모든 것의 뿌리이며 인연의 장단을 본다.

• 뿌리가 있어야 오래간다

인연	뿌리
부모	관성
처	식신·상관
부	재성

* 여자는 상관이 많으면 남편과 인연이 오래 못 간다.
  비견 겁재가 많으면 사망하거나 부부 인연이 오래 못 간다.

年地支(년지지)

- 태어나서 건강 여부를 간명한다.

- 흉성·흉신이 있으면 시작부터 고행의 길을 걸어야 한다.

- 년지지에는 일간에 결혼운이 매여 있다.

- 길성·길신에 따라서 좋은 사람과 인연을 맺을 수도 있고, 흉성·흉신에 따라서 좋지 않은 사람과 인연을 맺을 수도 있다.

- 일간에 인생 중에는 제2의 인생을 시작하는 곳이라 중요하다.

- 여자: 년천간에 상관이 있으면 남편과 이별수가 있다.

- 남자: 년천간에 재성이 있으면 돈을 번다.

月地支(월지지)

- 사주팔자에서는 최고로 중요한 위치이며 힘이 제일 강한 곳이다.

- 가정의 안택을 관찰하며 부부 애정을 간명하기도 한다.

- 모친의 위치이며 혜택이 많은지 혹은 없는지를 본다.

- 월지는 천복이 있는 곳이라 일간에 인생에서 이정표와 같이 생각하는 곳이다.

- 행복에 운명과 불행의 운명을 판가름하는 곳이다.

- 일지에 육친에 따라 근본의 운명을 본다.

- 사주팔자에 다른 곳이 아무리 길성이 있더라도 월지가 흉성이 되면 박복하다.

日地支(일지지)

- 배우자와의 인연 혹은 덕을 보며 배우자와의 길흉을 간명한다.

– 일지에 오행과 육친에 길성·길신·흉성·흉신에 따라서 부부 생활과 가정생활을 본다.

– 일간에 건강과 배우자 성품을 간명한다.

– 일지는 배우자 덕, 인연 성품, 일간에 건강, 가정생활을 본다.

① 子(자)

12지지 중에서 첫 번째이며 동물은 쥐를 말하고, 오행으로는 수(水)를 나타낸다. 子(자)라는 글자는 씨앗을 상징하며, 계절로는 양력 12월의 겨울을 뜻한다. 시간은 밤 11시부터 새벽 1시까지를 말하는데 한국은 동경 표준시를 쓰기 때문에 실제 적용되는 시간은 밤 11시 30분부터 새벽 1시 30분까지이다. 子시의 특징은 휴식을 취하면서 내일을 준비하는 시간이라는 의미로, 원칙적으로 사람은 이 子시에는 잠을 자고 있어야 한다.

– 心性柔順(심성유순), 少年登科(소년등과), 末年功名(말년공명), 商業大吉(상업대길).

– 子(자)는 일주(日柱) 밑에 지지(地支)에 있을 때 제일 강하다. 그다음으로는 년지(年支)이다.

– 영물이다. 정이 많다. 검소하다.

– 초년에 고생한다고 한탄하지 마라. 중년에 한 번은 성공한다.

– 여자는 남편이 돈을 잘 벌어도 자신이 일을 한다.

– 되로 받으면 말로 풀어먹는다.

– 노력가로서 부지런하다. 한 번 들으면 천 가지를 알 만큼 총명하다.

– 체구가 작고 몸이 허약하다.

– 정직하다. 실리가 부족하여 잇속이 없고 약지 못하다.

② 丑(축)

12지지 중에서 두 번째이며 동물은 소를 말하고, 오행으로는 土(토)를 나타낸다. 丑(축)이라는 글자는 묶어 두는 것을 상징하며, 계절로는 양력 1월의 한겨울을 뜻한다. 시간은 새벽 1시부터 새벽 3시까지인데, 동경표준시를 적용하면 새벽 1시 30분부터 새벽 3시 30분까지이다. 丑시의 특징은 활동을 멈추고 가만히 멈춰 있으면서 기운을 모으는 시간대이므로 그렇게 활용을 해야 하는 것이다.

- 初年有厄(초년유액), 疾病(질병), 祖業難守(조업난수), 損財煩(손재번), 官災口舌(관재구설).

- 부모가 유산을 물려줘도 지키기 어렵다.

- 살아가면서 손재수가 빈번하다.

- 어려서부터 부모 인연이 없을 수도, 몸이 아플 수도 있다.

③ 寅(인)

12지지 중에서 세 번째이며, 동물은 호랑이를 말하고 오행으로는 木(목)을 나타낸다. 寅(인)이라는 글자는 싹이 나오는 것을 상징하며, 계절로는 양력 2월의 초봄을 뜻한다. 시간은 새벽 3시부터 5시까지를 말하는데, 동경표준시를 적용하면 새벽 3시 30분부터 5시 30분까지를 말한다. 寅시의 특징은 천천히 깨어나면서 활동을 준비하는 단계의 시간대이므로 하루의 시작을 준비해야 한다.

- 官祿之人(관록지인), 廣交干人(광교간인), 權勢四方(권력사방).

- 동서남북을 가도 취직이 잘된다.

- 남자는 인기가 많고, 여자는 부부 불화가 있고 명예욕이 강하다.

– 대체로 막힘이 많다. 아니면 신체에 질병이 있다.

– 재물을 지키려는 자세가 굉장히 강하다.

– 남자는 하체가 약하고, 여자는 자궁이 약하다.

– 심성은 청렴결백하며, 소년·소녀같이 깨끗하다.

– 경계심이 강하다.

– 금전과 일을 즐기지 않는다.

– 사람이 잘 따르고 깨끗하다.

– 관록이 있어 남녀 모두 직업을 가지려고 애쓴다.

– 총명하고 재능이 많으며, 많은 사람과 상대한다.

– 살아가면서 무척 힘들 때가 한 번은 있는데, 교통사고가 나거나 몸이 아프다.

④ 卯(묘)

12지지 중에서 네 번째이며, 동물은 토끼를 말하고 오행으로는 木을 나타낸다. 卯라는 글자는 씨앗이 땅을 뚫고 올라와서 자신의 모습을 드러내는 것을 상징하며, 계절로는 양력 3월의 봄을 뜻한다. 시간은 새벽 5시부터 7시까지를 말하는데, 동경표준시를 적용하면 새벽 5시 30분부터 7시 30분까지를 말한다. 卯시의 특징은 자신이 모습을 드러내고 활동을 시작해야 한다는 것을 나타내는 시간대이므로 하루는 卯시부터 시작해야 한다.

– 白聿木成(백율목성), 家努(가노), 貧困(빈곤), 活人救災(활인구재), 疾病多有(질병다유), 功悳無(공덕무).

– 가세가 빈곤할 때가 있고, 몸이 허약하다.

– 사람에게 잘해 줘도 공덕이 없다.

– 자식 인연이 약해 자식으로 인해 난관이 많고 고독하게 산다. 자식과 인연이 없고 멀리 떨어져서 지낸다.

 – 백 가지를 시도해도 성공하기가 매우 어렵다. 종교를 가져라.

 – 마음에 안 들면 투쟁심이 강하다. 분명하지 않는 것은 좋아하지 않는다.

 – 한 번 싫으면 죽을 때까지 안 본다. 용서하지 않으려고 하나, 뒤끝은 없다.

 – 부모가 유산이 많아도 유산을 주면 나도 모르게 없어진다.

 – 너무 재는 탓에 좋은 기회를 놓치기 쉽다.

 – 항시 희망은 높아도 달성하는 것이 고달프다.

⑤ 辰(진)

12지지 중에서 다섯 번째이며, 동물은 용을 말하고 오행으로는 土를 나타낸다. 辰(진)이라는 글자는 震(벼락 진)과 같은 의미로 사용하며 자신의 모습을 확실하게 드러내는 것을 상징하고 계절로는 양력 4월의 봄을 뜻한다. 시간은 아침 7시부터 9시까지를 말하는데, 동경표준시를 적용하면 아침 7시 30분부터 9시 30분까지이다. 辰시의 특징은 밤새 준비했던 것들을 밝은 태양 아래에 다 드러내는 시간대이므로 모든 비밀이 다 드러나는 것을 의미한다.

 – 變化無窮(변화무궁), 名振四方(명진사방), 酒色難關(주색난관), 妻妾可知(처첩가지).

 – 변화가 무궁하다. 사람에 따라 잘되고 못되는 격차가 크다.

 – 이성을 좋아하든 연애를 많이 하든 추상의 인물 행동거지를 잘해야

한다. 그렇지 않으면 성공을 못한다.

- 꿈이 지나치고, 포부가 강하다. 자신이 높은 자리를 너무 추구한다.
- 12지 중에서 자존심이 제일 강하다.
- 실천력이 강하고 예지력이 있다.
- 우두머리기질이 있어 종업원으로 일하기 매우 어렵고 힘들다.
- 자식 사랑을 잘 안 한다.
- 처세술이 아주 좋아 잘되면 온 사방에 이름을 떨친다.
- 자신의 마음을 타인에게 잘 보여 주지 않는다.

⑥ 巳(사)

12지지 중에서 여섯 번째이며 동물은 뱀을 말하고, 오행으로는 火(화)를 나타낸다. 巳(사)라는 글자는 木의 기운이 천지간에 뱀처럼 빠르게 퍼져 나가는 모습을 상징하며, 계절로는 양력 5월의 초여름을 뜻한다. 시간은 아침 9시부터 11시까지를 말하는데, 동경표준시를 적용하면 9시 30분부터 11시 30분까지이다. 巳시의 특징은 이 시간부터 만물이 각자의 고유한 속성에 따른 일을 하는 시간대이므로 자신의 일을 활발하게 시작한다는 것을 의미한다.

- 世稱君子(세칭군자), 學問龍門(학문용문), 夫婦離別(부부이별), 初婚不利(초혼불리).
- 용모가 단정한 것을 제일 좋아한다.
- 마음에 들어야 결혼한다.
- 자기 스스로 마음이 깨끗하다.
- 학문이나 기술 계통이 좋은데, 학문 쪽으로 나가면 교수나 박사가 되

어 매우 잘나간다.

– 단, 부부이별수가 있어 초혼은 불리하다. 결혼을 늦게 해야 이별수가 없다. 재혼지명으로 일찍 결혼하면 안 된다. 남자는 30세가 넘어야 좋다.

– 질투심이 매우 강하다. 한번 인연을 맺으면 이별을 잘 안 하려고 한다.

– 사회활동도 이기적이고 친화력이 없으며 고지식하므로 사업이 아닌 봉급생활을 해야 한다.

– 공격성이 있어 타인에게 원한을 잘 산다.

– 재물은 있다. 돈과 인연이 있어 밥은 안 굶는다.

⑦ 午(오)

12지지 중에서 일곱 번째이며 동물은 말을 말하고, 오행으로는 火(화)를 나타낸다. 午(오)라는 글자는 기운이 가장 번성한 시간대이고 가장 밝은 때를 상징하며 계절로는 양력 6월의 여름을 뜻한다. 시간은 오전 11시부터 오후 1시까지를 말하는데, 동경표준시를 적용하면 오전 11시 30분부터 오후 1시 30분까지이다. 午시의 특징은 陽氣(양기)가 극한에 도달해서 陰氣(음기)로의 변화를 준비하고 있는 시간대이므로 마지막으로 자신의 모든 노력을 쏟아붓는 시기라는 것을 의미한다.

– 必得富名(필득부명): 부자 소리를 들을 정도로 돈을 많이 벌 때가 있다.

– 五十歲後 非命主意(오십세후 비명주의): 50세가 넘으면서 크게 수명이 위험할 때가 있다(건강 위험).

– 정열적으로 연애하고 쉽게 식는다. 이별도 쉽게 한다.

– 정의감이 있다. 자연 순리에 순응을 잘한다.

– 福祿昌盛(복록창성): 인덕이 있다.

- 聰明多才(총명다재): 재능이 많고 머리가 총명하다.

- 貴人來助(귀인내조): 친근감이 있어 어딜 가나 도와준다.

- 有悳有信(유덕유신): 인덕이 있고 믿을 만하다.

- 手凌千金(수능천금): 자기 수단으로 재물을 많이 벌 때가 있다.

- 여성: 활동적이다(동분서주). 이성을 좋아하면 한 번은 망할 때가 있다.

- 남녀: 이성이 잘 따르기도 하고, 나도 잘 따른다. 이별수가 남보다 더 많다. 결혼을 늦게 하는 것이 부부생활에 편하다.

⑧ 未(미)

12지지 중에서 여덟 번째이며 동물은 양을 말하고, 오행으로는 土(토)를 나타낸다. 未(미)라는 글자는 양기가 서서히 자신의 힘을 잃어 가는 시간대이고 모든 활동이 점점 줄어드는 것을 상징하며, 계절로는 양력 7월의 늦여름을 뜻한다. 시간은 오후 1시부터 3시까지를 말하는데, 동경표준시를 적용하면 오후 1시 30분부터 3시 30분까지이다. 未시의 특징은 양기의 수렴이 시작되므로 만물이 일정한 형태를 갖추어 나가기 시작하는 시간대이므로 자신의 노력에 대한 성과물이 서서히 나오기 시작하는 시기임을 알려 주는 것이다.

- 出入殯煩(출입빈번): 타국에 자주 출입국한다.

- 食少事煩(식소사번): 먹을 것은 적어도 번거롭기도 하다.

- 出側生財(출측생재): 나가면 무엇을 해서 돈을 벌까 생각이 많다.

- 世事浮蕓(세사부운): 회사도 잘 다니고 잘 나가다가도 세상살이가 뜬 구름같이 될 때가 있다.

- 夫婦離別(부부이별): 다른 사람보다 조금 더 강하다.

– 학문을 좋아하고 언변이 좋다. 자존심이 강하고 고독을 좋아한다.

– 까다롭다. 소심하고 주도 치밀한 데가 있다.

– 매사가 허실이 없고 진지하며 탐욕이 없다. 단, 편안하고 안락한 것을 좋아한다.

– 속마음은 활발하지 못하고 겁이 많다.

⑨ 申(신)

12지지 중에서 아홉 번째이며 동물은 원숭이를 말하고, 오행으로는 金(금)을 나타낸다. 申(신)이라는 글자는 음기가 힘을 발휘하기 시작한 시간대이며 수렴 활동이 본격화되는 것을 상징하고, 계절로는 양력 8월의 초가을을 뜻한다. 시간은 오후 3시부터 5시까지를 말하는데, 동경표준시를 적용하면 3시 30분부터 5시 30분까지이다. 申시의 특징은 음기가 온전하게 드러나기 시작하는 시간대이므로 만물이 자신들의 발전 결과물을 드러내기 시작하는 시기임을 알려 주는 것이다.

– 春林獨鳥(춘림독조): 봄 수풀에 혼자 앉아 있는 새다.

– 知惠聰明(지혜총명): 임기응변이 아주 뛰어나고 언변이 굉장히 좋으며 직업의식이 강하다. 그러나 이기주의자에, 경박하고 교만하며 버릇이 없다. 가끔 가다가 자기 발등을 자기가 찍는다. 머리가 총명하기 때문이다.

– 每嘆失數(매탄실수): 원숭이도 나무에서 떨어질 때가 있다.

– 秋月孤飛(출월고비): 가을 달밤에 날아가는 새다.

– 末年逢貴(말년봉귀): 말년에나 자기 발달을 할 수 있다. 발달이 늦다.

– 부부 애정보다는 자식 사랑이 깊다.

– 35세 전에는 직업을 가져도 안정된 직업을 갖기가 매우 힘들다.

– 매사 성공하려고 애를 쓴다.

⑩ 酉(유)

12지지 중에서 열 번째이며 동물은 닭을 말하고, 오행으로는 金(금)을 나타낸다. 酉(유)라는 글자는 음기가 완전히 자신의 지배력을 행사하는 시간대로 수렴 활동의 결과가 확실한 형태의 결실로 드러나는 것을 상징하며, 계절로는 양력 9월의 가을을 뜻한다. 시간은 오후 5시부터 7시까지를 말하는데, 동경표준시를 적용하면 5시 30분부터 7시 30분까지이다. 酉시의 특징은 음기가 안전히 자리 잡아서 만물을 숙성시키는 시간대이므로 만물이 저마다의 결과물을 완전히 드러내 놓고 평회를 여는 모습을 보여 준다.

– 性堅固執(성견고집): 다른 사람보다 유난히 고집이 강하다.

– 離鄕僞吉(이향위길): 고향보다 타향살이를 하는 편이 발달이 빠르다.

– 損財之數(손재지수): 한평생 살아가면서 손재지수가 몇 번 있어 돈 관리를 잘해야 한다.

– 平生隱愁(평생은수): 남이 모르는 근심이 평생 있다.

– 幼無疾病(유무질병): 어려서 큰 병이 있지 않으면 팔이나 다리를 다칠 수 있다.

– 영물이다. 결혼식이나 기쁜 일에는 나쁜 일이 잘 낀다(호사다마).

– 빨간 벼슬은 잡기를 몰아낸다. 영감이 강하다.

– 예감력이 무수하다. 무당 사주에는 닭이 없으면 가짜라고 한다.

– 닭, 돼지, 개는 잡귀가 물러가게 집에 놓아서 먹이고 기른다.

– 직선적이다. 필요 이상으로 신경이 예민하고, 고집불통이나 인정은 많다.

- 신령스러운 동물이다.
- 조상 덕이 없다.

⑪ 戌(술)

12지지 중에서 열한 번째이며 동물은 개를 말하고, 오행으로는 土(토)를 나타낸다. 戌(술)이라는 글자는 만물의 수렴 과정이 끝나고 창고에 차곡차곡 저장하는 시간대이며 결과물들이 정리되어 제자리를 찾아가는 것을 상징한다. 계절로는 양력 10월의 가을을 뜻하고 시간은 저녁 7시부터 9시까지를 말하는데, 동경표준시를 적용하면 저녁 7시 30분부터 9시 30분까지이다. 戌시의 특징은 만물의 발전 순환 운동을 마무리하고 다음번의 순환 주기를 다시 준비하는 시간대이므로 휴식과 사색의 시간을 가지는 것이 좋다.

- 智謨過人才多(지모과인재다): 머리가 지나치게 좋다.
- 必得功名(필득공명): 본인이 반드시 성공하려고 애쓴다.
- 衣食有足(의식유족): 먹고사는 것은 걱정이 없다.
- 安過歲月(안과세월): 언제든지 편안한 세월을 좋아한다.
- 東西出入(동서출입): 여기저기 활동을 하면서 지방 타향을 다닌다.
- 영물이다. 주인 대신 나가서 죽기도 하며, 집을 나가서 들어오지 않기도 한다.
- 정의감이 있고 충실성이 있다. 목숨을 버릴 정도로 의리가 대단하고 친구를 좋아한다.
- 음험하여 연애를 잘 건다. 총각은 유부녀, 처녀는 유부남을 사귀기도 한다.
- 자수성가해야 재물이 오래간다.

– 한 번 병들면 치료가 어렵고 회복이 힘들다.

⑫ 亥(해)

12지지의 마지막인 열두 번째이며 동물은 돼지를 뜻하고, 오행으로는 水(수)를 나타낸다. 亥(해)라는 글자는 만물의 모든 순화 과정이 다 마무리된 시간대이며 활동을 멈추고 조용히 다음번의 활동을 준비하며 긴 휴식 시간으로 들어가는 것을 상징한다. 계절로는 양력 11월의 초겨울을 뜻하며 시간은 저녁 9시부터 11시까지를 말하는데 동경표준시를 적용하면 저녁 9시 30분부터 11시 30분까지이다. 亥時의 특징은 충분하고 완전한 휴식을 해야 하는 시간대이므로 모든 활동을 중지하고 조용하게 지내는 것이 올바른 선택이다.

  – 一身孤蘭(일신고란): 자기 몸 하나는 평생 고단하다.

  – 箸獨身(약독신): 그렇지 않으면 독신으로 산다.

  – 風波許多(풍파허다): 호의호식하거나 즐거운 것이 없다. 죽을 때까지 힘들게 살아야 한다.

  – 正直每事功名(정직매사공명), 立後榮華(입후영화): 30세가 넘어가야 영화로운 것을 얻을 수 있다.

  – 극과 극의 운세로 아주 잘살 수도 있고 아주 낭떠러지로 떨어질 수도 있다. 그래서 머리도 아주 둔할 수도, 아주 총명할 수도 있다.

  – 원래 단체 생활을 잘 못한다.

  – 부모가 아무리 잘살아도 부모덕이 없다. 부모덕 생각 말고 자수성가해야 한다.

  – 솔직하다. 오로지 한길로만 달릴 수 있는 것이 돼지다.

– 예지력이 있다.

* 午, 子 = 양이지만 육친 붙일 때는 음으로 생각해서 통변해석.
  亥, 巳 = 음이지만 육친 붙일 때는 양으로 생각해서 통변해석.

지지의 합(合)·충(冲)

지지합(地支合)

사주에서 지지가 합한다는 것은 12개의 지지 중에 합이 되는 글자를 말하는데, 이 중 육합은 두 글자와 만나 합이 되면서 木·火·土·金·水·火로 총 6개의 합이 되는 것을 말한다.

이외에도 방향으로 나누어 합이 되는 경우도 있다. 방향끼리의 합은 남쪽·동쪽·서쪽·북쪽으로 나눌 수 있으며, 방합은 총 4개로 水·火·木·金으로 나누어진다. 같은 방향끼리 합이 되는 것으로 水는 북쪽, 火는 남쪽, 木은 동쪽, 金은 서쪽이다.

방합 외에도 삼합을 이루는 지지들의 합도 있다. 삼합은 子·午·卯·酉를 중심으로 합을 이루는 글자들을 말한다. 3개의 지지가 만나 합을 이루어 水·火·木·金으로 변하는 것이다.

이렇듯 지지합은 종류가 매우 다양하다. 세력을 이루어 합을 하거나 계절에 따라 합을 할 수도 있고 왕지에 따라 변화를 이루기도 한다. 이 중에서 먼저 육합에 대해 자세히 살펴보자.

① 육합

육합은 지지의 두 글자가 만나 합을 하는 것으로 子丑(자축), 寅亥(인해), 卯戌(묘술), 辰酉(진유), 巳申(사신), 午未(오미) 총 6개로 나눠진다. 지지의 음과 양이 만나 합을 이루어 서로 반대되는 기운이 당겨 합하는 것이다. 합이 되는 오행이 어떤 것인지도 잘 봐야 하지만, 어떤 계절을 지나고 있는지를 중요하게 봐야 한다.

天干合(천간합)을 정신이요 시작이라 한다면, 地支合(지지합)은 하나의 공동체를 이루는 유대 관계요 가족 관계이며 육체요 끝이 되는 합이라 할 수 있다. 천간합과 달리 지지합은 합하여 사라지는 것이 아니라, 사라지지 않고 묶이게 되는 것이라서 오히려 답답함을 느낄 수 있다. 천간합보다 합이 되는 것이 더 어렵고 까다롭다고 할 수 있다. 때문에 이런 사주를 가지고 있는데 합이 되어 묶여 있는 경우에는 육합을 풀어 줄 수 있는 합이나 충이 오면 좋다.

子丑합은 子가 힘을 잃고 丑(土)로 합화하는 것이며, 寅亥합은 서로 묶여 있는 관계이고 卯戌합과 午未합 역시 서로 묶여 있는 관계이다. 辰酉합은 각기 제 역할을 하기 힘들지만 乙庚합이라는 암합이 존재한다. 巳申합은 합이 되기도 하지만 巳申형이 되기도 하는데 형이 먼저 일어난 후에 합이 일어나는 것으로 보면 된다.

② 방합

다음은 같은 계절끼리의 합인 방합을 알아보자. 같은 방향에 속한 지지끼리 만나 합을 한 경우로 봄·여름·가을·겨울로 나누어 방합을 하게 되면 기운이 아주 강해진다.

다른 합보다 방합이 가장 세다고 할 수 있으며 지지 세 글자가 모두 있어야 합이 되었다고 볼 수 있는데, 두 글자만 있어도 안 되고 월지를 포함해 세 글자가 모두 있어야 한다. 두 글자가 나란히 있고 남은 한 글자가 떨어져 있는 경우에도 꽤 영향력이 있다.

같은 기운을 가진 오행이 만났기 때문에 힘이 강하고 자신의 특성을 그대로 유지하고 있어 강한 기운을 가질 수밖에 없다. 寅卯辰은 木(봄, 동쪽), 巳午未 火(여름, 남쪽), 申酉戌은 金(가을, 서쪽), 亥子丑은 水(겨울, 북쪽)이다. 이렇게 사주에서 지지들이 모여 합하게 되면 기운이 강해져 다른 지지들에게 피해를 줄 수 있으며, 반대로 도움을 받아 큰 행운이 따를 수도 있다.

③ 삼합

마지막으로 삼합에 대해서 알아보자. 삼합은 3개의 지지가 합화하여 하나의 오행을 만들어 내는 것으로 생, 왕, 묘에 따라 삼합이 형성된다. 이 중에서 왕지인 子·午·卯·酉를 중심으로 합을 이루게 되는데, 방합 다음으로 강하다고 할 수 있다. 특히 왕지가 月에 있을 때 기운이 가장 세다고 할 수 있다.

申子辰은 水, 寅午戌은 火, 亥卯未는 木, 巳酉丑은 金으로 합화되며, 지지에 삼합을 이루었다고 해도 왕지의 기운이 천간에 투출되지 않았다면 삼합의 기운이 강하다고는 할 수 없다. 또한 왕지를 제외한 두 지지끼리는 합이 되지 않으며 반합이 되는 경우는 삼합보다는 세력이 매우 약하다.

삼합의 경우 전혀 다른 글자가 만나 합을 이루었기 때문에 주변 상황에 따라 끊어지기도 하고 흩어지기도 하여 전체적인 상황들을 잘 살펴 해석해야 한다. 천간합은 합이 빨리 이루고 극을 하거나 극을 당하면서 합이 되는 것이지만, 지지끼리의 합은 생하거나 극하기 위한 합이기 때문에 여러 가지 변동 상황들이 많다. 어쩔 수 없이 합이 되는 상황이기에 이중성을 띠고 있어 겉과 속이 다른 의미로도 해석된다.

요즘에는 궁합을 볼 때 서로 합이 되는 지지나 천간이 있는지 굉장히 중요하게 본다고 하는데, 만약에 남녀 관계에서 일지나 월지에 삼합이 되거나 방합이 되는 경우, 쉽게 헤어지지 못하는 인연이 되며 결혼하더라도 이혼할 확률이 매우 낮다. 서로 궁합이 잘 맞는다고 할 수 있으며 운명적인 만남이라고 생각할 수 있다. 게다가 천간합과 지지합까지 되어 있다면 대화가 잘 통하고 결혼 후에도 뜻을 함께하여 서로에게 좋은 영향을 줄 수 있고 행복한 결혼 생활을 이어 갈 수 있다.

물론 궁합을 볼 때에는 지지가 합이 되느냐도 중요하지만, 서로에게 필요한 오행을 가지고 있느냐도 잘 살펴봐야 한다. 부족한 오행을 서로가 가지고 있다면 좋은 궁합이라고 할 수 있다.

- 지지합화(地支合化)

子丑合(자축합)	土	剋(극)합이라 하며 선합 후 배신(합을 한 뒤에 배신)한다.
寅亥合(인해합)	木	合(합)도 되고 破(파)도 되기 때문에 합에 작용이 약하다.
辰酉合(진유합)	金	부부 불화목하며 의리는 있다.
午未合(오미합)	火	刑(형)합이라 하여 先合(선합) 후 刑厄(형액)이 있다. 合(합)을 한 후에 官災(관재)가 발생한다.
巳申合(사신합)	水	合(합)도 되고 破(파)도 되고 刑(형)도 되기 때문에 작용력이 강하다.
卯戌合(묘술합)	火	예리한 성품을 가지고 있으며 예의는 바르다.

* 近合(근합)=100%, 遠合(원합)=50% - 사주 內(내)에 아무 데나 있으면 된다.

– 子丑(자축)합은 합화 土(토)이나 북극 합이라고 하여 습한 동土 빙수로 본다.

– 寅亥(인해)합은 생명을 양육하는 기운이 넘치나 때로는 선합, 후파로 본다.

– 卯戌(묘술)합은 卯(묘)도화와 戌火庫(술화고)와의 합이라 淫合(음합) 작용이 나타난다.

– 辰酉(진유)합은 강력하게 작용하는 사이좋은 합이다.

– 巳申(사신)합은 刑(형)합으로 강력하게 합이나 길흉 작용이 함께 나타난다.

– 午未(오미)합은 火土(화토)동궁으로 不化(불화)한다는 설도 있으나 火(화)로 化(화)한다고 본다.

* 오미합은 합만 이루어지고 화하지 않는다고도 본다.

지지충(地支冲)

지지충이 이루어지는 두 지지는 나란히 붙어 있어야 한다. 육친 수가 많이 닥친다. 지지의 충도 천간충과 같이 양과 양, 음과 음의 대립이며 지지의 방위로 볼 때 정반(正反)인 180도에 해당하여 충이 되는 것이다. 천간의 충은 내면적으로는 합이 될 수도 있으나 지지충은 철저한 충으로서 완전한 파괴사되는 것이 천간과 다르다고 할 수 있다. 또한 지지충은 7충이라고도 하는데, 子(자)에서 午(오)까지가 일곱 번째가 되기 때문이다.

子午冲(자오충)　　卯酉冲(묘유충)　　丑未冲(축미충)

辰戌冲(진술충)　　寅申冲(인신충)　　巳亥冲(사해충)

- 습(합)한 사물을 충돌하게 하여 분리 변화 작용을 한다.
- 합은 안쟁(安爭), 유연(有緣)한 상태면 충을 하여 발동(發動), 인연이 변하는 상태를 말한다.
- 충이란 정(靜)한 것을 동(動)하게 하며, 집합했던 것을 분산하게 하고, 온화되었던 상태를 긴장하게 하는 것을 말한다.
- 충이란 조화를 깨뜨리며 공격으로 변하고 이산·파양·살상·해를 한다.
- 왕한 곳을 충하면 쇠약해진다.
- 쇠한 곳을 충하면 넘어지거나 아니면 다시 왕해진다.
- 왕을 원하는데 충을 두려워하며 쇠약을 원하는데 충을 하면 기쁘다.
- 희신을 원하는데 충을 하면 흉하게 되고 흉신을 충하면 길하게 된다.
- 충(제일 무섭다)·합·형·파·해·기(氣)가 역행으로 흐르는 것을 말한다.

① 子午冲(자오충)
- 신장, 심장 질환에 주의가 필요하다.
- 음식을 잘못 먹으면 바로 설사한다. 항상 불안하고 신경이 예민하다.
- 술과 색을 멀리하기. 분주하게 돌아다니면서 시달린다는 암시다. 자신이나 혹은 가족이 해외에 나가는 일이 발생한다.
- 가끔은 떠돌이 인생이 되는 경우도 있다. 몸과 마음이 불안하며 고달픈 경향이 있다.
- 인명살상(수명이 왔다 갔다)이 불가피하다.
- 타향 생활을 하는 것이 길하다.
- 사생결단하는 일이 발생한다.

- 인생 大변동기가 닥친다.
- 무역회사나 상업에서는 막강한 경제권을 장악한다.
- 관재로 인하여 큰 재앙을 당한다.

時	日	月	年				
庚	甲	己	辛	乙	沖	辛	近接(근접): 100%
午	子	未	未	未	沖	丑	遠接(원접): 60%
沖						年	

② 丑未沖(축미충)

- 비장·췌장(인슐린 분비)에 문제가 있고, 소화기 계통에 의한 알레르기가 있어 당뇨, 췌장암, 췌장염 등의 질병에 주의해야 한다.
- 음식을 잘못 먹으면 피부로 가려움을 동반한 아토피성 질환이 나타나는데, 축미충의 아토피성 피부염은 고치기 힘들다.
- 예체능계 소질이 있으나 중단되며 명예나 자존심에 상처가 난다.
- 변화·변동·사건·사고, 보상심리가 작용한다.
- 인정과 신의는 외면한다.
- 은인이 원수로 변한다.
- 동기간이나 육친 관계는 냉정하고 타산적이다.
- 아집과 탐욕이 강하고, 도량이 없으며 인색하다.
- 평생 변천이 다단하다.
- 상속 문제로 육친 간에 불화목하다.
- 信符足傷(신부족상: 자기 발등을 자기가 찍는 일)으로 대재난이 발생한다.

③ 寅申冲(인신충)[=道路神(도로충)]

- 간, 대장, 신경계통 질환에 주의가 필요하다.

- 어릴 때 힘이 강해서 이동하다 보면 허리나 다리에 질병, 혹은 사고 수가 많다.

- 주로 근골 질병이 나타나며 이유 없이 쑤시고 아픈 증상이 나타나기도 한다.

- 寅申충은 주로 신체적인 문제를 일으키는 충이다.

- 일을 벌여 사서 고생하며, 단독으로 일을 벌이다가 실패하는 경우가 많다.

- 시작은 좋으나 마무리가 나쁘다.

- 분주히 돌아다니므로 교통사고도 조심해야 한다(대형 교통사고 발생).

- 이사·이직·이별·사고수가 있다.

- 人鬼相侵(인귀상침: 나도 모르게 교통사고를 내는 일) 하는 일이 발생한다.

- 신체적으로 어딘가에 충을 맞을 가능성이 있는데, 특히 아래쪽이나 신경계통 쪽 문제가 있을 수 있다.

- 남녀 투쟁하는 일이 벌어지고, 이성 문제로 가정에 파탄이 일어난다.

④ 卯酉冲(묘유충)

- 간, 폐질환에 주의해야 한다.

- 신경성 질환과 혈액순환이 원활하지 못하다.

- 기분에 따라 변덕이 심하다.

- 술과 색을 멀리해야 한다. 배신, 배반, 부부 불화.

- 선심과 호의가 독이 되어 돌아온다.
- 卯酉충은 대인관계에서 충돌이 많은 충이다.
- 까다롭고 신경계통이 예민하여 걱정이 많다.
- 골육 살상이 발생한다.
- 부부 불화하여 이별 수를 조심할 것.
- 오로지 벼슬과 재물이 소망이며, 직위에 대한 애착과 집념이 강하다.
- 실리를 위해선 신의도 저버리며, 주도권을 잡기 위해서는 수단과 방법을 가리지 않는다.
- 안정된 직장이나 사업을 갖기 어렵다(안정된 직업을 가져야 좋다).

⑤ 辰戌冲(진술충)
- 소화기 계통, 비장, 위장, 심장, 신장, 자궁, 피부 질환에 주의가 필요하다.
- 위장 장애로 소화가 잘 안되며, 복부 팽만 등 가스가 자주 찬다.
- 예체능계 소질이 있으나 중단되며 명예, 자존심에 상처가 난다.
- 변화·변동·사건·사고, 보상심리가 작용한다.
- 주관과 고집이 강하며 고독한 경향이 있다.
- 명식에 辰戌충이 있으면 운세에 따라 기복이 심한 팔자가 된다.
- 경제관념이 매우 강해 검소하고 부지런하며, 오직 경제 주권 다툼이 강하다.
- 부부 애정보다 경제면을 더 추구한다.
- 여명은 辰戌(진술)충이 있으면 홀로 눈물을 흘리는 일이 많으며, 독수공방하는 일이 많다.

– 남자는 고독 지명이 되고, 여자는 과부가 되는 사람이 많다.

– 길사 혹은 흉사가 발생하기도 한다.

– 전택, 토지, 소송이 자주 일어난다.

⑥ 巳亥冲(사해충)

– 당뇨, 신장, 혈압, 중풍, 심혈관 계통, 소장, 비뇨기 계통에 주의해야 한다. 심장병이나 뇌출혈 등 심혈관 질환에 잘 걸린다. 특히 乙일간, 壬일간이 뇌출혈에 잘 걸리니 조심해야 한다.

– 巳亥충은 주로 정신적으로 불안정한 상태를 야기한다.

– 하던 일이 더디고 멈추거나 변동된다.

– 이사, 전직, 변동, 사건, 사고수가 있다.

– 괜히 일을 만들어 걱정하여 정신적으로 불안정한 형태가 되기 때문에 안정이 되지 않는다.

– 초년에 객지 생활을 하며 파란이 따른다.

– 감정이 강해서 재앙을 초래하며, 경거망동하는 일이 잘 일어난다.

– 노력(努力)을 무척 좋아한다.

– 여자는 얻은 후에 손해를 보고, 남자는 노복이 있다.

형살

　형살(形殺)이라는 것은 '죽을 만큼 고통스럽다', '형벌을 받는다'라는 의미를 내포하고 있다. 형살은 '刑이란 數(수)가 극에 이른 것이니 가득 차면 오히려 손해가 되는 것이다.'라는 구절에서 힌트를 얻을 수 있다. 즉, 중화의 도를 벗어나게 되므로 손해를 보게 되는 것이라는 점이다. 사주에서 형살은 나쁜 작용을 하는 경우가 많은데, 사건·사고 중 주로 관재와 구설이 많이 생긴다.

삼형살(三形殺)

寅 巳 申	丑 戌 未	子
巳 申 寅	戌 未 丑	卯
地勢之形	無恩之形	無禮之形
(지세지형)	(무은지형)	(무례지형)

과도한 자신감 행동이 형벌을 부른다.

地勢之形(지세지형) = **寅巳申**(인사신)

자기 세력만 믿고 나대는 모습이다. 여기서 '지'는 땅을 의미하기 때문에 땅의 세력을 믿고 날뛴다는 의미이다. 丑戌未 모두 땅으로 이루어져 있으니 이것이 더 그 의미에 가깝다.

 – 길신이라도 흉살을 변화하는 것이 많다.

 – 성품이 조폭(粗暴)하며 매사가 급하다.

 – 의지가 박약하다.

 – 의지하는 것을 좋아한다.

 – 저돌하다가 재앙을 당한다.

 – 분수를 갖지 못한다.

 – 신체가 허약하게 태어났다.

無恩之形(무은지형) = **丑戌未**(축술미)

은혜를 모르는 것이다. 부모가 온 정성을 기울여 키웠으나 커서는 불효하고, 주변의 도움을 받고도 은혜를 원수로 갚는 것이다.

 – 냉혹하고 무정한 성품을 가지고 있다.

 – 구설 시비가 자주 일어난다.

 – 육친이 있더라도 고독하게 산다.

 – 은혜를 원수로 갚을 수 있다.

 – 대질병으로 큰 수술을 할 수 있다.

 – 무정·냉정하다.

無藝之形(무례지형) = **子卯**(자묘)

예의가 없는 것이다. 공공장소에서도 자기 마음대로 하고, 싸가지가 없고, 안하무인이며, 예의라고는 찾아보려 해도 눈곱만큼도 없는 그런 사람이다.

- 성품이 剛情(강정)이 있다.
- 횡폭하고 예의가 없으며 타인을 잘 무시한다.
- 부부 형·해가 발생한다.
- 남녀가 투쟁을 잘한다.
- 남녀 이성으로 인해서 재앙을 초래한다.
- 관재 혹은 질액을 초래하거나 형액이 발생한다.

자형살(自形殺)

자형살(自形殺) = 辰辰(진진), 午午(오오), 酉酉(유유), 亥亥(해해)

사주에는 같은 것이 있으면 형살이 작동하는 경우가 있다. 나를 닮은 사람을 보면 아주 싫을 때가 있다. 그 모습에서 나를 보기 때문이다. 남자들 중에 아버지를, 여자들 중에는 어머니를 싫어하는 사람이 있다. 내가 너무나 닮은 그의 모습에서 나의 단점을 보기 때문이다. 이렇게 같은 것을 발견하고 거부감을 느끼는 것이 자형살이다. 즉, 자형살은 같은 것들이 충돌하여 감옥에 가거나 법정 다툼을 하거나 관의 출두나 조사를 받거나 하는 것이다. 이혼도 영향을 받는다.

자형살은 午午, 亥亥, 酉酉, 辰辰 등과 같이 같은 오행이 사주 원국에 두 개 있거나 운에서 만나는 것을 말한다. 午火가 사주에 두 개 있거나 亥水가 지지에 있는데 운에서 亥水가 또 들어오면 작동하는 것이다. 예를 들면 己亥년에 일지가 亥水인 사람의 경우, 亥亥 자형 형살이 작동하여 여러 가지 일들을 겪었을 가능성이 있다. 이혼하거나 싸우거나 법정에 가거나 또는 세무조사를 받거나 관과 관련한 문제로 고통을 받는다.

이렇게 자형살은 같은 것이 서로 다투니 더 아프다. 사랑하면 할수록 아픈 사랑일 수도 있고, 가까워질수록 서로 상처를 줄 수도 있다.

辰辰自形(진진자형)

辰辰자형살은 용과 용의 만남으로 한 하늘 아래 양립하기 어렵다. 둘 중 하나가 사라져야 평화가 온다. 용은 상상의 동물이니 심한 정신적 고통을 유발하며, 화개이니 심리적·종교적·예술적 문제로 인한 형살이다.

- 법관, 군인, 경찰이 되면 재앙을 면해 간다.
- 성품은 자존심이 무척 강하다.
- 시에 辰(진)이 있고 다른 곳에 辰字(진자)가 있으면 자손으로 인해서 근심 걱정이 발생한다.
- 육친 중에서 부부에게 의지하는 것을 좋아한다.

午午自形(오오자형)

午午자형살은 말띠의 만남으로 둘이 만나면 서로 날뛰게 된다. 午火는 불의 왕지이고 도화이다. 그러니 여왕처럼 도도하고 불이 크게 번진 것같이 뜨겁다. 도화의 자형이니 부부 문제, 남녀 문제, 이성 문제에 각별히 조심하여야 한다.

- 폭발 사고로 인해서 신체를 다친다.
- 자해를 하거나 충돌을 잘한다.
- 고질병으로 고생을 많이 한다.
- 언제고 대수술을 할 때가 있다.

酉酉自形(유유자형)

酉酉자형살은 닭띠이며 이 둘이 만나면 닭싸움을 한다. 이것도 도화의 자형이니 이성 문제를 각별히 주의하여야 한다. 酉金은 금속의 왕지이니, 酉酉자형은 쇠가 부딪치는 것과 같은 형살로 나타낸다.
- 고독하고 또 고독살이다.
- 스님같이 육친 인연이 약하다.
- 년·월·일·시 어느 자리에 있을 때 작용력이 강하다.
- 자형살은 자기 스스로 만드는 살성이다.
- 말년에는 홀로 고독한 삶을 살아야 한다.

亥亥自形(해해자형)

亥亥자형살은 띠로는 돼지이므로 돼지띠끼리는 궁합이 잘 맞지 않는다는 것을 말한다. 이들은 재물을 두고 서로 갖겠다고 다투고 먹을 것을 두고 경쟁한다. 사주에서 육친에 따라 해당하는 문제를 유발하기도 하며, 위치에 따라 그 발현의 특성이 나타난다. 亥水는 물의 생지로 한곳에 머물지 않고 움직이려는 경향이 있으며, 큰 파도가 휘몰아치는 모습이다. 주역에서 중수감과 같은 것이다. 즉, 큰물이 덮친 것 같은 그런 일들을 경험하게 된다.

- 天地 之厄(천지 지액)을 면하기가 어렵다.
- 부모 인연이 없거나 덕이 없다.
- 육친이 아무리 잘살아도 덕이나 인연은 없다.
- 반드시 종교를 가져야 인생이 평탄하다.

지지형(地支形)

지지형은 '지형(支刑)'이라고 부르며 寅巳申 삼형, 丑戌未 삼형, 子卯 相刑(상형), 辰辰 午午 酉酉 亥亥 自刑(자형)을 말한다. 이와 같은 것이 사주에 있을 때 서로를 형(刑)한다고 말한다. 형도 합·충과 마찬가지로 형을 하는 지지가 가까이 있을 때 영향력이 강하게 나타난다. 形은 기본적으로 기운이 넘쳐 안정이 깨지고, 서로 충돌하여 부서지는 작용을 한다. 일반적으로 불화, 고독, 수술 등의 작용이 있다. 형과 충을 비교할 때 形의 영향을 아주 무시하거나 약하게 보는 경우도 있지만, 팔자 구조에 따라 강한 영향을 미치는 때도 있다.

寅巳刑(인사형)

寅巳는 甲木이 丙火를 생하는데 어찌하여 형이 될까? 丙火와 庚金이 서로 충을 하기 때문이다. 예와 제도가 의기로 찬 庚金과 충을 하니, 모든 것이 일시에 무너지는 형국이다. 흉하게 되면 음독, 교통사고, 직위의 박탈, 형의 집행 등이 이루어질 수 있다.
- 곤난지액이 발생한다.
- 실직을 잘할 때가 있다.

巳申形(사신형)

巳申형은 강한 庚金과 壬水가 합하여 丙火를 충하기 때문에 일어나는 형상이다. 丙火의 피해가 크기 때문에 조직이 와해되거나 새로운 변혁이 일어나기도 한다. 처음에는 아주 잘 대해 주다가 갑자기 성폭력범이나 범죄자로 돌변하는 현상이 일어나는 것과 같다.

- 충·형·합·파 중에서 제일 강하다.
- 은혜를 모르고 행동을 함부로 한다.
- 신체가 허약하여 일차 크게 대수술을 한다.
- 이기적인 성품이 있다.

丑戌刑(축술형)

丑戌형은 음간끼리의 싸움으로 불이 꺼지는 상황이다. 무기력한 상황이 많아지고 신경계통에 질환이 생기기도 한다. 木을 구원병으로 요청해야 한다. 사주에 木이 강하면 큰일이 일어나지 않고 오히려 더 좋은 기세를 가지고 발전하게 된다. 일가친척이나 형제지간, 부부간에 금전문제로 인한 불화가 많이 생기고 가정이 깨지기도 한다. 뇌신경, 각종 종양 등에 신경 써야 한다.

- 순발력이 매우 좋다.
- 영리하며 두뇌가 좋아 파악을 잘한다.
- 늘 刑厄(형액)과 근접해 있다.

戌未刑(술미형)

戌未형은 丑戌형과 반대다. 火의 강한 기운을 등 뒤에 업고 木이 辛金을 충하는 형태이다. 가장 아끼고 귀중하게 여기는 것들이 부서지고 무너지는 형국이다. 자기 세력만을 믿고 의지하다가 생각지도 못한 곳에서 일이 터진다. 관재의 형에 시달릴 수 있다.

- 가정이 편안하기 어렵다.   - 부부 정이 변한다.

寅申形(인신형)

寅申은 매우 중한 4冲의 하나이면서 刑이기도 한다. 겉으로는 冲이 되고, 내면으로는 丙火와 壬水가 충돌하여 모두가 상전하는 형상이다. 질병 중에 간질환이나 신경, 위장병 등을 조심하고 교통사고 등에 주의를 요한다. 부지런히 노력을 해도 실제 소득은 생각처럼 많지 않다.

- 정신적으로 예민하다.
- 官刑之厄(관형지액)이 근접해 있다.
- 큰 교통사고가 발생할 때가 있다.

丑未形(축미형)

六形 중에서 제일 무섭게 작동한다고 본다. 한여름의 기운인 未와 한겨울의 기운인 丑이 맞붙어 싸우는 형국이다. 다른 사람들과 타협의 여지가 없고 사소한 일에도 충돌하게 된다. 자신의 체면과 배경을 의식한 나머지 처절한 실패를 맛보게 되는 살이기도 하다.

- 욕심이 과해서 재앙이 발생한다.
- 신체는 허약하며 대수술을 할 때가 있다.
- 제왕적 사주: 辰戌丑未(전직 대통령 고 김영삼 사주, 사형살 사주)

　　　　　　　 寅申巳亥(전직 대통령 고 박정희 사주, 사형살 사주)

방합·삼합론

방합(方合)

3支(지)가 모여 方向(방향)의 합을 이루는 것이다.

寅卯辰(인묘진)의 3지가 완전하면 **東方木合**(동방목합)이다 = **春木**(춘목)

巳午未(사오미)의 3지가 완전하면 **南方火合**(남방화합)이다 = **夏火**(하화)

申酉戌(신유술)의 3지가 완전하면 **西方金合**(서방금화)이다 = **秋金**(추금)

亥子丑(해자축)의 3지가 완전하면 **北方水合**(북방수합)이다 = **冬水**(동수)

사주에 방합의 상태가 있으면 오행의 기세가 강세하다고 본다. 방합의 구성에는 지지의 순서가 반드시 차례대로 병렬할 필요는 없으나, 월지에 각각 子午卯酉(자오묘유)가 있는 것을 방합의 역량이 가장 강하다고 본다. 방합은 일행득기격에 속하는 것과 내격에서 단순히 지지가 방합하고 있어서 방합의 오행이 사주에 주는 영향이 강하다고 보는 것이다.

• 작용

– 세 자가 다 갖추어져야 型成(형성)이 된다.

– 方合(방합)이란 순수(順秀)한 동족끼리의 결합이다.

– 단일 민족국가와 같다.

– 순수한 혈족에 의해서 뭉쳐진 씨족이다.

– 方合(방합) 200%와 三合(삼합) 150% 局(국)과는 비중이 다르다.

– 동일성(同一姓)의 오행이 순수하게 뭉쳐진 집단이다.

– 서로 같은 혈통이 모인 것이 최대로 강대한 힘을 가지고 있다.

– 방합은 씨족국가로서 어느 한字(자)만 없어도 방합은 성립되지 않는다.

– 방합이 성립되면 막강한 탱크(충이 오더라도 흔들리지 않는다)가 와도 끄떡하지 않는다.

– 사주팔자 +대운, 세운에서 합이 기신, 합이 된 오행운에서 용신이라도 사망한다.

삼합론(三合論)

실전에 중요한 이론이다. 삼합론을 모르고 팔자를 본다는 것은 방정식을 모르고 수학을 대하는 것과 같다. 지지에서 실질적인 생산물을 만들어 내는 운동은 삼합운동에 따른 회작 현상으로 나타낸다. 지지는 현실적이고 유형의 생산물을 만들어 내는 삼원사상운동을 하기 때문이다. 삼합에 따른 회국은 그 기운이 막강하여 지지뿐만 아니라 천간에도 크게 영향을 미치게 된다. 따라서 자칫하면 회도 현상이라는 부작용을 낳기도 한다.

반합에 따른 회작은 유형의 생산물을 만들어 내지만 시간에 흐름에 따라 변화하는 기운을 읽을 줄 알아야 득실 성패를 제대로 가늠할 수 있다. 활용술과 응용술이 많기 때문에 다양하게 접근하는 자세가 중요하고, 寅午戌中에서 午火는 왕자신이 되고, 寅木과 戌土는 쇠자 왕신이 된다. 실전에서는 어마어마한 차이가 있다.

• 작용

亥卯未(해묘미) = 木局(목국)　　寅午戌(인오술) = 火局(화국)
巳酉丑(사유축) = 金局(금국)　　申子辰(신자진) = 水局(수국)

三合局(삼합국)을 이루면 2개 星(성)은 삼합 局勢(국세)가 가장 강하다.

① 全合(전합): 3자 모두 있을 때 작용력100%.

亥 (卯) 未 (해묘미) = 木　　寅 (午) 戌(인오술) = 火
巳 (酉) 丑 (사유축) = 金　　申 (子) 辰(신자진) = 水

② 眞合(진합): 60% 작용, 반드시 가운데 字(자)는 꼭 끼어야 한다.

(X) (卯) 未　　(X) 子 辰　　(X) 午 戌　　(X) 酉 丑
亥 (卯) (X)　　申 子 (X)　　寅 午 (X)　　巳 酉 (X)

③ 假合(가합): 無(무) 가운데가 없어서 합의 작용을 못하지만 운에서 들어오면 합이 된다.

亥 (卯) 未 合木　　　　寅 (午) 戌 合火
巳 (酉) 丑 合金　　　　申 (子) 辰 合水

대운론

대운론(大運論)

運(운)이란 인간이 출생 후부터 만나는 것을 말한다. 인간의 운은 크게 나누어 大運(대운)과 世運(세운)으로 구분한다. 대운은 생월에 干支(간지) 다음 자를 第一運(제일운)으로 한다. 후천 운세 중 대운을 십 년간을 관할하며, 세운은 일 년을 관할한다. 그러므로 대운·세운은 인생 항로라 할 수 있다.

- 生日天干(생일천간)에 의하여 흥망·성패에 기인하는 것은 생일이다.
- 생일이 사계절에 기후와 밀접한 木離(목이)의 關係(관계)이므로 월지가 중요하다.
- 대운은 지지를 중히 하고 세운은 천간을 중히 한다.
- 생년월일시의 사주팔자의 組織(조직)으로 喜惡吉凶(선악길흉)을 豫知(예지)하며 선천적 운명이자 天命(천명)이다.
- 대운·세운과 같이 回來(회래)하는 行運(행운)을 후천적 운명이라 한다.
- 남녀 모두 出(출)하는 月(월)을 運元(운원)이라 하고 생월 주(柱)를 기

준하여 대운을 뽑는다.

– 선천운명을 알아도 후천운명을 모르면 意義(의의)있는 前途(전송)의 방침을 樹立(수립)할 수 없다.

– 불행한 사주라 할지라도 비관할 필요가 없다. 또 양호한 사주라고 평생 善(선)하게 행하는 것은 아니다.

– 사주의 선악에 의하여 운기(대운·세운)도 이에 따라 평생 길흉화복을 알게 한다.

– 사주팔자는 수목이면 행운은 계절이다.

대운 정하는 법

– 男命(남명)에서 年 天干(년천간)이 陽(양)일 때 순행을 한다.
– 男命(남명)에서 年 天干(년천간)이 陰(음)일 때 역행을 한다.
– 女命(여명)에서 年 天干(년천관)이 陰(음)일 때 순행을 한다.
– 女命(여명)에서 年 天干(년천간)이 陽(양)일 때 역행을 한다.
– 쓰기 시작하는 것은 月柱(월주) 다음 字(자)부터 쓴다.

역행 ◀━━━━━━

甲　乙　丙　丁　戊　己　庚　辛　壬　癸
子　丑　寅　卯　辰　巳　午　未　申　酉　戌　亥

순행 ━━━━━━▶

陽(양): 甲　丙　戊　庚　壬
陰(음): 乙　丁　己　辛　癸

60갑자와 천간

60갑자(甲子)

60갑자는 천간과 지지를 조합해서 만든 60개의 조합이다. 이 조합은 사주팔자에 사용되는 각각의 부호이다. 천간 10개와 지지 12개를 합치면 60가지 조합이 나오는데, 갑자(甲子)를 첫머리로 시작해서 마지막인 계해(癸亥)까지 계속 이어진다.

• 60갑자 조견표

甲子	乙丑	丙寅	丁卯	戊辰	己巳	庚午	辛未	壬申	癸酉
甲戌	乙亥	丙子	丁丑	戊寅	己卯	庚辰	辛巳	壬午	癸未
甲申	乙酉	丙戌	丁亥	戊子	己丑	庚寅	辛卯	壬辰	癸巳
甲午	乙未	丙申	丁酉	戊戌	己亥	庚子	辛丑	壬寅	癸卯
甲辰	乙巳	丙午	丁未	戊申	己酉	庚戌	辛亥	壬子	癸丑
甲寅	乙卯	丙辰	丁巳	戊午	己未	庚申	辛酉	壬戌	癸亥

천간 성품 요약표(天干 性品 要約表)

日干	性 品(성품)
甲	온순 독실하고 말이 적다, 생각하는 것이 광활하다, 덕망을 중히 생각한다, 개발 정신이 풍부하다, 자존심이 강하다
乙	활동적이고 매우 노력가다, 비교적 진취적 기세가 강하다, 때로는 잘 따르는 성품이 있다, 정좌를 못하고 움직여야 한다, 다정다감하다
丙	매사 화려한 것을 좋아한다, 양기가 충만하다, 의기가 좌절할 때가 있다, 다변가이며 매사 가볍게 생각하는 것이 많다, 자신의 성품을 앞세우는 작용이 강하다
丁	외면은 유순하나 양기를 내포하고 있다, 만사 주도면밀하다, 생각이 많고 진취적 기가 극심하다, 연인 관계를 빈번히 맺는다
戊	외관을 중요시 생각한다, 분노의 기가 강하다, 생각하는 것이 깊지 못하다, 재물을 파양하는 성품이 많다, 매사 고집이 태강하다
己	매사 규율이 바르고 주의성이 강하다, 도량이 좁기 때문에 의심을 잘한다, 매사 起(기)하려는 기풍이 강하다, 재주는 많으며 치밀하나 돌아서는 것도 하루아침에 한다
庚	정신적으로 변화하는 것이 많다, 의지가 가볍다, 매사 새롭게 바꾸는 기풍이 있다, 친화하기도 쉽고 이별하기도 쉽다, 순박하여 인기가 많다, 사람이 잘 따른다
辛	음기가 있어 약한 듯하나 까다롭다, 매사 후회하고 뉘우치는 것이 깊다, 애정이 풍만하지 못하다, 재물로 평안한 것을 좋아한다, 한번 마음먹은 것은 깊이 새긴다, 변화가 없다
壬	매사 태만하다, 의뢰심이 강하다, 만사 타인을 잘 쫓아가는 의지가 강하다, 도량이 많고 용기는 풍만하다
癸	정직하려고 하나 두뇌가 지나치게 총명하다, 근면성이 있는 행동을 하려고 노력한다, 재물은 자신 마음대로 추구하는 것을 좋아한다, 내심은 고집이 태강하기 때문에 모든 것을 파양하는 기질이 강하다

3

내 육친 중에
누가 나에게 도움이 될까?

일간희기론(日干喜忌論)

천간희기론(天干喜忌論)

갑목양일간(甲木陽日干)

- 直木死木(직목사목): 물기가 전혀 없는 재목(큰 재목이 된다).

- 大林木(대림목): 사회적으로 큰 인물, 큰 기둥.

- 巨木棟梁木多年生(거목동양목다년생): 열매를 맺는 나무다.

- 두목, 사장, 대들보, 아름드리나무, 기둥.

① 性品(성품)

- 忍耐力(인내력)이 강하며 慈悲心(자비심)이 있다.

- 책임감이 강하며 마음은 廣遠(광원)하다.

- 통솔력과 설득력은 강하다.

- 長男(장남)·長女(장녀) 역할을 해야 한다.

- 내부적 활동보다는 외부적인 활동을 잘한다.

- 向上心(향상심)이 강하며 活氣(활기)와 용기가 강하다.

– 갑목은 月令(월령)을 잘 타고나면 權力之人(권력지인)이 된다.

– 월령을 잘 타고나지 못하면 廢林木(폐림목)으로밖에는 쓸 수 없다.

– 時(시)를 得(득)하면 발달이 매우 빠르다.

– 時(시)가 좋은 時(시)를 타고나지 못하면 小林木(소림목)으로 발달이 더디다.

– 甲일간 천간에 癸수가 있으면 부모가 도와줘도 기대에 못 미치는 재목(材木)이다.

春月(춘월)생	寅, 卯, 辰	전문기술자나 월급쟁이로 노력해야 한다. 형제는 많아도 형제 덕이 약하며 처와 인연이 약하다.
夏月(하월)생	巳, 午, 未	여름에 태어나면 자라나는 나무라 大林木(대림목)으로 크게 出世(출세)·번창하기 어렵다.
秋月(추월)생	申, 酉, 戌	가을에는 나무에 물기가 적어서 직위와 권력으로 크게 발달하며 출세할 수 있다.
冬月(동월)생	亥, 子, 丑	겨울에 甲木(갑목)은 자연히 발달할 수 있으며 권력과 직위로 출세가 빠르다.

– 甲木(갑목)이 亥時(해시)에 태어났을 때: 天氣(천기)를 받아 발달·번창하는 것이 늦게 말년까지 출세한다.

– 甲木(갑목)이 午時(오시)에 태어났을 때: 身體(신체)가 허약하고 수명도 약하며 인연이 약하다.

② 甲日干(갑일간)의 天干喜(기쁘다)忌(꺼리다)論(천간희기론)

• 秋冬節期 (추동절기): 巨木(거목)

　* 명리는 천간을 중요시하기 때문에 통변을 쉽게 하기 위해 꼭 암기한다.

- 己(기): 처와 다정하며 재물 복이 있으며 副者(부자)는 되더라도 명예는 갖기 어렵다.

- 庚(경): 林(임)목으로 쓰는 데는 도끼나 대패로 나무를 다듬어서 기둥으로 林(임)목으로 쓴다. 출세·번창한다.

- 丁(정): 서까래나 기둥이 안 될 때는 타는 불로 쓰이며 총명하고 활동력은 강하다.

- 戊(무): 처복·재복은 있으나 평생 부부는 고독한 듯 살아간다.

- 辛(신): 직업은 봉급생활을 하여 높은 직위는 갖기 어렵다.

- 丙(병): 인덕이 있거나 의식주는 평생 좋으나 자식에게 의지하기는 어렵다.

- 壬(임): 총명하고 재능이 매우 좋으나 부모덕이나 인연이 약하다.

- 癸(계): 부모 정은 많이 받았으며 효성심은 있더라도 복록이 약하다. 두뇌가 총명하다.

- 乙(을): 가지가 많은 꽃나무라 큰 기둥으로 쓰기는 어려우며 형제로 인해서 손재수가 있다.

을목음일간(乙木陰日干)
- 生木花(생목화), 草木(초목), 樹木(수목), 一年生(일년생)

① 性品(성품)
- 온화하고 심성은 연약하다.
- 진취적 氣勢(기세)가 매우 강하다.
- 자비롭고 원만한 기질이 있다.

- 다정다감하면서도 非(비)사교적 성품을 가지고 있다.

- 어려운 고비와 죽을 고비를 많이 넘긴다.

- 평생 고독하며 활동적인 성품이 있다.

- 驛馬殺(역마살)같이 동주하며 靜坐(정좌)를 잘하지 못한다.

- 乙木은 鳥(조)와 같아서 부부 풍파가 있다.

- 乙木에 나뭇가지가 가늘어서 우왕좌왕 잘 흔들린다.

- 月령을 잘 타고 나면 開花萬發(개화만발)한 꽃이 된다.

- 日령을 타고나지 못하면 시드는 나무로 꽃이 활짝 피기 어렵다.

- 時(시)를 잘 타고나면 발달이 빠르다.

- 시를 타고나지 못하면 枯草(고초)가 될 것이다.

春月(춘월)생	寅, 卯, 辰	紅桃花(홍도화)라 앞으로 여름이 되면 활짝 피는 꽃나무다. 봄에는 개나리, 진달래꽃이라 산에 가면 무료로 꺾을 수 있는 꽃나무. 형제는 많아도 형제 덕이 없다.
夏月(하월)생	巳, 午, 未	여름에 장미, 백합, 목단과 같은 꽃은 아무 데서나 꺾을 수가 없다. 반드시 재물을 지불해야만 사는 貴(귀)한 꽃이다. 인덕이 있다.
秋月(추월)생	申, 酉, 戌	가을에 꽃은 코스모스, 국화꽃에는 벌·나비는 오지 않고 풍뎅이·파리만 꼬인다. 남편 혹 자식으로 인해서 근심이 있다.
冬月(동월)생	亥, 子, 丑	추운 겨울에는 꽃나무가 얼 때라, 온실에 있는 꽃만이 살 수 있다. 두뇌는 총명하여도 수명은 단명한다.

- 乙木(을목)이 午(오)시에 태어났을 때: 天氣(천기)라 꽃 문이 활짝 필때까지 또는 말년까지 安泰(안태)하게 산다.

- 乙木(을목)이 亥(해)시에 태어났을 때: 死氣(사기)라 건강이 불길하며 수명이 짧다. 몸이 약하거나 하자가 있다.

② 乙日干(을일간)의 天干喜忌論(천간희기론)

• 花草木(화초목): 生水(생수). 乙木(을목)은 등나무 같은 꽃나무다.

- 甲(갑): 甲木(갑목)에 기대어 올라가기 때문에 명예가 있거나 높은 직위에 오를 때가 있다.

- 丙(병): 태양 불이 비추면 꽃이 만발하게 활짝 필 때가 있다. 발달·번창하며 출세한다.

- 癸(계): 부모와 인연은 약해도 효성심은 지극하다.

- 丁(정): 의식주는 있지만 건강이나 수명은 약하며 단명한다.

- 己(기): 재물 복은 있으나 이성으로 인해서 풍파나 기복이 많다.

- 戊(무): 높은 산에 핀 꽃이다. 고독하고 쓸쓸하지만 재물 복은 타고났다. 부부는 떨어져 살아야 한다.

- 庚(경): 부부 정은 다정하지만 높은 직위로 출세·발달하기 어렵다.

- 辛(신): 남편은 있더라도 무정하게 살며 부부 정은 없다.

- 壬(임): 부모 정은 다정하며 총명한 두뇌는 갖고 있으나 몸이 허약하고, 질병으로 단명한다.

병화양일간(丙火陽日干)

- 死花(사화), 太陽火(태양화), 光明(광명), 星辰陽性的(성진양성적), 敎主(교주), 將軍(장군).

- 태양 만물을 크게 만들어 주며 자존심이 강하다. 丙火가 壬水를 동반

하여, 수화기제를 이루어야 길하다.

– 사주가 水火(수화)로만 되어 있을 때는 전문직·기술직이 좋다.

① 性品(성품)

– 인기가 많고 매우 사교적이다.

– 자만심과 자존심이 매우 강하다.

– 指導力(지도력)이 풍만하고 활기가 왕성하다.

– 多精多感(다정다감)하고, 많은 사람과 친분이 좋다.

– 한번 시작하면 끝을 본다. 前進(전진)을 잘하며 後退(후퇴)라는 것은 모른다.

– 多辯家(다변가)이며 허영심이 강하다.

– 月令(월령)이 좋지 않을 때 태어나면 신체가 허약하거나 平生(평생) 노력만 하고 공이 없다.

– 月令(월령)을 잘 타고나면 발달이 빠르고 貴命(귀명)이 된다.

– 時(시)를 잘 타고나면 만물을 비추어 귀명이 된다.

– 시를 좋지 않게 타고나면 일생 육친과 이별수가 많고 고독하게 산다.

春月(춘월)생	寅, 卯, 辰	부모와 인연이 좋으며 두뇌가 총명하며 학문 쪽으로 교수, 교직으로 나가면 발달이 매우 빠르다.
夏月(하월)생	巳, 午, 未	형제 인연은 있으나 형제 덕은 없으며 신체가 허약하며 질병으로 고생하며 재물 복이 약하여 봉급생활을 하는 것이 발달이 빠르다.
秋月(추월)생	申, 酉, 戌	가을에 모든 곡식과 과일이 익어 갈 때라 재물 복을 타고 났으며 사업 수완도 좋으며 사업가로 발달이 매우 크다.
冬月(동월)생	亥, 子, 丑	매사가 발달이 더디거나 혹 빠르며 신체가 질병으로 허약하다.

– 丙(병)일간이 寅(인)시에 태어났을 때: 천기를 만나 귀하게 될 때가 있다.

– 丙(병)일간이 酉(유)시에 태어났을 때: 사기가 되며 노년에 고독한 생활을 한다.

② 丙日干(병일간)의 天干喜忌論(천간희기론)

• 太陽火(태양화)

– 甲(갑): 열매를 맺는 나무라, 효성심은 있더라도 부모의 혜택은 보기 어렵다.

– 壬(임): 바다에 떠오르는 태양불이라, 大官名利(대관명리)로 부모의 혜택은 보기 어렵다.

– 辛(신): 두뇌는 매우 총명하며 사교적이며 부부가 다정하고, 봉급생활을 해야 편안하다.

– 乙(을): 꽃만 피는 나무라 부모에게 정은 많이 받지만 유산을 받아도 지키기 어렵다.

– 癸(계): 태양이 있을 때 보슬비라 안개가 끼는 물이어서 小官雜官(소관잡관)이라 봉급생활만 하여야 한다.

– 己(기): 야산 논밭에 뜨거운 태양불을 비치는 격이라 남편, 자식은 크게 발달하기 어렵다.

– 庚(경): 처복이나 재물복은 약하며 직업 변동이 많고 부부 무정하거나 덕이 약하다.

– 戊(무): 의식주는 있으며 인덕은 있더라도 높은 산이라 안개가 낄 때가 많아 앞이 잘 안 보인다.

– 丁(정): 형제 생각은 많이 해도 형제 덕은 보기 어려우며 형제가 원수
같이 산다.

정화음일간(丁火陰日干)
– 燈燭火(등촉화), 列星生火(열성생화), 夕暮(석모)

① 性品(성품)
– 온화하면서도 강렬한 氣(기)가 매우 강하다.
– 남녀 모두 부부 인연에 苦情(고정)이 있다.
– 直感力(직감력)과 豫知力(예지력), 推理力(추리력)은 매우 강하다.
– 기도와 修道(수도)에 인연이 있다.
– 평범한 사람보다 앞서가는 것을 가지고 있다.
– 정열적인 성품은 있으나 실증을 잘 느낀다.
– 內性(내성)은 昭融(소융)하며 外性(외성)은 柔順(유순)하다.
– 丁火(정화) 挫(좌)에 따라서 선악을 달리한다.
– 월령을 잘 타고나면 발달이 빠르다.
– 월령을 타고나지 못하면 육친 이별수가 많다.
– 시를 잘 타고나면 광채가 밝게 비친다.
– 시를 타고나지 못하면 건강이나 수명이 단명한다.
– 丁火(정화)는 남을 위해서 희생·봉사정신이 있어야 잘 풀린다.

春月(춘월)생	寅, 卯, 辰	부모로 인해 근심이 있으며 재물은 一寸(일촌)도 거느리기 어려우며 결혼은 늦게 하는 것이 吉(길)하다.
夏月(하월)생	巳, 午, 未	형제가 많아도 형제 덕이나 인연은 약하며 신음하는 일이 많으며 재물로 인해 손재수가 있다.
秋月(추월)생	申, 酉, 戌	가을에는 곡식이 만발할 때라 재물이 풍성하며 처와 인연이 좋거나 재물 복이 있다.
冬月(동월)생	亥, 子, 丑	명예나 직위로 발달하는 것이 빠르며 貴命(귀명)으로 발달이 速(속=빠르다)하다.

– 丁火(정화)일간이 酉(유)시에 태어났을 때: 天氣(천기)를 받고 태어나서 늦게까지 재물 복이 있다.

– 丁火(정화)일간이 寅(인)시에 태어났을 때: 死氣(사기)를 타고나서 신체가 허약하다.

② 丁日干(정일간)의 天干喜忌論(천간희기론)

• 生火(생수)

– 庚(경): 부모와는 불길해도 자신은 성공하며 처복·재물복은 풍용하다.

– 甲(갑): 正母(정모)라도 甲木이 많으면 건강이나 수명이 불길하다. 불씨는 하나밖에 없을 때 장작이 너무 많으면 불씨가 꺼져 버린다. 즉, 단명한다.

– 丙(병): 형제 생각은 많이 하지만 형제 인연이나 덕은 약하며 一次(일차) 재물로 손재수가 있다.

– 乙(을): 꽃나무라 많이 있으면 쏘시개로서 불이 잘 타기 때문에 乙木(을목)은 많이 있더라도 무방하다.

– 辛(신): 보석을 불에 넣는 격이라 年(년)에 辛金(신금)이 있으면 조상

때문에 망했으며, 月(월)에 있으면 父母(부모) 때문에 망했고, 時(시)에 辛金(신금)이 있으면 자신으로 인해서 재물을 파산했다.

- 壬(임): 남녀가 본분을 지키기 어려우며 늦게 결혼하지 않으면 부부정이 변하여 배신할 때가 있다.

- 癸(계): 남녀 부부 이별수가 있으며 직업 변동이 많으며 남자는 자식 인연이 약하고 여자는 남편과의 인연이 약하다.

- 戊(무): 남편 혹은 자식이 크게 발달하기 어려우며 평생 운에 막힘이 많다.

- 己(기): 의식주는 있을지 몰라도 남 좋은 일만 많이 하며 자존심과 고집이 태강하다.

무토양일간(戊土陽日干)

- 高山(고산), 死土(사토), 城廓(성곽), 霧提防(무제방), 攻擊的(공격적), 鬪爭(투쟁)

① 性品(성품)

- 보수적이고 비사교적이다.

- 자존심과 자만심이 강하다.

- 도전자 對立者(대립자)다.

- 春夏秋冬(춘하추동). 칠면조같이 변덕이 있다.

- 아량과 度量(도량)은 넓다.

- 孤獨(고독)을 좋아하고 非活動的(비활동적) 性品(성품)이 있다.

- 투쟁과 고집이 불도저같이 강하다.

- 一年(일년)을 통해서 天人地(천지인)이 반드시 있어야 한다.
- 月令(월령)을 잘 타고나면 六親(육친) 인연이 매우 좋으며 발달이 빠르다.
- 月令(월령)이 좋지 않으면 六親離別(육친이별)수가 많다.
- 戊土(무토)가 冲(충)이 있으면 가정이 불안하다.
- 좋은 時(시)에 태어나면 子息(자식)의 인연 혹은 발달이 크다.
- 時(시)가 좋지 않으면 無子(무자)같이 고독한 生活(생활)을 한다.
- 戊土(무토)일간 남자는 丙甲癸(병갑계), 天地人(천지인) 3가지는 반드시 있어야 좋다.
- 木(목)이 없으면 자식 운이 약하다.

春月(춘월)생	寅, 卯, 辰	명예나 직위에 관심이 많고 자식 혹은 남편 인연은 매우 吉(길)하다.
夏月(하월)생	巳, 午, 未	부모덕이나 인연이 있으며 두뇌는 총명하여 학문으로 성공한다.
秋月(추월)생	申, 酉, 戌	자식 인연이나 人德(인덕)이 있으며 재물과 사업으로 성공·발달할 수 있다.
冬月(동월)생	亥, 子, 丑	육친 인연이 없거나 德(덕)이 없으며 많은 재물도 취득하기가 어렵다.

- 戊土(무토)가 寅(인)시에 태어났을 때: 天氣(천기)를 받은 時(시)다. 노년에 안락한 생활을 한다.
- 戊土(무토)가 酉(유)시에 태어났을 때: 死氣(사기)라서 子孫(자손) 인연이 약하며 老年(노년)에 고생이 많다.
 * 己土(기토)는 冲(충)이 있으면 돈이 많다.

② 戊土日干(무토일간)의 喜忌論(희기론)

• 高山(고산)

– 甲(갑): 명예나 직위를 가질 수 있으며 남편 인연이나 자식 인연은 매우 좋다.

– 丙(병): 태양 불이 모든 산을 비추는 격이라 육친 인연이 좋으며 덕이 있다.

– 庚(경): 의식주는 있을지 몰라도 명예나 직위로는 크게 발달하기는 어렵다.

– 壬(임): 사업을 하면 재물 복이 많을 수도 있으며 영화로운 재물이 될 수도 있다.

– 癸(계): 봉급생활같이 편안한 재물이며 부부 정이 있는 듯 보여도 무정하다.

– 乙(을): 열매가 없는 꽃나무라 봉급생활을 하는 것이 좋으며 사업을 하면 기복이 많다.

– 丁(정): 산에 불이 난 격이니 육친 인연이 없으며 스님같이 목탁이나 치는 것이 좋다.

– 辛(신): 남편·자식으로 인해서 근심이 있으며 직업이나 직위를 가지더라도 기복이 많다.

– 己(기): 형제 생각은 많이 해도 형제 덕은 약하며 一次(일차) 재물 손재가 있을 때가 있다.

기토음일간(己土陰日干)

– 生土(생토), 眞土(진토), 沃畓(옥답), 農土(농토), 田土(전토)

① 性品(성품)

- 열매를 맺게 하는 흙이다.

- 매사 성실한 성품이다.

- 반발력이 매우 강하다(씨가 땅을 뚫고 나오기 때문에 땅이 움직인다).

- 인내력이 강하고 침착성이 있다.

- 才能(재능)이 특출하다.

- 변화하는 것을 좋아한다(여러 가지 작물을 밭에 심을 수 있다, 부부가 이별을 해도 상처는 많이 받지 않는다).

- 모든 草木(초목)을 배양하고 오곡식을 발육시키는 작용을 한다.

- 표면은 化(화)하나 內面(내면)은 計略(계략)이 있다.

- 己土(기토)는 농토이기 때문에 沖(충)이 되는 것을 기뻐한다. 밭갈이를 하여 많은 곡식을 배양한다.

- 月令(월령)이 좋으면 전문적으로 편안한 생활을 한다.

- 月令(월령)이 좋지 않으면 平生起伏(평생기복)이 많고 勞苦(노고)가 많다.

- 時(시)가 좋으면 貴(귀)를 얻을 수 있다.

- 時(시)를 얻지 못하면 末年(말년)까지 분주다사한 人生(인생)을 보낸다.

春月 (춘월)생	寅, 卯, 辰	己土(기토)가 봄에 태어나면 밭갈이하는 흙이라 전문직으로 발달이 크며 자식 인연이 吉하다(여자는 남편 인연이, 남자는 자식 인연이 좋다).
夏月 (하월)생	巳, 午, 未	밭에는 무성한 곡식들이 많기 때문에 반드시 癸水(계수)는 물이 있어야 농사가 풍만하며 재물 복이 있다.
秋月 (추월)생	申, 酉, 戌	가을에 己(기)토는 추수를 할 때라 재물에 애착이 많으며 자식 인연이 좋으며 인덕이 있다.
冬月 (동월)생	亥, 子, 丑	겨울에는 얼어붙은 빈 밭이라 육친 인연도 약하고 재물 복도 약하다.

– 己土(기토)일간이 酉(유)시에 태어났을 때: 天氣(천기)를 받아 의식주가 편안하다.

– 己土(기토)일간이 寅(인)시에 태어났을 때: 死氣(사기)라 老年(노년)에 疾病(질병)이 생기거나 孤獨(고독)하게 산다.

② 己土陰日干(기토음일간)의 喜忌論(희기론)

• 農土(농토), 田土(전토)

– 甲(갑): 남편 혹은 자식 인연은 좋으며, 많은 재물은 취득할 수 있으나 명예나 직위는 갖기 어렵다.

– 癸(계): 보슬비를 논밭에 주는 격이라 처복 혹은 재물 복이 매우 좋다.

– 丙(병): 뜨거운 태양 불이라 반드시 癸水(계수)가 있어야 부모덕이 있고 총명하다.

– 辛(신): 의식주는 풍족하며 자식 인연이나 인덕이 풍만하다.

– 丁(정): 논밭의 곡식을 다 태우는 격이라 부모덕은 없어도 효성심은 많다.

– 戊(무): 형제 생각은 많으나 형제 덕은 약하며 一次(일차) 재물로 탕진 손재수가 있다.

– 庚(경): 총명은 하나 남편 자식이 크게 발달하기 어려우며 자존심이 강하고 인덕이 없다.

– 壬(임): 강물이 부드러운 흙을 만나면 흙탕물이 되기 때문에 재물이나 처로 인해서 평생 노고가 많다.

– 乙(을): 아름다운 꽃나무가 야산에 피어 남편이나 자식으로 인해서 근심이 있으며 청춘사업이나 한다.

경금양일간(庚金陽日干)

– 死金(사금), 鑛鐵(광철), 頑金(완금)

① 性品(성품)

– 예리하고 실천력이 강하다.

– 변화하는 것을 좋아하여 매사 改革(개혁) 혹은 혁신적인 것을 좋아
한다.

– 순박하고 人氣(인기)가 많다.

– 權力之人(권력지인)이 되느냐 暴力輩(폭력배)가 되느냐는 종이 한 장
차이다.

– 和親(화친)하기도 쉽고 離別(이별)도 쉽게 한다.

– 情(정)에 매우 약하며 속마음이 毒(독)하지 못하다.

– 庚(경)금은 단단한 금이라 반드시 丁火(정화)로 녹여야만 쓸 만한 물
건이 된다.

– 多情多感(다정다감)하여 好色家(호색가)에 情(정)이 매우 많다.

– 만사 경박하여 決斷(결단) · 決定(결정)을 하기 어렵다.

– 월령을 잘 타고나지 못하면 발달이 더디다.

– 월령을 잘 타고나면 귀하고 권력을 얻을 수 있다.

– 시를 잘 타고나면 上等格(상등격)이다.

– 시가 좋지 않으면 下等格(하등격)이다.

春月(춘월)생	寅, 卯, 辰	처와 인연이 좋으며 재물 인연은 있으나 명예 직위로는 크게 발달하기 어렵다.

夏月(하월)생	巳, 午, 未	남편 인연이나 자식 인연이 좋고 직위는 가질 수 있으나 신체가 허약하며 매사가 예민하다.
秋月(추월)생	申, 酉, 戌	형제 인연은 좋으며 재물복은 약하다. 사업가보다는 봉급생활을 하는 것이 좋다.
冬月(동월)생	亥, 子, 丑	겨울에 庚金(경금)이라 자식 인연이 좋으며 혹은 인덕은 있으나 명예로 크게 발달하기가 어렵다.

- 庚金日干(경금일간)이 巳時(사시)에 태어났을 때: 天氣(천기)를 가지고 태어나서 직위와 명예를 얻을 수 있다.

- 庚金日干(경금일간)이 子時(자시)에 태어났을 때: 死氣(사기)에 태어나 명예가 크게 발달하기 어렵다.

② 庚金陽日干(경금양일간)의 喜忌論(희기론)

• 재련되지 않은 무쇠금

- 壬(임): 무쇠를 불에 달구었다가 물에 담금질을 하면 쇠가 단단해진다. 의식주는 걱정하지 않는다.

- 甲(갑): 잘 다듬어서 기둥이나 서까래로 쓸 수 있는 나무다. 재물 복이 있으나 떨어져 있는 것이 吉(길)하다. 일간과 떨어져 있어야 좋은데 옆에 붙어 있으면 부부 이별 수.

- 丁(정): 남편 덕, 자식 인연은 매우 좋으며 직업 명예로 크게 발달한다. 칼, 도끼, 대패를 만들 수 있다.

- 己(기): 총명하고 영리하며 학문으로 크게 발달하겠으며 효성심이 지극하다.

- 癸(계): 약한 빗물이 쇠붙이에 닿으면 녹이 나서 직위나 권력을 갖기

어렵다. 녹이 생긴다. 무위도식 먹고 논다.

- 丙(병): 태양불로 강철을 비추는 격이라 명예나 직업으로 변동이 많으며 貴(귀)로 크게 되기 어렵다.
- 戊(무): 부모에게 효성심이 많으며 부모덕이나 인연은 약하다.
- 辛(신): 형제 생각은 많이 해도 형제 인연이 약하며 一次(일차) 재물 탕진을 할 때가 있다.
- 乙(을): 부부 사이에 무척 정이 많으나 많은 재물은 가지기 어렵다. 재물 복이 없다.

신음금일간(辛陰金日干)

- 生金(생금), 貴金屬(귀금속), 軟金(연금), 柔金(유금), 弱金(약금), 完成品(완성품).

① 性品(성품)

- 자기 자신이 寶石金(보석금)이기 때문에 하늘 높은 줄 모르고 自尊心(자존심)이 매우 강하다.
- 섬세하고 예민하며 세심해서 친구도 가려 가면서 사귄다.
- 始終如一(시종여일)한 성품이 있어 처음부터 끝까지 가는 것을 좋아한다.
- 얻는 것보다 잃는 것이 많다. 그래서 후회하고 뉘우치는 성품이 많다.
- 항상 苦生之人(고생지인)이다.
- 惡(악)이 항상 近接(근접)해 있어 惡(악)에 내가 휘말릴 수 있다.
- 安定(안정)이 되면 그 以上(이상) 財物(재물)에 욕심은 없다.

- 질투심이 강하고 의심이 많다.
- 月令(월령)을 잘 타고나면 目的(목적)을 달성한다.
- 月令(월령)을 잘못 타고나면 平生(평생) 勞苦(노고)가 많다.
- 온순한 性品(성품)은 있으나 不實性(부실성)이 많다.
- 時(시)를 잘 타고나면 黃金鐘(황금종)이 된다.
- 時(시)를 잘못 타고나면 瓦石(와석: 깨진 기왓장처럼 쓸모가 없다)이 된다.

春月(춘월)생	寅, 卯, 辰	재물 인연은 있으나 신체가 허약하며 노고가 많다.
夏月(하월)생	巳, 午, 未	평생 질병으로 신음하며 남편·자식으로 인해서 근심이 많다.
秋月(추월)생	申, 酉, 戌	신체적으로 건강하며 자기 목적을 달성하려고 노력한다.
冬月(동월)생	亥, 子, 丑	자식 인연이나 인덕은 풍만하며 총명하여 자신의 목적을 달성할 수 있다.

- 辛金(신금)이 子時(자시)에 태어났을 때: 天氣(천기)로 태어나면 자식 인연이 좋으며 노년이 安泰(안태)하다.
- 辛金(신금)이 巳時(사시)에 태어났을 때: 死氣(사시)에 태어나면 질병으로 신음하거나 노년에 고독하다.

② 辛金日干(신금일간)의 喜忌論 (희기론)
• 보석금, 완성품
- 壬(임): 보석금을 강물에 씻어 내는 격이라 자식 덕이 있거나 두뇌가 아주 총명하다.

- 丙(병): 태양불로 보석을 비추는 격이라 명예와 직위로 발달할 때가 있다.

- 己(기): 야산으로 보석금을 살짝 덮어 주는 격이라 己(기)토가 年月(년월)에 있을 때는 일찍 발달할 수 있다.

- 甲(갑): 甲木(갑목)은 천간에 있으면 부부 화목하기 어려우나 재물복은 있다. 木(목)에 재물은 암장 속에 있는 것을 좋아한다.

- 癸(계): 자식 인연이 있고 정분은 많으나 덕을 보기는 어려우며 운이 나쁠 때는 무위도식할 때가 있다.

- 乙(을): 처와 不和木(불화목)하며 항상 재물로 손재수가 많으며 늘 재물을 탕진한다.

- 戊(무): 높은 산으로 보석을 덮어 버리는 격으로 항상 운에 막힘이 많으며 효성심은 있어도 부모 인연은 약하다.

- 庚(경): 형제와 우애는 있을지 몰라도 一次(일차) 재물 탕진할 때가 있다.

- 丁(정): 丁火(정화)가 辛金(신금)을 녹이는 격이라 재물 탕진을 할 때가 있으며 부부 이별 수가 있고 질병으로 신음할 때가 있다.

임양수일간(壬陽水日干)

- 死水(사수), 大海水(대해수), 流良者(류량자), 無法者(무법자), 江水(강수), 驛馬(역마).

① 性品(성품)

- 총명하고 지혜가 있다.

– 고난과 苦生(고생)이 끝이 없다.

– 戊土(무토)가 없으면 無法者(무법자)라 결혼 생활이 평탄치 못하다.

– 言語(언어)와 行動(행동)은 유순하다.

– 家庭(가정) 문제로 시련이 많다.

– 四柱八字內(사주팔자내)에 戊土(무토)가 없으면 여기저기 떠내려가는 물처럼 직업이 정확하지 않다.

– 土(토)란 五行(오행)이 四方(사방)에 너무 많으면 短命(단명)한다.

– 매사 수단가이며 好奇心(호기심)이 많다.

– 냉정하고 무정하며 사회생활에 융화하기 어렵다.

– 驛馬殺(역마살)같이 靜坐(정좌)를 못 한다.

– 外柔內岡(외유내강)한 성품이 있다.

– 月令(월령)이 좋아야만 成功(성공)이 빠르다.

– 月令(월령)이 좋지 않으면 평생 勞苦(노고)가 많다.

– 時(시)를 잘 타고나야 자식 인연이 吉(길)하다.

– 時(시)가 좋지 않게 태어나면 末年(말년)에 고독하다.

春月(춘월)생	寅, 卯, 辰	자식과 인연은 좋으며 많은 사람과 인덕은 있으나 본인의 신체가 허약하다.
夏月(하월)생	巳, 午, 未	처복이 있고 재물 복도 있으며 발달이 빠르고 사업으로 대성공한다.
秋月(추월)생	申, 酉, 戌	부모 인연이나 情(정)이나 德(덕)은 있으나 같이 살기는 어렵다.
冬月(동월)생	亥, 子, 丑	형제는 많으나 형제 덕은 없다 평생 재물 복이 약하며 재물 탕진 및 재물 손재수가 많다.

- 壬水(임수)일간이 申時(신시)에 태어났을 때: 天氣(천기)를 받는 시간이라 人德(인덕)이 많다.

- 壬水(임수)일간이 卯時(묘시)에 태어났을 때: 死氣(사기)를 받은 시간이라 신체가 허약하다.

② 壬陽水日干(임양수일간)의 喜忌論(희기론)

• 大海水(대해수), 無法者(무법자)

- 戊(무): 戊(무)토가 없으면 결혼 생활이 평탄치가 않으나 자식은 효성심이 많으며 직위와 명예를 가질 수 있다. 남자는 자식이 잘된다. 여자는 남편 덕이 있으며, 직업, 결혼 생활, 자식 운이 좋다.

- 甲(갑): 인덕이 많이 있거나 자식이 크게 성공하거나 발달은 하나, 효성심은 약하다.

- 丙(병): 壬水(임수)하고 멀리 떨어져 있어야 복이 많으며, 가깝게 있으면 재물복은 있을지 몰라도 부부 이별수가 있다.

- 辛(신): 총명하고 지혜로우며 인물은 출중하게 생겼고, 부모 인연이 있으며 효성심이 지극하다.

- 己(기): 부부 이별, 직업 변동이 많으며 자식이 있더라도 無子(무자)같이 산다.

- 乙(을): 자손이 발달하기 어렵거나 자식이 허약하여 단명할 수도 있으며 남편과의 인연이 약하다.

- 庚(경): 효성심은 있더라도 부모덕이나 인연은 없으며 기술 쪽으로 매우 발달이 크다.

- 癸(계): 형제 인연이 좋은지 몰라도 덕은 약하며 一次(일차) 재물을 탕

진하거나 손재수가 있다.

  − 丁(정): 남녀 부부지간에 본분을 지키기 어려우며, 다정다감하여 배우자를 배신할 때가 반드시 있다.

계음수일간(癸陰水日干)

  − 生水(생수), 雨水(우수), 慈悲心(자비심), 凶暴君(흉폭군), 離別悲哀(이별비애), 固執(고집)

① 性品(성품)

  − 매사 시작은 좋으나 끝이 갈팡질팡한다.

  − 타인의 충고를 잘 듣지 않는다.

  − 온화하고 부드러운 듯하면서도 매우 냉정하다.

  − 外面(외면)으로는 情(정)이 많은 것 같으나 냉정한 기질이 있다.

  − 겉모습은 유순하고 평탄한 것 같으나 사람을 가리므로 대단히 사귀기 어렵다.

  − 시샘이 많고 질투심이 강하며 누구에게나 지고는 못 산다.

  − 침착심은 부족하며 눈물이 무척 많다.

  − 辰戌丑未月(진술축미월)에 태어나면 多成多敗(다성다패)하는 것이 많다.

  − 월령을 잘 타고나면 평탄한 세월로 성공하는 것이 많다(빠르다).

  − 固執(고집), 過敏(과민), 狂亂(광란)의 성품이 매우 강하다.

  − 월령이 좋지 않으면 평생 노고가 많다.

  − 시를 잘 타고나면 말년에 자식 복이 많다.

  − 시가 좋지 않으면 노년에 고독하고 빈한한 생활을 한다.

春月(춘월)생	**寅, 卯, 辰**	자손과 인연은 좋으며 인덕은 풍만하고 심성은 자비롭다.
夏月(하월)생	**巳, 午, 未**	사업으로 성공하고 재물 복이 많으며 의식주는 걱정하지 않아도 풍족하고 신체는 허약하다. 인기가 좋고 가는 곳마다 환영받는 자이다.
秋月(추월)생	**申, 酉, 戌**	부모와 인연도 있고 정이 많으며 총명하고 지혜로우며 학문으로 교직·교수 계통으로 성공한다.
冬月(동월)생	**亥, 子, 丑**	추운 겨울에 癸水(계수)라 쓸모가 없으며 인덕이 약하고 육친 인연도 없으며 평생 고독한 생활을 한다. 無情(무정)하다.

－ 癸水(계수)일간이 卯時(묘시)에 태어났을 때: 天氣(천기)를 받은 時間(시간)이라 人德(인덕)이 많다.

－ 癸水(계수)일간이 申時(신시)에 태어났을 때: 死氣(사기)가 되어 노년에 노고가 많거나 질병으로 고생한다.

② 癸水陰日干(계수음일간)의 喜忌論(희기론)

• 生水(생수), 慈悲心(자비심)

－ 乙(을): 인덕이 있으며 자식과 다정하며 인연이 좋다.

－ 己(기): 暗藏(암장)에 있으면 부부 해로한다. 농토에 촉촉이 뿌리는 논밭에 흙이며 부부 정은 다정하지는 않으나 부부 해로한다.

－ 丙(병): 처덕은 있을지 몰라도 부부 정은 무정하며 재물복은 있으나 봉급생활을 하는 것이 吉(길)하다.

－ 庚(경): 총명하고 부모 정은 있으나 화목하지 못하고 학문으로 발달하여 매우 좋다.

– 甲(갑): 남편·자식 인연이 약하고 자비롭지 못하며 이기적인 성품이 많다.

– 戊(무): 겉으로 볼 때는 남편 혹은 자식과 화목하고 정이 많은 듯 보이지만, 부부가 화목하지 못하다.

– 丁(정): 부부 이별수가 있거나 혹은 재물을 탕진하며 손재·탈재하여 빈한한 생활을 한다.

– 壬(임): 형제 생각은 많이 하지만 형제 혜택은 보기 어려우며 一次(일차) 큰 재물 손재수가 있다.

– 辛(신): 부모에게 효성심은 많으며 효도는 잘하더라도 부모덕은 없다.

육친(六親)

이 육친(육신)은 상극, 오행의 상생·상비에 의하여 생기는 것이다.

- 生我者父母(생아자부모) = 나를 낳은 자는 부모요. 偏印(편인), 引授(인수)
- 我生者子孫(아생자자손) = 내가 낳은 자는 자손이요. 食神(식신), 傷官(상관)
- 剋我者官鬼(극아자관귀) = 나를 극하는 자는 관귀요. 正官(정관), 偏官(편관)
- 我剋者妻財(아극자처재) = 내가 극하는 자는 처재요. 正財(정재), 偏財(편재)
- 比肩者兄弟(비견자형제) = 나와 같은 자는 형제이다. 比肩(비견), 劫財(겁재)

– 比肩(비견): 일간과 오행은 같고 음양도 같은 것.

– 劫財(겁재): 일간과 오행은 같으나 음양이 다른 것.

- 食神(식신): 일간이 생하는 것으로 음양이 같은 것.

- 傷官(상관): 일간이 생하는 것으로 음양이 다른 것.

- 偏財(편재): 일간이 극하는 것으로 음양이 같은 것.

- 正財(정재): 일간이 극하는 것으로 음양이 다른 것.

- 偏官(편관): 일간을 극하는 것으로 음양이 같은 것.

- 正官(정관): 일간을 극하는 것으로 음양이 다른 것.

- 偏印(편인): 일간을 생하는 것으로 음양이 같은 것.

- 正印(정인): 일간을 생하는 것으로 음양이 다른 것.

천간 오양·오음 육친착법

	日干	甲日	乙日	丙日	丁日	戊日	己日	庚日	辛日	壬日	癸日
天干五陽五陰六親着法	比肩(비견)	甲	乙	丙	丁	戊	己	庚	辛	壬	癸
	劫財(겁재)	乙	甲	丁	丙	己	戊	辛	庚	癸	壬
	食神(식신)	丙	丁	戊	己	庚	辛	壬	癸	甲	乙
	傷官(상관)	丁	丙	己	戊	辛	庚	癸	壬	乙	甲
	偏財(편재)	戊	己	庚	辛	壬	癸	甲	乙	丙	丁
	正財(정재)	己	戊	辛	庚	癸	壬	乙	甲	丁	丙
	偏官(편관)	庚	辛	壬	癸	甲	乙	丙	丁	戊	己
	正官(정관)	辛	庚	癸	壬	乙	甲	丁	丙	己	戊
	偏印(편인)	壬	癸	甲	甲	丙	丁	戊	己	庚	辛
	正印(정인)	癸	壬	乙	乙	丁	丙	己	戊	辛	庚

지지·정기장간

日干	甲日	乙日	丙日	丁日	戊日	己日	庚日	辛日	壬日	癸日
比肩 (비견)	丙	卯	巳	午	辰戌	丑未	申	酉	亥	子
劫財 (겁재)	卯	寅	午	巳	丑未	辰戌	酉	申	子	亥
食神 (식신)	巳	午	辰戌	丑未	申	酉	亥	子	寅	卯
傷官 (상관)	午	巳	丑未	辰戌	酉	申	子	亥	卯	寅
偏財 (편재)	辰戌	丑未	申	酉	亥	子	寅	卯	巳	午
正財 (정재)	丑未	辰戌	酉	申	子	亥	卯	寅	午	巳
偏官 (편관)	申	酉	亥	子	寅	卯	巳	午	辰戌	丑未
正官 (정관)	酉	申	子	亥	卯	寅	午	巳	丑未	辰戌
偏印 (편인)	亥	子	寅	卯	巳	午	辰戌	丑未	申	酉
正印 (정인)	子	亥	卯	寅	午	巳	丑未	辰戌	酉	申

(地支 *正氣藏干*)

六親早見表(육친조견표)

十神 (십신)	日干 (일간)	甲(갑) 六親(육친)
比肩 (비견)	甲(갑)	남- 형제, 친우, 동서, 동창생 여- 동서 간, 형제, 친우, 동창생
劫財 (겁재)	乙(을)	남- 동생, 여동생, 누나, 이복형제, 동서 여- 동생, 남동생, 이복형제, 동서, 시아버지
食神 (식신)	丙(병)	남- 손자, 조카, 장모 여- 아들, 딸

傷官 (상관)	丁(정)	남– 외손자, 장인, 처가 식수 여– 딸, 아들
正財 (정재)	己(기)	남– 처, 아버지 형제 여– 시어머니 형제
偏財 (편재)	戊(무)	남– 친부, 첩, 처의 형제 여– 친부, 시어머니
正官 (정관)	辛(신)	남– 아들, 딸, 질녀 여– 남편
偏官 (편관)	庚(경)	남– 아들, 딸, 사촌 형제 여– 남편, 남자 친구, 간부
正印 (정인)	癸(계)	남– 모친 여– 모친
偏印 (편인)	壬(임)	남– 계모, 이모, 유모 여– 계모, 이모, 유모

十星(십성)의 六親(육친)대입표

性別(성별) 十星(십성)	男命(남명)	女命(여명)
比肩 (비견)	형제, 남매, 친구, 사촌, 동료	남매, 자매. 친구, 조카
劫財 (겁재)	형제, 자매, 친구, 이복형제	형제, 자매, 시아버지, 동서
食神 (식신)	손자, 장모. 사위, 조모	아들, 딸, 사위의 아버지
傷官 (상관)	외조부, 외조모, 손녀, 사위	아들, 딸, 손자
偏財 (편재)	애인, 부인, 아버지, 첩	아버지, 시어머니, 외손자
正財 (정재)	애인, 부인, 백부, 고모, 형수	외손자, 이모부, 시어머니

偏官 (편관)	아들, 딸, 외조모, 매부, 조카	애인, 남편, 며느리, 정부
正官 (정관)	아들, 딸, 조카, 외조모	애인, 남편, 며느리, 시누이
偏印 (편인)	어머니, 이모, 조부, 유모, 계모	어머니, 이모, 조부, 숙모, 조부
正印 (정인)	어머니, 외손자, 장인, 이모	어머니, 손녀, 백모, 숙모

십성(十星)의 성격과 기질

比肩 (비견)	독립성, 고집, 신념, 자유, 주체, 집착, 순수, 명분, 이상적
劫財 (겁재)	아집, 독립성, 독선, 경쟁심, 눈치, 현실적, 계산적
食神 (식신)	전문가적 기질, 보수적, 안정적, 긍정적, 언어능력, 신뢰감, 학문, 음식 솜씨
傷官 (상관)	예술적 재능, 개방적, 실리적, 감각, 생동감, 부정적 사고
偏財 (편재)	즉흥적, 기분파, 개방적, 불규칙한 수입, 봉사적 성격, 손재주(공간 감각), 대범함
正財 (정재)	계산적, 보수적, 안정적, 회계사, 규칙적인 수입, 공무원적인 사고, 원칙적, 소극적, 현실적, 소심
偏官 (편관)	배짱, 추진력, 자기 제어, 원리원칙, 수완, 잔인함, 의협심, 책임감
正官 (정관)	안정적, 원리원칙, 보수적, 우유부단, 합리적, 타협적
偏印 (편인)	예술가적 기질, 종교, 철학, 자유분방, 감성적, 기발한 아이디어, 특 수학문, 고독, 외로움
正印 (정인)	도장, 안정적 학문, 따뜻한 마음, 보수적, 문서, 정적, 직관력

六親關係(육친관계)

성별 통변성	男命(남명)	女命(여명)
比肩 (비견)	實兄弟, 男兄弟 (실형제, 남형제)	實兄弟, 女姊妹 (실형제, 여자매)
劫財 (겁재)	義兄弟, 女姊妹 (의형제, 여자매)	義兄弟, 男兄弟 (의형제, 남형제)
食神 (식신)	祖父母 (조부모)	子女, 女兒 (자녀, 여아)
傷官 (상관)	祖父母 (조부모)	子女, 男兒 (자녀, 남아)
偏財 (편재)	父, 偏妻 (부, 편처)	父 (부)
正財 (정재)	正妻, 父의 兄弟 (정처, 부의 형제)	父의 兄弟 (부의 형제)
偏官 (편관)	子女, 男兒 (자녀, 남아)	偏夫 (편부)
正官 (정관)	子女, 女兒 (자녀, 여아)	正夫 (정부)
偏印 (편인)	義理親, 祖父母, 母의 兄弟 (의리친, 조부모, 모의 형제)	義理親, 祖父母, 母의 兄弟 (의리친, 조부모, 모의 형제)
印綬 (인수)	正母 (정모)	正母 (정모)

십신론

상생(相生)과 상극(相剋)

相生(상생)

木生火(목생화), 火生土(화생토), 土生金(토생금), 金生水(금생수), 水生木(수생목)

相剋(상극)

木剋土(목극토), 土剋水(토극수), 水剋火(수극화), 火剋金(화극금), 金剋木(금극목)

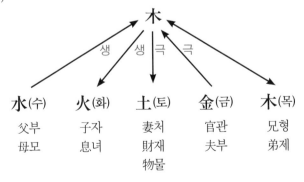

水(수)	火(화)	土(토)	金(금)	木(목)
父부	子자	妻처	官관	兄형
母모	息녀	財재	夫부	弟제
		物물		

십신론(十神論)

십신으로 해석하는 욕망의 전개 과정을 살펴보자. 십신은 일간을 기준으로, 오행의 상호 과정과 그 관계를 파악한 것이다. 오행이 본체가 되며 십신은 그 작용을 나타낸다.

인간의 삶을 분석할 때, 성장기와 10대를 봄, 장년기인 20대와 30대를 여름, 중년기인 40대 이후를 가을, 노년기를 겨울로 비유하는 것은, 사계절이 오행의 발현이라는 점에서 그대로 오행에 배속된다. 이는 삶의 시기를 작용이 아닌 본체의 모습으로 파악한 것이다. 생명의 과정 속에 있는 한 모두가 같다. 사람이 노년까지 산다고 했을 때 그 과정을 살펴보면 木의 시기인 성장기, 火의 시기인 청년기, 金의 시기인 중년기, 水의 시기인 말년을 겪어야 하는 것이다.

삶의 단계를 구분하는 데 있어서, 본체의 관점이 아니라 십신론을 적용하여 작용의 관점에서 파악할 수도 있다. 이렇게 되면 삶의 과정은 단계별 목표와 요구로 구분된다. 십신론을 단계에 적용하면 '비견 → 식상 → 재 → 관 → 인'의 5단계가 된다. 이를 통해 한 인간이 삶을 통과하게 되는 각 단계를 모형으로 그려 볼 수 있다.

먼저 비겁 단계는 홀로 서는 단계이다. 부모로부터 독립하여 홀로 이 세상에 나아가는 단계가 비겁의 단계이다. 성공하겠다는 목표를 세우고 세상에 나선다. 홀로서기를 하여 세상에 나섰다면 그다음 단계는 食傷(식상)이 된다. 일을 해야 하는 것이다. 식상이 생하는 것은 바로 財(재)이다. 食傷生財(식상생재)가 이것을 말한다. 성공에 대한 열망과 노력은 현실의 성공으로 이어진다. 이 성공의 잣대는 바로 돈이다. 남보다 더 벌거나 남부럽지 않게 되는 것으로 성공은 완수된다.

돈에 대한 욕구가 충족이 된다면, 그다음 단계는 官(관)이 된다. 즉 명예욕과 인정욕구가 발현되는 시기이다. 성공을 통해 돈에 욕구가 소멸되면서 명예와 권력욕으로 전환된다. 이것이 재물이 官(관)을 생하는 財生官(재생관)의 작용이다. 권력과 명예에 대한 욕구는 이처럼 재물에 대한 욕구가 충족되거나 소멸된 다음에야 발현된다.

이 단계에서 권력과 명예의 욕구가 충족되었다면 다음으로 인성의 단계로 넘어간다. 이 단계는 소멸되지 않고 영속을 꾀하는 욕구이다. 역사에 이름을 남기고자 하는 욕망으로, 교육과 후학 양성 등을 통해 자신의 삶과 사상을 후세에 남기고자 하는 것이다. 이러한 인성의 작용은 다시 또 비겁을 생함으로써 하나의 순환 과정이 완성된다.

젊은 시절 집을 떠나 (비겁), 열심히 일해서(식상), 사업가로 큰 성공을 거둔 이후(재성), 국회위원에 당선되어 유력한 정치인이 되며(관성), 은퇴 후 고향에 돌아와 후학 양성을 위해 장학재단과 학교를 세우는 것(인성)이다. 물론 이런 욕망의 전개 과정은 실제로 다양하게 나타날 것이다. 출발점과 종착점도 모두 다른 것이며 순서의 예외도 있을 수 있다. 어떤 사람은 재물이 넉넉한 환경에서 출발해 명예욕의 충족에서 머물 수도 있으며, 다른 사람은 식신에서 출발해 재물의 단계에서 삶의 소명이 멈출 수도 있겠다.

많은 사람들은 세상에 나와 돈을 버는 성공을 꿈꾸지만 소수의 사람들은 재물욕과 명예욕 없이 아예 印星(인성)을 좇기만 할 수도 있는 것이다. 바꿔 말하면, 한 단계에서 다음 단계로 넘어가지 못하거나, 아니면 그럴 필요를 느끼지 않는 삶을 살 수도 있다. 굳이 큰돈을 벌지 않더라도 현재의 일에 만족하는 사람들, 돈을 벌어도 명예욕이나 권력욕으로 전환되지 않는 사람들, 지배 욕구에 머물러 세상을 기르는 것의 가치를 모르는 사람들이 그렇다. 이런 경우 아직 때가 되지 않은 것도 그 이유가 될 수 있겠다고 생각한다. 인간의 삶은 모두 다르기 때문이다.

그러나 십신론이 보여 주는 인간의 욕망의 전개 과정은 일반적으로 비슷하다. 십신론은 인간의 욕망이 어디를 향하고 있는지, 어떻게 전환되는지를 명확하게 보여 준다. 따라서 십신론은 인간의 삶과 길을 파악하는 데 있어 활용 가치가 있는 도구가 된다. 사주팔자가 내가 걷는 길이라고 할 때, 십신론은 인간이 걸을 수 있는 모든 길을 나타낸다. 십신론이 이정표로 작용할 수도 있지만 그것이 바른길이라거나 가야만 하는 길은 가리키는 것은 아니다. 인간이 걷는 모든 길이 바로 십신이기 때문이다.

명리학에서는 한 가족을 부모와 자손, 처와 형제, 남편 등으로 구분하여 간명하는데 이를 '육친 관계'라고 한다. 태어난 날의 천간, 즉 일간이 자기 자신에 해당하는데 오행을 일간과의 상관관계에 따라 각기 명칭을 붙인 것이 '십신'이다. 십신은 비견, 겁재. 식신, 상관, 편재, 정재, 편관, 정관, 편인, 인수의 열 가지로 분류한다. 이를 둘씩 묶어서 간단하게 비겁, 식상, 재성, 관성, 인성이라고도 표현하는데, 여기에 자기 자신인 일간을 합하여 '육신'이라고도 한다.

십신의 구분

十神(십신)		일간과 오행의 상관 관계
比劫(비겁) 比劫(비겁)	비견	일간과 오행이 같고 음양이 같은 관계
	겁재	일간과 오행이 같고 음양이 다른 관계
食傷(식상) 食傷(식상)	식신	일간이 生해 주는 오행으로 음양이 같은 관계
	상관	일간이 生해 주는 오행으로 음양이 다른 관계
財星(재성) 財星(재성)	편재	일간이 剋하는 오행으로 음양이 같은 관계
	정재	일간이 剋하는 오행으로 음양이 다른 관계
官星(관성) 官星(관성)	편관	일간을 剋하는 오행으로 음양이 같은 관계
	정관	일간을 剋하는 오행으로 음양이 다른 관계
印星(인성) 印星(인성)	편인	일간을 生해 주는 오행으로 음양이 같은 관계
	정인	일간을 生해 주는 오행으로 음양이 다른 관계

十神(십신)

– 比肩(비견): 형제·동료에 해당하며 독립심과 자존심을 나타낸다.

– 劫財(겁재): 남녀 모두 동기·형제·자매를 의미하고 투쟁·반항·불손한 신이다.

– 食神(식신): 여자에게 자식에 해당되며, 명랑함과 온후함을 나타낸다.

– 傷官(상관): 여자에게 자식에 해당되고, 총명하며 비밀이 없음을 나타낸다.

– 偏財(편재): 아버지와 재산. 남자에게는 偏妻(편처)에 해당되며, 활발한 대인관계를 나타낸다.

– 正財(정재): 아버지와 재산. 남자에게는 아내에 해당되며, 정직과 성실을 나타낸다.

– 偏官(편관): 직업. 남자에게는 자식, 여자에게는 편부에 해당하며, 모험심과 특이성을 나타낸다.

– 正官(정관): 직장. 남자에게는 자식, 여자에게는 남편에 해당되며, 명예를 나타낸다.

– 偏印(편인): 어머니에 해당되며, 외국과의 인연이 있고, 요령을 나타낸다.

– 印修(인수): 어머니에 해당되며, 어진 사람이고 덕이 많음을 나타낸다. 여자에게는 자식에 해당되며, 총명하며 비밀이 없음을 나타낸다.

父母(부모)

生母(생모), 繼母(계모), (天惠(천혜), 天福(천복), 有産(유산), 生産(생산).

– 正印(정인): 日干(일간)을 生(생)해 주고 陰 陽(음양) 배합이 잘되는 것.

– 偏印(편인): 日干(일간)을 生(생)하면서 陰(음음), 陽陽(양양) 배합이 안 되는 것.

官夫(관부)

본남편, 情夫(정부), 同行者(동행자), 同伴者(동반자), 同業者(동업자), 保護者(보호자).

– 正官(정관): 日干(일간)을 剋(극)하는 五行(오행)으로 陰陽(음양) 배합이 잘 되는 것.

– 偏官(편관): 日干(일간)을 剋(극)하면서 五行(오행)으로 陰陰(음음) 陽陽(양양) 배합이 안 되는 것.

財星(재성)

妻(처), 妾(첩), 補助者(보조사), 同伴者(동반자), 生活根本(생활근본).

－正財(정재): 日干(일간)이 剋(극)하는 五行(오행)으로 陰陽(음양) 배합이 잘되는 것.

－偏財(편재): 日干(일간)이 剋(극)하면서 五行(오행)이 陰陰(음음) 陽陽(양양) 배합이 안 되는 것.

食傷(식상)

子息(아들·딸), 後繼者(후계자), 尊屬(존속), 根繼勝者(근계승자).

－傷官(상관): 日干(일간)이 生(생)하는 五行(오행)으로 陰陽(음양)이 배합이 잘되는 것.

－食神:(식신): 日干(일간)이 生(생)하면서 五行(오행)으로 陰陰(음음)陽陽(양양)으로 배합이 안 되는 것.

比劫(비겁)

兄弟(형제), 姊妹(자매), 血統(혈통), 同氣(동기), 競爭者(경쟁자), 自立友人(자립반인).

－比肩(비견): 日干(일간)과 五行(오행)도 같고 陰陰(음음)·陽陽(양양)이 같은 것.

－劫財(겁재): 日干(일간)과 五行(오행)이 같으며 陰陽(음양)이 배합이 되는 것.

父母(부모)	正印(정인)	생모
父母(부모)	偏印(편인)	계모, 이모, 고모
子息(자식)	傷官(상관)	아들
子息(자식)	食神(식신)	딸(살림밑천)
夫情(부정)	正官(정관)	본남편
夫情(부정)	偏官(편관)	情夫(정부) 애정
妻妾(처첩)	正財(정재)	본처, 고정수입, 월급쟁이
妻妾(처첩)	偏財(편재)	애첩, 돈이 많이 들어왔다 나갔다 한다.
兄弟(형제)	比肩(비견)	나와 같은 형제. 비견이 많으면 부부 불화, 바람피운다.
兄弟(형제)	劫財(겁재)	재물을 빼앗아 가는 형제

四柱(사주)

- 年柱(년주): 根(근), 思(사), 惠(혜), 暗示(암시).

- 月柱(월주): 父母(부모), 家庭(가정), 親分(친분), 遺産(유산), 夫福(천복).

- 日柱(일주): 夫婦(부부), 愛情(애정), 配偶者(배우자).

- 時柱(시주): 子息(자식), 老後(노후), 安泰(안정).

* 四柱(사주)에 五行(오행)이 모두 있으면 큰 힘이 들지 않고 산다.

吉星(길성)

正印(정인), 正財(정재), 偏財(편재, 현대에 길신으로 본다), 正官(정관),
食神(식신).

四凶神(사흉신)

= 强奴僕(강노복)

偏印(편인), 偏官(편관), 傷官(상관), 比劫(비겁)

* 凶星(흉성)은 克(극)을 하면 좋다.

三財(삼재)

正財(정재), 正官(정관), 正印(정인) 사주에 3가지가 있으면 우두머리로 잘 살게 된다.

다음의 구성은 아주 좋다.

年柱(년주)	財星(재성)	년주에 이것이 있으면 좋다. 쉽게 돈을 벌고 돈이 떨어지지 않는다. 유산, 어릴 때 부유하게 살았다.
月柱(월주)	官星(관성)	취직이 쉽게 된다, 청년기.
日柱(일주)	食神(식신)	먹을 복.
時柱(시주)	正印(정인)	天福(천복)으로, 말년에 복이 있어 끝까지 편안하게 산다.

- 흉성은 生(생)하면 아주 위험하다. 모든 재산이 없어지거나 사망한다. 五行(오행)이 많아도 五行(오행)이 四柱內(사주내)에 없어도 인연이 없거나 德(덕)이 없다.

- 吉星(길성)은 生扶(생부)하면 福(복)이 配(배)가된다.

- 凶星(흉성)은 剋(극)을 하면 전화위복이 된다.

- 雜木(잡목)이 많아도 大林木(대림목)이 되기 어렵다[四柱內 木多(사주내 목다].

- 大火(대화)는 꺼질 때까지 기다린다[四柱內 火多(사주내 화다)].

- 大水(대수)는 홍수를 막을 수 없다[四柱內 水多(사주내 수다)].

- 甲木(갑목)이라도 金(금)이 없으면 기둥이 되기 어렵다[庚金(경금)은 대패, 辛金(신금)은 면도칼(월급쟁이다)].
- 燥土(조토)는 육친을 거느리기 어렵다[戊(무) 己(기): 火多水無(화다수무)]. 燥土는 부모, 부부·형제·자식과의 인연이 없다.
- 高山(고산)은 無用之物(무용지물)이 될 때가 있다.
- 梅花(매화)에는 꾀꼬리가 날아온다(=겨울 꽃은 빛 좋은 개살구다).
- 배추꽃에는 벌·나비가 날아온다(=일을 잘하는 사람은 일을 많이 한다).
- 四柱(사주)에 金水(금수)가 많으면 춥다. 즉, 가을·겨울에 태어나면 춥다(=꽃이 피지 않기 때문에 육친과 화목하기 어렵다).
- 四柱(사주)에 合(합)이 많으면 먹고 노는 세월이 많고 情(정)만 많다.
- 四柱(사주)에 男子(남자)는 冲(충)이 많아야 좋다. 根性(근성)이 있는 者(자)에는 의지가 된다[冲(충)은 극복하려고 노력한다].

육친론(六親論)

육친이란? 부모, 형제자매, 자기 배우자, 자녀를 가리키며 일명 '육신' 또는 '십신'이라고도 한다.

남녀 모두 인성이 부모가 된다. 구분하면 아버지는 재성, 어머니는 인성이다. 형제자매는 비겁이다. 남자에게는 내가 극하는 자가 妻財(처재)이니 재성을 내가 사용하고 나의 양명하는 혈기가 되므로 재성이 처가 된다. 여자에게는 나를 극하는 자가 官(관)이며 夫(부)가 되니 관성은 나를 관리하므로 관성이 남편이다. 자식은 내가 生(생)하는 자를 뜻하므로 식상을 자녀로 본다. 여자는 식상이 자식이고, 남자는 관성이 자식이다. 한편 남녀 모두 용신을 자식으로 보는 경우도 있다.

주로 년은 부모궁으로, 월은 형제궁으로 본다. 남자는 일지를 처로, 여자는 일지를 남편 夫(부)로 본다. 시는 자식의 原宮(원궁)으로 본다. 년월이 상충이면 가문이 불안하고 형제운도 부족하다. 일시가 상충이면 처자궁이 불미하고 말년운도 좋지 않다고 해석한다. 이 육친은 음양오행의 상생·상극 관계를 인간관계의 술어로 표시한 말이기도 하다.

사주명리학에서 가장 중요한 것은 물론 음양오행의 생극조화이며, 나아가 운로의 길흉을 알아서 진퇴를 결정하고 피흉취길(흉은 피하고 길은 취한다)하는 것이 목적이지만, 그와 함께 인간관계의 길흉과 사연도 매우 중요하다. 또한 육친 관계를 잘 추리한다는 것은 오행의 상생 상극 관계를 잘 알 수 있게 되는 지름길이며, 실제 간명에 제일 긴요하게 쓰이고 있다. 그러므로 사주감정에는 무엇보다도 육친 원리를 중점적으로 공부하여 이것을 자유자재로 활용할 수 있어야 한다.

비견론(比肩論) [남녀: 형제자매]

일간과 오행이 같으며 陰陰(음음) 陽陽(양양)이 같은 것. 비견은 자기주장이 강한 이별의 별이다. 육친 중에서 이별을 상징하고, 비견은 형제, 고향 친구를 나타낸다. 비견이 많으면 자연적으로 일주가 강해진다. 그러다 보니 자신감이 넘치고 독립심이 강해지며 자기 주관도 강해진다.

비견일지의 특징
 - 부부 相爭(상쟁), 생이별한다.
 - 형제자매.
 - 친밀감과 사교성이 없다.
 - 대중 앞에 서는 것을 좋아한다.
 - 부부 무정하다.
 - 비사교적이다.
 - 부부 비협조적이다.

比肩運(비견운)

일간을 중심으로 大運(대운)·世運(세운)에서 比肩(비견)은 만남을 말한다. 이 운 중에는 비견에 대한 일이 발생한다. 비견이 사주에 어떠한 영향을 미치는가에 따라 인사·사업 상태 등의 모든 사항은 달라진다.

본래 비견은 분록의 신이고 흉신의 하나이므로 대체로 흉운이 온다고 본다. 그러나 신약사주는 비견이 희신이 되어 오히려 길하다. 비견운이 되면 대체로 동업자에 의해서 이익이 저하되고 부부간에는 다툼이 생기고 심하면 이별하게 되며 부친과 불화가 되거나 별거한다. 비견은 財官(재관)을 분록(分錄)하는 신으로 흉하다고 보나 旺弱(왕약)을 분별하여 吉凶(길흉)을 판별하여야 한다. 比肩運(비견운)에는 다음과 같은 일들이 일어난다.

- 형제·동료들의 도움이나 재산·명예를 분탈당하는 일이 생긴다.
- 동업자로 인하여 경쟁 또는 권력 관계가 이루어진다.
- 부부간에 불화 또는 처의 질병 등 일이 있게 된다.
- 부친의 사업 실패 또는 부친과 별거하는 일이 있게 된다.
- 형제·동료 등과 유산 및 재산의 시비 문제가 일어난다.
- 남녀 모두 배우자가 두 가지 마음을 가지고 삼각관계가 발생한다.

性格(성격)

- 일간과 같은 오행으로서 陽(양)일 때 陽(양), 陰(음)일 때 陰(음)을 말한다[예: 甲-甲, 乙-乙, 丙-丙]. 형제·동료·자매·친구·동창생을 말하고, 나아가서는 자유·평등한 민주사회에서는 시민·국민·인류를 말하기도 한다.

- 남명은 처를 극하고, 여명은 내조를 방해하는 별이다. 남자가 比肩

(비견)이 많으면 재산의 도산, 처록이 변하기 쉽고 여자는 혼사에 어려움을 겪고 남편의 사랑을 받기 어렵다. 비견이 많으면 고집이 강하고 고독하게 된다.

- 比肩(비견)의 길흉은 왕·약으로 구분하게 되며 식신·상관이 있으면 기쁘다. 비견은 인간을 존중하고 상호 거래, 교우 유대하는 것을 특징으로 한다. 사리사욕을 배제하고 공정 분배심에 의하여 동기간·동창 간에 재보다 친우를 소중히 함으로써 선용지불, 낭비, 愛慾(애욕) 등으로 가정생활이 犧牲(희생)당하는 수가 많다. 상호 동업하거나 공익적인 사업에 因像(인상) 있는 수가 많다.

- 비겁이 태과하면 자의식이 강하고 타인과 충돌, 불화, 분리의 뜻을 가진다.

年柱比肩(년주비견)	손위 형 또는 백형, 선비, 상사.
月柱比肩(월주비견)	형, 선배, 상사, 직장 배경, 부친의 유고, 결혼의 지연.
日柱比肩(일주비견)	참모, 비서, 종업원, 형제유정, 부인 상극으로 유해, 여자에게는 가정부.
時柱比肩(시주비견)	동생, 후계자, 부하, 기사.

性品(성품)

- 非社交的(비사교적)이다.
- 고집이 强(강)하고 不和(불화)한다.
- 독립단행을 잘한다.
- 권의 의식이 강하다.
- 同居(동거) 생활과 인연이 있다.

- 女命(여명)은 色情(색정)으로 번뇌가 많다.

- 配偶者(배우자)와 화목하지 못하고 배우자를 剋害(극해)한다.

- 內助(내조)를 剋害(극해)하는 神(신)이다.

- 分離(분리), 分福(분복), 分散(분산)의 神(신).

- 용감무쌍하다.

- 萬難(만난)을 잘 배제하여 모든 고난, 모든 힘든 일을 잘 견딘다.

- 만사 배타적이고 자존심이 강하다.

- 비겁이 많으면 夫婦離情(부부이정)을 쉽게 한다.

- 비겁이 많으면 多情(다정)하여 失貞(실정)을 잘하여 속도위반이나 異性(이성)으로 번뇌가 많다. 夫婦(부부) 투쟁이 많다.

- 日干(일간)이 身弱(신약)하면 極(극)히 좋은 작용을 하며 많은 도움을 준다.

- 天干(천간)에 비견 겁재가 透干(투간)하면 氣分派(기분파)다.

- 日干(일간)이 身强(신강)이 되면 일간에게 比肩(비견)은 도움을 주지 못하고 運(운)에서라도 切忌(절기)한다.

- 身强比肩(신강비견)이 많으면 평생 형제자매가 나에게 도움을 주지 못한다.

- 비견 겁재가 混雜(혼잡)되면 결혼 成事(성사)에 인연을 맺는 것이 어렵다.

- 比肩(비견)의 吉凶(길흉)은 身强(신강)身弱(신약)에 매여 있다.

- 財物(재물)보다는 親友(친우)를 더 소중히 여긴다.

比肩(비견) 吉作用(길작용)

- 身弱四柱(신약사주)에서는 比肩(비견)이 日干(일간)에게 도움을 준다.
- 身强四柱(신강사주)는 比肩運(비견운)이 들어올 때는 부부 이별한다.
- 형제자매 手足(수족)과 같이 日干(일간)에게 도움을 준다.
- 친구나 동료로부터 도움을 받는다.
- 同業(동업)을 하더라도 利益(이익)이 많다.

比肩(비견) 凶作用(흉작용)

- 身强(신강)일 때는 比肩(비견)이 형제자매가 벌레같이 괴롭힌다.
- 夫婦(부부)지간에 고통을 많이 겪어 본다.
- 부친과 화목하지 못하고 덕이 없다.
- 부부 이별 혹은 별거 생활을 한다.
- 결혼이 잘 성사되지 않는다(신강사주에 비견 겁재가 많을 때).

比肩 多(비견 다)

- 夫婦(부부), 離別(이별), 別居(별거)를 한다.
- 독신 혹은 애첩이 되기도 한다.
- 형제자매가 원수같이 지낸다.
- 配偶者(배우자)에게 愛情(애정)을 받기 어렵다.
- 男女(남녀) 모두 三角(삼각)관계가 발생한다.

比肩 無(비견 무)

- 壽命(수명)이나 健康(건강)은 虛弱(허약)하다.

- 夫婦(부부)에 대한 愛着(애착)이 강하다.
- 夫婦(부부)가 서로 妥協的(타협적)이다.

비견의 위치

天干 比肩 (천간 비견)	연애 결혼하거나 一次(일차) 財物(재물)로 실패한다.
地支 比肩 (지지 비견)	夫婦愛情(부부애정)이 弱(약)하고 夫婦(부부)생각이 서로 맞지 않는다.
暗藏 比肩 (암장 비견)	男女(남녀) 서로 愛情(애정)을 통하기 어려우며 결혼 후에 多情(다정)하기 어렵다.

- 偏官(편관)이 比肩(비견)을 剋(극)하면: 평생 신체는 허약하며 고질병으로 신음한다.
- 比肩(비견)이 偏財(편재)를 剋(극)하면: 財物(재물) 破産(파산)한다.
- 比肩(비견)이 食神(식신)을 生(생)해 주면: 평생 橫財數(횡재수)가 있거나 衣食住(의식주)는 평탄하다.

겁재론(劫財論) [남녀: 형제자매]

일간과 오행이 같으며 陰陽(음양)이 다른 것. 육친 관계에서 겁재는 돈을 위협하는 신을 의미한다. 겁재는 그래서 奪財(탈재)의 신이라고 한다. 탈재는 재물을 빼앗아 간다는 것을 의미한다. 본인과 경쟁, 투쟁, 반항, 불손한 신이다. 특히 재물을 빼앗아 가는 데에는 최고의 신이다. 겁재의 특징 중 하나는 지나칠 정도로 야망이 크다는 것이다. 그래서 겁재는 자신감이 충만한 나머지 지나치게 과격한 언행을 일삼는다. 타인을 배려하는 데 인색하기에 부부 관계에도 순탄하지 못하다.

겁재일지의 특징
 - 기품이 당당하다.
 - 매사 의욕을 앞세워 실패가 많다.
 - 포부가 크고 의욕이 강하다.
 - 겁재운에 강간을 당한다.
 - 결혼에 장애가 많다.

劫財運(겁재운)

겁재운이란 대운·세운에서 겁재를 만나는 것을 말한다. 겁재운을 판단함에는 비견과 마찬가지로 신왕·신약 여부를 판별하여야 하고 재산과의 관계를 살펴야 한다. 겁재는 무엇보다도 정재를 파극하는 신이므로 쟁재, 돌발사고, 처질, 내당 불안으로 불화·이혼의 일이 있게 된다. 겁재가 길신이 되면 형제·친우·부하직원·사원들의 도움으로 사업의 확장, 명예선양, 성공 등의 일이 있게 된다. 이는 형제·동창을 비롯하여 거래 관계에 있는 모든 사람과의 관계를 살피게 된다.

性格(성격)

 - 日干(일간)과 동일한 五行(오행)으로서 陰陽(음양)이 서로 다른 것을 劫財(겁재)라고 한다. 비겁과 겁재는 서로 오행이 같으므로 兄弟星(형제성)으로 비유한다[예: 甲-乙, 乙-甲, 丙-丁, 丁-丙]. 甲兄弟(갑형제)는 여

형제, 이복형제, 경쟁자, 동창생, 사회대상을 뜻한다.

- 劫財(겁재)는 동기 이성의 별로서 일간을 강력하게 한다. 따라서 겁재는 거래에 있어 강제성을 수반하거나 충돌의 뜻을 갖는 것으로 과식, 과격한 언행, 과속운전, 과대한 사업 확장 등이 겁재의 작용에 의한다. 이는 나아가서 살인, 강도, 사기, 협박을 앞세운 재물의 갈취 사건이 겁재의 작용에 의한다. 겁재의 일간을 강력하게 하는 작용이 필요한 것에는 대기업의 육성, 정예군사에 의한 전투 행위, 검사, 사법경찰관의 문책수사, 의사의 시술 행위 등으로, 이는 겁재의 강력한 도움을 필요로 한다고 할 것이다.

- 겁재란 말은 正財(정재)와 상충하여 정재를 파극시킨다는 뜻에서 나온 말로 정재는 나와 가족의 생명을 보존하는 재산이요, 자녀 양육과 가사의 책임을 맡는 부인에 해당하기 때문에 이 같은 재산과 부인을 파극시킨다는 것은 가장 불행한 일에 속한다. 예컨대 甲을 일간이라 하면 乙이 겁재에 해당하고 己는 정재에 해당한다. 乙木이 己土를 파극시킨다는 말이다.

- 겁재는 비견과 동기 이성으로 시민을 상호 존중한다.

年柱劫財 (년주겁재)	이복형, 누나, 상사, 선배를 상징하며 어려서 가세가 기우는 것을 의미하며 조상의 음덕이 없음을 의미한다.
月柱劫財 (월주겁재)	이복형·누나·상사·선배·부모·형제 덕이 없고 가세의 하락을 의미한다.
日座劫財 (일좌겁재)	심복부하·비서·종업원·처덕이 없고 겁재가 용신이 아니면 재산과 因緣(인록)이 없음을 의미한다.
時柱劫財 (시주겁재)	후계자·운전기사·이복형제·자손 덕이 없고 말년 재산의 실패 또는 축소를 의미하며 처와 백년해로가 어려움을 나타낸다.

性品(성품)

- 積極性(적극성)이 强(강)하다.

- 强靭(강록)하고 好勝(호승)하는 것을 좋아한다.

- 野望(야망)만 커서 損財(손재)·破産(파산)을 잘한다.

- 自我(자아)가 强(강)하여 작게 이익을 보고 크게 손해를 보는 일이 많다.

- 활동성이 강하며 反抗(반항)·불손한 성품이 있다.

- 탈재·損財(손재)·詐欺(사기)·破産(파산)·不渡(부도)와 인연이 있다.

- 天干(천간)에 比肩(비견) 劫財(겁재)가 많으면 外情(외정)을 즐기며 破産(파산)할 때가 있다.

劫財 吉作用(겁재 길작용)

- 身弱(신약)한 사람에게는 도움을 준다.

- 成功(성공)할 수 있다.

- 노력하여 立業(입업)하며 성취한다.

- 長壽(장수)하며 健康(건강)하다.

劫財 凶作用(겁재 흉작용)

- 身强四柱(신강사주)에서 劫財(겁재)가 凶(흉) 작용을 한다.

- 損財(손재)·破産(파산)으로 財物(재물)을 分産(분산)한다.

- 身强四柱(신강사주)가 運(운)에서 劫財運(겁재운)에 여러 번 성공하고 여러 번 실패한다.

- 平生(평생) 起伏(기복)이 많은 歲月(세월)을 보낸다.

- 겁재가 많은 사람은 봉급생활, 전문기술이 좋다.

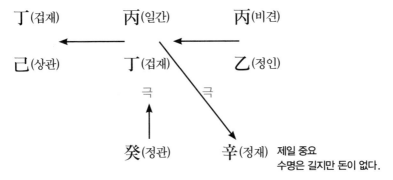

丁(겁재)　　　丙(일간)　　　丙(비견)

己(상관)　　　丁(겁재)　　　乙(정인)

극　　　　극

癸(정관)　　　辛(정재)　제일 중요
　　　　　　　　　　　　　　수명은 길지만 돈이 없다.

* 상관은 절대 生(생)해 주면 안 된다.

要法(요법)

 － 身弱四柱(신약사주)에는 劫財(겁재)가 日干(일간)에 도움을 주어 발전·번창할 수 있다.

 － 身弱四柱(신약사주)는 오히려 六親(육친)에 도움으로 隆盛(융성)하고 幸福(행복)한 삶을 살 수 있다.

 － 身强四柱(신강사주)에서는 劫財(겁재)를 만나면 형제가 원수같이 괴롭히며 近親(근친)으로 인해서 損財(손재)·不度(부도)가 발생한다.

 － 적극성이 강하여 失敗數(실패수)가 많이 발생한다.

 － 겁재는 정재를 剋(극)하여 最高(최고)로 不幸(불행)한 運命(운명)을 만난다.

 － 겁재가 정관에 극을 받으면 財物(재물) 보존과 축척을 잘한다.

 － 비견겁재가 혼잡되면 형제간 友愛(우애)는 없다.

 － 남녀가 같이 배우자와 子息(자식)을 剋害(극해)한다.

 － 겁재는 投機心(투기심)이 강하여 日攫千金(일확천금)하려다 大失敗(대실패)수가 닥친다.

一位劫殺 (일위겁살)	福分(복분)이 매우 크다.
二位劫殺 (이위겁살)	다른 마음을 가지고 있으며 진실성이 부족하다.
三位劫殺 (삼위겁살)	凶暴(흉폭)의 命(명)이 된다. 身强(신강)사주는 돈이 하나도 없다.

劫財 多(겁재 다)

– 일차 크게 失敗(실패)수가 있다.

– 고집이 완강하여 財物破産(재물파산)을 종종 한다.

– 浮財(부재) · 奪財(탈재) · 不信(불신) · 비방을 초래한다.

– 겁재 多則(다칙) 상관을 生扶(생부)하면 難極貧(난극빈) · 破職(파직) · 体職(체직) · 無職(무직)이 된다.

– 一平生(일평생) 最高(최고)로 힘들다.

– 修養(수양), 修信(수신), 自善(자선), 自行(자행)하면 轉禍爲福(전화위복)이 될 것이다.

劫財 無(겁재 무)

– 재물 보존을 최상급으로 매우 잘한다.

– 매사 추진력이 없다.

– 박력이 부족하며 단명한다.

– 의욕과 활동성이 약하다.

– 형제자매 덕은 있다.

– 질병으로 신음하며 수명은 단명한다(겁재가 있으면 장수하지만 돈은 나간다).

겁재의 위치

天干 劫財 (천간 겁재)	商業(상업)을 하지 못한다.
地支 劫財 (지지 겁재)	마음이 과격하여 여러 번 실패수가 있다.
暗藏 劫財 (암장 겁재)	심성이 대범하고 야심이 크며 실수를 잘 저지른다.

① 年柱(년주)

• 天干(천간)

－ 平生(평생)의 시발점을 암시한다.

－ 人生(인생)의 指針(지침)이 되는 곳이다.

－ 평생 인연이 매우 깊다.

－ 人生(인생)에 內前(내전)이라 吉星(길성)이 있어야 한다.

－ 凶星(흉성)이 있으면 起伏(기복)이 많다.

－ 內前(전생)의 吉凶(길흉) 작용이 나의 평생에 매우 核心的(핵심적)인 곳이다.

• 地支(지지)

－ 제2의 인생을 내딛는 첫걸음과 같다.

－ 배우자와의 관계를 看命(간명)한다.

－ 결혼운의 길흉을 보기도 한다.

－ 결혼운의 결정에 따라서 평생 내 運命(운명)의 安泰(안태)를 본다.

－ 좋은 배우자와 인연을 맺을 수 있느냐, 어떤 배우자와 만나느냐에 따라 내 인생이 左右(좌우)된다.

② 月柱(월주)

• 天干(천간)

– 나의 靑年期(청년기)의 吉凶(길흉)을 본다.

– 父親(모친)의 자리며 위치다.

– 吉星(길성)이 있으면 발달이 빠르고 凶星(흉성)이 있을 때는 발달이 더디다.

– 運命(운명)의 싹으로 본다.

– 육친의 발달에 대한 吉凶(길흉)으로 보기도 한다.

• 地支(지지)

– 母親(모친)의 자리며 위치다.

– 월지에 따라서 開花結實(개화결실)에 시기와 遲速(지속)을 알 수 있다.

– 月支(월지)는 평생의 喜怒哀樂(희로애락)을 관찰하는 最高(최고)로 강력한 자리다.

– 선천적으로 가지고 있는 성품을 보는 자리다.

– 월지의 吉星(길성)·凶星(흉성)에 따라 평생 나의 운명의 갈림길이 달리 정해진다.

식신론(食神論) [男: 장모, 女: 자식·딸]

일간이 생하는 오행으로 陰陰(음음)·陽陽(양양) 배합이 안 되는 것. 육친 중에 최고의 길성이다. 식신은 의식주의 걱정이 없는 최고의 별이다. 사주 내에서 식신이 있느냐 없느냐에 따라서 인생이 평탄하냐 아니면 힘드냐의 판단이 나누어진다. '食(밥식)+神(귀신신)'의 조합인 식신은 한자의 의미를 그대로 해석하면 밥귀신이다. 우리에게서 먹을 것을 손쉽게 얻을 수 있도록 만들어 주는 최고의 고마운 신인 식신은 수명 연장, 편안한 의식주, 재앙의 예방을 지켜 주는 유용한 별이다. 그래서 식신을 육신 중에서 가장 좋은 길성 중에 최고 길성이라고 말하는 것이다.

식신일지의 특징
- 체면을 소중히 여긴다.
- 예의와 염치가 바르다.
- 총명하고 박학다식하다.
- 방정하고 온후하며 항상 음해가 많다.
- 재물을 증식한다.
- 심성이 너그럽고 덕망이 있다.
- 商(상)매매에는 최고의 길성이다.
- 명랑하고 선량한 성품이다.
- 예의와 체면을 소중히 여긴다.

食神運(식신운)
식신은 길성이므로 대체로 좋은 일이 나타난다. 남자는 실직 중 직업을 얻게 되고 사업 활동이 활발해지거나 신규 사업을 개척하는 등 일이 있게 된다. 여자는 자녀를 출산하거나 자녀로 인하여 경사스러운 일이 있게 된다.

性格(성격)

- 일간이 生扶(생부)하는 오행 가운데 陰陰陽陽(음음양양)의 배합이 안 되는 것을 말한다. 남자에게는 장모가, 여자에게는 딸자식에 해당된다. 식신은 성질상 나의 자식이 되고 나의 기운을 설기하는 것이 되지만, 이것이 재물을 생하는 원신이 되기 때문에 식신이라 한다[예: 甲-丙, 乙-丁, 丙-戊, 丁-己, 戊-庚, 己-辛]. 식신이란 의식주 생활에 필요 불가결한 물질을 얻기 위한 경제활동으로 '爵星(작성)'이라고도 한다.

- 食神(식신)은 재물을 얻기 위한 육체 활동이 중심이 되는 경제활동이다. 따라서 식신 생재는 학문, 교육, 예술, 음식사업, 식품판매, 식료품, 제조업, 각종 기업경제, 의류 제조업, 의료업 등에 해당한다. 식신은 의식주를 위한 신으로 식신이 유기하면 승재관이라 하여 의록과 활동에 풍융한 혜택을 받는다. 식신은 인간의 생명을 보호하고 영양을 공급하는 것에 해당하기 때문에 제약업, 의료 행위 등이 식신에 해당한다. 또 자연자원으로서 식신은 태양·공기·물·불·흙·열·광선 등이며 정신 자원으로서 식신은 문명의 利器(이기)를 위한 연구와 발명, 신안특허 등이 여기에 해당한다.

- 식신은 칠살 작용을 보호·방어하는 귀물이다. 인류문명의 성장이나 발전을 억제·제지함으로써 인간에게 고통·질병·전쟁·재난 등이 일어나는 경우에 평화·식량·의약품·식신을 해치는 것이 烏神(오신)인데, 식신이 편인을 만나게 되면 의식주 생활에 고통을 받는 것으로 실직·무주택·질병 등 어려운 일이 발생한다.

年柱食神 (년주식신)	장모, 사업가, 의식주 관계. 생왕하면 장모 덕이 있고 사업가로 여유 있는 가정 출신이다. 조상 때 부유하다. 사·절·공망이면 선대의 얼룩진 생활이나 장모 덕이 없고, 어려서 의식주에 대한 고통을 받는다.
月柱食神 (월주식신)	생왕하면 부모·형제가 함께 융성한다. 청년기에 의식주의 혜택을 받는다. 장모 덕이 있다. 사·절·공망·파극되면 의식주에 고통을 초래하며 부모가 나의 청년기에 불행하여 가업이 어렵게 된다.
日座食神 (일좌식신)	남자는 처가 및 장모의 배려가 있으며 현처를 만난다. 여자는 현자를 두며 의식주의 풍융한 혜택을 받는다.
時柱食神 (시주식신)	남자는 말년까지 사업을 하게 되고 이로 인하여 의식주의 혜택을 받는다. 여자는 귀자를 두고 건강하며 가정도 흥왕한다.

性品(성품)

- 명랑하고 善良(선량)하며 天性的(천성적)으로 도량이 넓다.
- 마음은 넓으나 박력은 약하다.
- 담력이 부족하며 범사에 消極的(소극적) 성품을 보인다.
- 他人(타인)과 투쟁이나 적을 만들지 않는다.
- 道德心(도덕심)이 많으며 和親(화친)하다.
- 火氣(화기)가 충만하며 和平(화평)·安泰(안태)하다.
- 식신은 신강이 되어야만 吉(길)작용을 많이 한다.
- 신약사주에서는 식신이 있더라도 길작용을 하지 못한다.
- 心性(심성)은 廣厚(광후)하고 賢夫賢妻(현부현처)가 된다.
- 商業的(상업적) 소질은 충만하다.

食神 多(식신 다)

- 食神(식신)도 많으면 傷官(상관)이다.
- 色情(색정)으로 異性(이성)문제로 번민이 많다.
- 夫(부), 男便(남편)과 인연이 약하다.
- 身体(신체)가 허약하다.
- 子息(자식)으로 인해서 憂事(우사)가 발생한다.
- 인색하고 이기적인 성품이 많다.

食神 無(식신 무)

- 平生(평생) 勞苦(노고)가 많다.
- 인덕이 없거나 타인의 도움을 받기 어렵다.
- 효자를 두기가 어렵다.
- 發達(발달)을 하더라도 苦難(고난)을 많이 겪는다.
- 財物(재물)을 취득하는 데 勞苦(노고)가 많다.
- 매사 風波(풍파)가 다단하다.

食神(식신) **吉作用**(길작용)

- 衣食住(의식주) 災殃(재앙)을 막아 주고 壽命(수명)을 연장한다.
- 身强(신강)하고 食神(식신)도 旺(왕)하면 大富(대부)가 되고 長壽(장수)한다.
- 食神(식신)은 勝財官(승재관)이라 身强(신강)이 되면 반드시 利(이)와 富財(부재)를 득한다.
- 신강에 식신은 古來(고래)로부터 富貴長壽(부귀장수)하며 吉神 中(길신

중)에 吉神(길신)이라고 했다.

- 식신은 事業的 才能(사업적 재능)과 頭腦(두뇌)가 優秀(우수)하게 발달되었다.

- 식신은 일간이 身强(신강)한 것을 무엇보다도 必修(필수) 조건으로 본다.

食神(식신) 凶作用(흉작용)

① 食神(식신)이 偏印(편인)을 만나면

- 父母(부모) 혜택은 없다.

- 하는 것마다 起伏(기복)이 많다.

- 財物蕩盡(재물탕진)을 여러 번 한다.

- 자식으로 인해서 근심이 있다.

② 身弱(신약)일 때 食神(식신)을 만나면

- 정신이 탁하다.

- 발달하지 못한다.

- 욕심이 많다.

- 人德(인덕)이 없어 勞苦(노고)가 많다.

③ 食神(식신)도 세 개가 되면 많다.

- 傷官(상관)과 같은 작용으로 남편을 극하지 않으면 子孫(자손)을 極害(극해)한다.

④ 食神(식신)이 干合(간합)이 되면

- 他人(타인)의 德(덕)이 없다.

- 橫材數(횡재수)가 없다.

吉星(길성)	正官(정관), 正財(정재), 正印(정인), 食神(식신), 偏財(편재) = 干合(간합)을 切忌(절기: 간절히 싫어한다)
凶星(흉성)	偏官(편관), 偏印(편인), 傷官(상관), 劫財(겁재) = 干合(간합)하면 轉禍爲福(전화위복)

重要性(중요성)

- 食神(식신)은 인간의 고통과 질병과 재난과 투쟁을 없애 주고 막아 준다.

- 심성은 선량하고 명랑하며 상쾌하다.

- 여명은 식신이 建旺(건왕)하면 반드시 효성스러운 子息(자식)을 둔다.

- 남명은 처가 덕이 있거나 인덕이 있다.

- 식신이 충이 되면 자식 인연이 없거나 인덕이 없다.

- 식신 空亡(공망)은 한가한 직업을 갖거나 一業(일업)으로 전념하기 어렵다.

- 식신이 偏官(상관)을 剋制(극제)하면(=식신이 편관을 눌러 주면), 正官(정관)보다 좋은 작용으로 발휘하여 職位(직위)와 勸力之人(권력지인)이 된다. 재앙을 미연에 방지하고 질병을 制伏(제복)시키며 불행한 인생을 막을 수 있다.

- 식신이 편재를 생해 주면 재물의 氣(기)가 강하여 財源(재원)이 끊이질 않는다.

- 식신이 약할 때 偏印運(편인운)에 非命橫死(비명횡사)하든가 家産(가산)을 전부 탕진하여 없애 버린다.

- 편인이 식신을 극하면 모두 財物蕩盡(재물탕진)한다. 식신은 인과 관계

가 좋고 남이 싫어하는 것을 하지 않는다. 소극적이고 소심하며 대범하지 않다. 食神制殺(식신제살), 食神生財格(식신생재격), 食神財殺格(식신재살격).

식신의 위치

天干 食神 (천간 식신)	인덕이 많으며 위기를 잘 넘기며 再起(재기)를 잘하여 성공한다.
地支 食神 (지지 식신)	심성이 선량하며 타인과 투쟁하지 않는다.
暗藏 食神 (암장 식신)	평생 의식주는 풍요로우며 타인에게 보시를 잘한다.

- 木 火 食神(식신) = 총명하고 博學(박학)하며 高名(고명)하고 예의를 중요시 생각한다.
- 火 土 食神(식신) = 방정하고 온후하나 항상 장애가 많이 따른다.
- 土 金 食神(식신) = 재물에 집착이 많으며 예술·예능·文章(문장)으로 발달이 크다.
- 金 水 食神(식신) = 聰明(총명)·多能(다능)하고 학문으로 博識(전직)하며 언변이 매우 좋다.
- 水 木 食神(식신) = 청순하고 명쾌하며 인자하며 白事(백사)능란하고 자비롭다. 식신이 충·형이 많으면 식신이 있어도 안 된다. 用神(용신) 오행에 관계되는 것도 직업이다.

食神 五行 職業(식신 오행 직업)
- 食神 木 - 가구점, 의류업, 옷감, 서점, 木材(대림), 花園(화원), 꽃집.

- 食神 火 – 언론기자, 변호사, 교육자, 도자기, 미용실, 주유소.
- 食神 土 – 부동산, 건축업, 중개업, 농업, 땅장사.
- 食神 金 – 금융계, 은행, 군인, 경찰, 보석상, 돈장사, 일수.
- 食神 水 – 무역업, 유흥업, 음식점, 수산업, 커피숍, 사우나.

상관론(傷官論) [男: 처가·장인·장모, 女: 자식]

일간이 생하는 오행으로 陰陽(음양) 배합이 잘된 것. 실언과 망언, 노력가다. 상관은 한자 그대로 해석해 보면 상처받는 官(관)으로, 여자의 경우는 남편을 극하는 경우이며 남자의 경우는 자식과 직업을 극하는 흉성이다. 일간이 생부하는 오행으로 음양배합이 잘된 것을 상관이라고 한다. 남자의 경우는 장인을 의미하며, 여자의 경우는 아들을 의미한다.

상관은 특히 남편을 극하고 명예를 훼손하는 데는 타의 추종을 불허한다. 그래서 예로부터 상관의 형국을 보아서 과부가 될 것인지 가늠한다고 한다. 상관이 3개 이상이면 남편을 잡아먹는 사주를 의미하는 것이라 시어머니가 될 사람이 꺼리는 며느리 사주다. 그러나 상관이 정인에게 극을 받으면 학문과 명예가 발달하고, 상관이 정재를 생해 주면 거부가 된다. 사주에 상관이 하나 있고 다른 관이 없는 무관이 되면 귀격으로 보며 전문직으로 성공한다. 따라서 부분적으로 판단할 것이 아니라 종합적인 형세를 판단하여 현명하게 대처하여야 좋다.

- 금수상관

말을 잘하고 재주가 많다. 두뇌가 발달.

庚 → 癸(상관), 辛 → 壬(상관)

• 수목상관

자존심이 최강이다. 정신적·신체적으로 결함이 있다.

壬 → 乙 (상관), 癸 → 甲(상관)

• 목화상관

신왕하면 명랑하고 문학에 숙달하며 화려함을 좋아한다.

甲 → 丁(상관), 乙 → 丙(상관)

• 화토상관

자존심이 강하고 자화자찬을 잘하고 타인을 무시한다.

丙 → 己(상관), 丁 → 戊(상관)

• 토금상관

다예다재하고 두뇌는 총명하다.

戊 → 辛(상관), 己 → 庚(상관)

상관일지의 특징

– 자아지심이 특히 강하다.

– 수단이 좋고 총명하다.

– 관찰력이 예리하고 강하다.

- 총명은 하되 반항심이 많다.
- 공격적 성품이 있다.
- 능변이 매우 좋다.
- 화려한 것을 좋아한다.

傷官運(상관운)

일간이 생하는 오행으로 陰陽(음양)배합이 잘된 것. 상관운을 만나서 길이 될 때는 우수한 재능을 인정받고 음악·웅변·저술·학술·기예·중개업 등으로 크게 성공한다.

여자는 상관으로 인하여 재산에 크게 성공한다 하여도 남편에게는 해로운 일이 있다. 상관이 기신운이 되면 공무원으로 공직에서 물러나고 여자로 남편의 사별·이별·유고 등이 있게 되고 폐업·좌천·강등·실직 등의 일이 있게 된다. 명예의 추락, 관송, 시비, 쟁투, 필화, 설화 등이 있다.

상관은 난세의 영웅이라는 별이기 때문에 좋고 나쁜 진폭이 크다고 한다. 일약 국무총리로 등용되는가 하면, 목에 형틀을 거는 죄수가 되기도 한다.

性格(성격)

- 일간이 생하는 것으로 음양이 다른 것을 말한다[예: 甲-丁, 乙-丙, 丙-己, 戊-辛, 庚-癸]. 傷官(상관)이란 정관을 상하게 한다는 말인데, 정관은 인체에서는 오관작용이 되며 남자에게는 공직·명예·자녀에 해당하고 여자에게는 남편에 해당한다. 상관은 정관을 해치고 편인을 불러들이므로 이로 인한 피해가 크다. 식신은 동성끼리의 활동 거래인데, 상관은 이성 간의 애정과 활동 거래가 복합된 관계와 같다.

- 傷官(상관)은 正財(정재) 偏財(편재)를 생한다. 상관생재는 중개사, 두뇌와 말의 기교, 노래, 연구에 의한 재산 취득이 되며 애정 문제는 화술에 의하여 여자를 매료한다. 상관은 무형의 음파로서 레이저광선, 살인광선에 해당하고 자연의 순리·질서를 파괴하는 해일·폭풍·태풍도 상관에 해당한다. 상관은 무형의 挑泄(도설) 기운으로 시력, 음성, 기침, 방귀, 대소변이 이에 해당한다.

- 상관은 무형의 설기로서의 득과 정관을 상하게 하는 害(해)로 구분된다. 상관이 갖는 득으로서의 특성은 예리한 관찰과 시력에 의한 추리·연구·음률·연설·강의·화술·직감·예언 등의 훌륭한 능력이다. 상관이 갖는 해는 실언·과언·언행무체·자만·자부심·자존심 등으로 관형·필화·설화·시비·구설 등을 불러일으키고 이로 인한 언행 불합과 손명, 손실 등을 가져온다. 남녀 모두 상관이 태과하면 색정이 많다.

- 상관은 관재·송사·질병·단명 등 흉의와 학문·교육·예술·연구기획·웅변·지도력·중매·광고·선전·출판·음악·저술·조명 등의 업에 우수한 특성을 갖는다. 남자는 여자를 극하고 여성에게 애정을 준다. 여자는 남편을 剋害(극해)하는 자녀의 별이다.

年柱傷官 (년주상관)	조모, 선대의 망령, 여자는 조생자녀, 상부, 조상 무덤이 좋지 않다. 조업을 파하고 이조타향 한다.
月柱傷官 (월주상관)	조모·부모·형제 덕이 없다. 여자는 자녀 출산 후 부부 불화 또는 남편과 이혼·사망 등의 흉의를 갖는다. 남자는 공무원으로 진출이 어렵고 자녀에 유해하다.
日座傷官 (일좌상관)	조모숭상, 학문유념. 남자는 현처를 만날 수 없고 풍파가 많다. 여자는 자녀를 감싸야 하는 대신 남편과 불행한 관계가 된다.
時柱傷官 (시주상관)	남자는 자녀를 많이 사별하든가 자식과 인연이 나쁘고 말년이 불행·고독하며 여자는 남편과 별거·이별하고 자식에 의지하게 된다. 조상을 망령으로 해로움이 있다.

性品(성품)

 - 예리한 관찰력을 가지고 있다.

 - 추리력, 講義(강의)에 재능이 있다.

 - 매우 노력파다.

 - 두뇌가 총명하고 예지력이 있다.

 - 직위와 명예를 손상한다.

 - 동거하는 것을 편히 생각한다.

 - 성품이 王侯(왕후)에 氣質(기질)을 가지고 있다.

 - 두각을 나타내는 것을 좋아한다.

 - 자기평가를 높이며 나보다 나은 사람은 없다.

 - 傷官(상관)은 亂世(난세)의 영웅의 별이기 때문에 길하기도 하고 흉하기도 하며 진폭이 크다.

 - 傷官(상관) 舌禍(설화: 혀로 인한 재앙)가 많이 발생하므로 말조심을 해야 한다(말을 편하게 하여 손해 보는 것이 많다).

 - 반항심과 공격적인 성품이 있다.

 - 남자는 자녀를 극하는 神(신)이며 자신을 파멸하게 하고, 여자는 남편을 剋害(극해)하는 신이다.

 - 온유하면서도 동정심도 많다.

 - 불만도 많으며 야당 성품도 많다.

 - 은혜를 베풀고도 덕이 없다.

 - 여자는 상관이 많으면 과부상이다.

 - 여자가 상관이 있으면 남편이 잘 안되거나 부부 離別(이별)수가 있다.

傷官 吉作用(상관 길작용)

- 상관은 商業神(상업신)이다. 정인이 상관을 剋制(극제)하면 珍貴人(진귀인)으로 學術(학술), 夕利(석리), 예능으로 발달이 크다.

- 상관은 오로지 신강해야만 모든 것이 發展(발전)·繁榮(번영)하여 極吉(극길)에 도달한다.

- 상관은 정재를 生하면 상업으로 장래 상당한 開運(개운)·發達(발달)한다.

- 상관이 무관이라면(=정관을 보지 않으면) 직위·명예로 發福(발복)이 매우 크며 越群(월군)의 성과를 기대한다(성공이 매우 크다).

- 상관이 干合(간합)이 되면 명망과 인품이 衆人(중인)을 누르고 크게 출세한다.

- 상관이 좋은 조건을 가지면 뛰어난 재능을 발휘하며 非常(비상)한 성공을 할 수 있다.

傷官 凶作用(상관 흉작용)

- 傷官(상관)이 신약이면 우둔하고 미련하며 형액이 많다.

- 겁재가 상관을 生하면 凶意(흉의)가 두 배로 더하여 左遷(좌천), 退職(퇴직), 休職(휴직)이 되며 寡婦(과부)가 되거나 혹은 무자가 되기도 한다.

- 상관이 정관을 剋(극)하면 뜻하지 않는 刑厄官災(형액관재)가 발생하여 한가한 신세가 된다.

- 상관이 重疊(중첩)하면 靑孀(청상)과부가 되거나 남자는 무자, 무직, 여자는 남편이 없거나 寡宿(과숙)이 된다.

重要性(중요성)

- 상관을 정인이 剋(극)하면 흉조가 제압되어 오히려 禮義(예의)가 바르며 발달이 크다.

- 상관이 정재를 生(생)하면 高業的 才能(고업적 재능)으로 巨富之命(거부지명)이 되며 번창·발달한다.

- 상관이 干合(간합)이 되면 用神之論(용신지론) 하지 않는다. 전문직으로 번창·출세한다.

- 상관을 겁재가 生(생)하면 상관에 작용이 더욱 강해지며 탐욕으로 실패한다.

- 상관이 정관을 剋(극)하면 뜻하지 않은 災禍(재화)가 발생하거나 禍患(화환)으로 家運(가운)이 쇠약해진다.

- 상관격 沒有(몰유)에 伸秘性(신비성)이 있다. 聰明賢愚之有極 大的差異(총명현우지유극 대적차이). 신강은 총명, 신약은 우둔하여 총명한 듯하나 우둔하다.

① 身旺的 傷官格(신왕적 상관격)

- 총명하고 현명하고 발달이 속하다.

- 정관을 어디서나 만나지 않으면 대발달하는 것은 틀림없다.

- 상관이 간합하면 흉을 化(화)하여 길로 변화한다.

- 흉성은 간합하여 오히려 賤(천)을 망각한다. 福祿(복록)은 자연 向上(향상)된다.

- 월지 상관이 있거나 사주 내에 상관이 많을 때 '傷官格(상관격)'이라고 한다. 상관이 있는데 신약이면 2배 노력해야 한다. 그렇지 않으면 직업이

없어진다.

② 傷官帶殺格(상관대살격)

– 身強旺盛(신강왕성)하면 實行力(실행력)과 決斷力(결단력)이 있으며 용기는 天魔(천마)도 물러간다.

– 상관과 偏官(편관)은 모두 亂世(난세)에 영웅이 되고 양자(兩者)가 蓮携(연휴)하며 威力(위력)을 가지면 大發展驚天動地(대발전칙천동지)하는 활동으로 名利双全(명리쌍전)한다. 현모양처와 인연이 있고 자식과도 인연이 있으며 부하에게도 혜택이 있고 복록인(福祿人)으로 본다.

– 상관격에 정인·편인이 교집이 되면 자손과의 인연이 없거나 남편을 形害(형해)한다.

– 상관이 정인을 만나면 일석이조의 작용으로 名利通達(명리통달)한다.

– 淸(청)한 것은 정인 한 개만 있으면 기복이 없고 교집은 혼탁이라 기복이 많다.

③ 傷官破盡格(상관파진격)

身強(신강)하고 정관을 보지 아니하고 상관이 3개 이상 있으면 傷官破盡格(상관파진격)이라고 한다. 상관은 吐秀(토수: 누에가 입에서 실을 풀어낸다)의 신으로 傷官破盡格(상관파진격)에 임하면 귀하게 되는 것은 말하지 마라(반드시 귀하게 된다).

• 傷官(상관) – 신강
          – 정인 정재 干合(간합)
          – 평생 정관을 만나지 말아야 평탄하다.

• 偏官(편관) – 신강

           – 양인, 식신, 상관

           – 偏財運(편재운)에 모든 것을 다 分散(분산)한다.

           (대운·세운 모두 만나서는 안 된다.)

④ 眞傷官格(진상관격)

日	日	日	日	日
壬	甲	丙	戊	庚
癸	乙	丁	己	辛
日	日	日	日	日

春(춘)	夏(하)	辰戌(진술)	秋(추)	冬(동)
月	月	丑未(축미)	月	月
生	生	生	生	生

– 월지에 상관의 氣(기)가 强(강)한 것.

– 인품이 좋고 思想(사상)이 淸人(청인)하다.

– 상관운에 終災禍(종재화)된다.

– 정인운에 大發達(대발달)을 한다.

甲乙	丙丁	戊己	庚辛	壬癸
寅	巳	辰丑	申	亥
卯	午	戌未	酉	子

⑤ 假傷官格(가상관격)

- 일간이 월지에 비견, 겁재, 정인, 편인, 운에 생명이 위험하다.

- 상관운에 貴命(귀명)이다.

- 傷官用神(상관용신)이다.

⑥ 眞傷官格(진상관격)

日	日	日	日	日
甲乙	丙丁	戊己	庚辛	壬癸
木	火	土	金	水
火	土	金	水	木
夏	辰戌	秋	冬	春
月	丑未	申	亥	寅
巳午		酉	子	卯
月	月	月	月	月
(상관)	(상관)	(상관)	(상관)	(상관)

- 월지에 상관의 기가 강한 것.

- 인품이 준수하고 淸人(청인)하다.

- 상관운에 사망하거나 운에 막힘이 많다.

- 印綬運(인수운)에 大發達(대발달)한다.

* 用神(용신): 印綬 用神(인수용신)

* 忌神(기신): 傷官運(상관운) 死亡(사망)

⑦ 假傷官(가상관)

日	日	日	日	日
甲乙	丙丁	戊己	庚辛	壬癸
木	火	土	金	水
春	夏	辰戌	秋	冬
寅	巳	丑未	申	亥
卯	午	月	酉	子
月	月		月	月

  – 월지에 상관이 없고 비견, 겁재, 정인, 편인이 있어 身旺(신왕)하고
상관을 用神(용신)으로 할 때.
  – 상관이 破了(파료)됨을 크게 꺼린다.
  – 정인, 편인운에 생명이 위험하다(사망하거나 運勢(운세)의 막힘이 있다).
  – 상관운에 大貴命(대귀명)이 된다.
  – 신강이 되어야만 강력하며 勞苦(노고)가 많아도 成娶(성취)할 수 있다.

* 用神(용신): 상관운에 大發達(대발달)한다.
* 忌神(기신): 印綬運(인수운)에 壽命(수명)이 위험하다.

정재론(正財論) [男: 본처, 女: 시어머니]

  일간이 극하는 오행으로 陰陽(음양) 배합이 잘된 것. 정재는 땀 흘려서
버는 돈이라서 '간재'라고 한다. 남자의 경우는 본처를 의미하고, 여자의

경우는 시어머니를 의미한다. 정재의 성질을 살펴보면 떠돌아다니는 재물인 편재와는 많이 다른 모습을 발견하게 된다.

• 정재는 세심하고 방정하다.

정재를 사주에 가지고 있는 사람은 은행원, 재무관리 등을 맡으면 길하다. 성격이 아주 세심하기 때문이다. 가장 좋은 자리는 년천간에 정재가 하나만 있는 경우이다. 이 경우에는 부모의 유산을 받을 수 있다.

• 간재라 땀 흘려서 버는 돈으로 노력의 대가이다.

년천간에 정재가 있는 다음으로 좋은 장소가 월지지에 정재가 하나만 있는 것이다. 이 경우에는 처덕이 확실하고 지지에 있으므로 재물의 손실이 적다.

• 성실하고 절약을 잘한다.

정재가 있는 사람은 큰 모험을 통하여 돈을 벌지 않는다. 따라서 성실하게 봉급생활을 통하여 절약하여 열심히 산다. 당연히 정재가 멋있게 사주에 앉아 있는 사람은 부인도 비슷한 사람과 만나서 결혼하며 산다. 큰 부자는 되기 어렵지만 평생 안락한 삶이 보장되는 운명이다.

• 정재는 신약이냐 신강이냐에 따라서 작용이 매우 강하다.

신약사주는 돈을 지킬 능력이 없기에 돈을 벌지 못한다. 그러나 신강사주의 경우는 돈을 지키기 때문에 재록이 오래가고 길하다. 정재만큼 신약과 신강을 구분하는 재성도 보기 드물다. 따라서 정재의 사주가 있는 사람은 본인이 신약사주인지, 신강사주인지 먼저 살펴야 할 것이다.

• 정재가 천간에서 간합이 되면 부부 정은 좋으나 재복은 적다.

합이라는 것은 정이 좋은 것을 말하는 것이다. 그러나 길성의 경우는 합과 충을 싫어한다. 그러나 흉성은 합을 좋아한다. 전화위복이 되기 때문이다. 길성이 천간에서 합이 되면 정재의 고유 성질이 줄어들게 된다. 따라서 합의 성질인 정은 좋으나 재복은 적어지는 이치와 같다.

• 천간에 정재가 무근이면 산실이 많고 기복이 많다.

천간은 빠르고 가벼운 특징을 가지고 있기 때문에 정재가 좋은 자리는 년천간을 제외하고는 지지에 있는 것이 아주 길한 것으로 판단한다. 설령 정재가 천간에 있더라도 지지에서 생해 주면 근이 있다고 간명하여 길하게 본다. 이러한 근도 없으면 나가는 재물이 많다는 의미이다. 천간의 정재는 공처가로 판단하기가 쉽다.

• 재관 쌍미격은 귀격이다.

정재가 정관을 생부하면 귀격으로 판단하여 돈도 벌고 명예도 얻을 수 있다. 가장 좋은 경우는 천간의 정관이 지지의 정재를 생해 주는 경우이다. 이 경우 명예의 발전이 빠르고 재물의 보전이 좋다고 판단한다. 그다음은 지지의 정관이 천간의 정재를 생하는 경우이다. 이럴 때는 정재의 발달이 매우 빠르지만 드러난 재물이라 손실도 우려된다. 더구나 부인의 명의로 재산을 불려야 하는 단점이 존재한다.

- 일간이 강하고 재성이 약하면 재운이 들어올 때 발복한다.

일간이 강하면 신강사주이다. 이 경우 재성이 약하면 강한 재운이 세운이나 대운에서 들어올 때 발복하여 돈을 벌 수 있다.

- 재성은 화개에 임한 것이 재복이 강하다.

辰戌丑未의 화개살은 사고(庫)나 사묘(墓)라고 말하며 한번 돈이 들어가면 나오지 않는 창고나 묘지와 같다. 돈은 버는 것도 중요하지만 잘 지키는 것도 중요하다. 辰戌丑未에 해당되는 지지가 재성이 되는 것은 재복이 더욱 강한 것으로 본다.

정재일지의 특징
- 재물에 강한 집착을 보인다.
- 재물에 인색하고 검소하다.
- 성실하고 절약한다.
- 보수적이고 절약한다.
- 재물을 잘 준수한다.
- 저축심이 강하며 책임감이 강하다.
- 직업의식이 강하다.
- 신강이 되면 빈가 출생이라도 장래는 상당히 개운을 한다.
- 신약하면 배우자로 인해서 재물을 탕진한다.

正財運(정재운)
일간이 극하는 오행으로 陰陽(음양) 배합이 잘되는 것으로, 大運(대운)·

年運(년운)에서 정재가 됨을 말한다.

　- 身旺運(신왕운)에는 金錢取得(금전취득)을 통하여 재산의 축적이 이루어진다. 처를 통하여 경사가 있다. 생활이 더욱 성실해진다.

　- 신약명은 금전 출입은 많은데 비하여 재산의 저축이 없고 오히려 재산의 손실이 많고 과로로 건강을 해친다.

　- 형제나 동료로 인한 재산 거래로 이득을 보거나 그렇지 않은 경우 분쟁, 쟁송 등이 있다.

　- 아버지의 사업상 성공 또는 실패, 건강상 질병 등의 일이 있다.

性格(성격)

　- 일간이 극해서 이길 수 있는 오행 가운데 음양이 다른 오행을 말한다 [예: 甲-己, 乙-戊, 丙-辛]. 의식주 생활을 위한 노력의 대가인 보수나 결혼을 거쳐 애정 생활을 하는 처가 정재에 해당한다. 농민이 농사를 지어 가을에 수확한 곡식, 공무원, 봉급생활자가 월급날 받는 급료, 상인이 장사를 해서 번 돈, 기업인이 기업 활동을 통하여 얻어진 기업 이윤이 정재에 해당한다.

　- 정재는 천지지도인 오운론과 동일하다. 오운의 원리는 정재·정관의 원리에 해당한다. 甲己合土, 乙庚合金, 丙辛合水, 丁壬合木, 戊癸合火 등이다. 甲을 중심으로 보면 己가 정재가 되고 己를 중심으로 하여 보면 甲이 정관이 된다. 인간은 재를 가짐으로써 물질적으로는 의식주 문제를 해결할 수 있고 정신적으로 애정 문제를 해결할 수 있게 된다.

　- 정재는 우주 순환운동이 지극히 정확한 것처럼 지공무사한 정확성과 성실성에 있다. 따라서 직장을 천직으로 알고 성실하게 일하며 정확한 시

간 약속을 지킨다. 그리고 허례허식이 없으며 검소와 절약으로 낭비가 없고 수입의 범위에서 저축 생활을 한다. 부당한 재물을 원하지 않고 노력한 대가 이상의 돈을 원하지 않는다. 경제생활에 있어 성실·검소·절약·저축을 신조로 하기 때문에 경제사회에 이바지하고 자손에게 유산을 남긴다. 부모에 효도하고 나라에 충성한다.

年柱正財 (년주정재)	처家(가), 선대유산 또는 조상이 부유하게 살았으며 유년에 부유한 생활을 했다. 일찍 결혼한다. 조상 덕이 있다.
月柱正財 (월주정재)	부모가 재산가였거나 시부모가 잘살았다. 유산의 덕이 있다.
日座正財 (일좌정재)	처덕이 있다. 처와 유정하다. 금전과 인연이 좋다.
時柱正財 (시주정재)	부부해로하며 늦게까지 성실하게 재물을 잘 보존할 수 있으며 有産(유산)이 있다. 자녀가 正直(정직)·誠實(성실)하며 子息德(자식덕)이 있다.

性品(성품)

– 정재는 요령이 없으며 융통성이 없다.

– 성실하고 努力家(노력가)다.

– 신용은 있으나 利己的(이기적) 성품이 많다.

– 검소하고 守錢奴(수전노)에 기질이 있다.

– 迂財(간재: 횡재의 반대, 땀 흘려서 번 돈)라 財物(재물) 축적심이 강하다.

– 田地(전지), 田畓(전답)에 관심이 많으며 재물 保存(보존)에 관심이 많다.

– 년·월주에 정재는 富家胎生(부가시생)으로 살았다.

- 직업을 天職(천직)으로 안다.

- 부모에게 효도하고 충성심이 매우 강하다.

- 허례허식은 좋아하지 않는다.

- 보수적이며 융통성은 없다.

- 봉급생활·고정 수입이 길하다.

- 不喜要(불희요: 요령 부려서 돈 버는 것) 수단을 좋아하지 않는다.

- 正直一途(정직일도)를 좋아한다.

- 재물을 잘 준수하며 재물에 집착심이 강하다.

正財 吉作用(정재 길작용)

- 身强(신강)·財旺(신왕)하면 거부다.

- 재물을 착실하게 증식시키는 작용을 한다.

- 정재가 식신상관의 뿌리가 있으면 入城成功(인성성공)할 수 있는 기반을 구축할 수 있다.

- 정재가 정관을 만나면 財官 双美格(재관쌍미격)이라 富貴兩全之命(부귀쌍전지명)으로 인명에 최고의 好命貴格(호명귀격)이 된다.

- 신강운에 많은 재물을 취득한다.

- 정재가 신강하고 식신 상관에 뿌리가 있으면 오래도록 財物保存(재물보존)을 잘한다.

正財 凶作用(정재 흉작용)

- 신약하고 정재가 많으면 富家窮人(부가궁인)이며 처에게 배신을 당할 때가 있다.

– 정재라도 겁재를 만나면 一次財物分散(일차재물분산)한다.

– 천간에 정재 편재가 식신상관에 根(근)이 없으면 기신운에 損財(손재)·奪財(탈재)당한다.

– 정재가 간합이 되면 합을 탐하여 정재는 나의 재물이 되기 어렵다.

– 정재라도 空亡(공망)·冲(충)·刑(형)이 되면 돌연 재물이 전부 耗散(모산: 전부 흩어진다)된다.

정재의 위치

天干 正財 (천간 정재)	浮財(부재: 뜬돈)라 반드시 食神傷官(식신상관)에 뿌리가 있어야 財物(재물)을 잘 보존한다.
地支 正財 (지지 정재)	妻(처)·財物保存(재물보존)을 잘하고 오래도록 간직한다.
暗藏 正財 (암장 정재)	실속이 있는 재물(아무도 모르는 재물)로 평생 의식주 걱정은 하지 않는다.

* 合(합): 寅午戌, 巳酉丑, 申子辰, 亥卯未

大運(대운)
歲運(세운)   **身强運(신강운)**에 합이 된 오행이 **財(재)**
四柱內(사주내)

* 내격이 10개, 특수격 5개, 주역은 목적이 있다.
* 편인은 식신을 만나면 안 된다.
* 정관은 상관을 만나면 안 된다.

正財 多(정재 다)

– 정재도 많으면 丙(병)이라 편재로 보며 夫離別(부이별), 生別(생별)

한다.

- 시부모의 덕이나 인연이 약하다.
- 恐妻家(공처가) 혹은 惡妻(악처)와 인연이 있다.
- 父母(부모)와 인연이 없거나 덕을 보기가 어렵다.
- 신약이 되면 貧寒(빈한)하여 기복이 많으며 六親(육친)에 덕이 없다.
- 再婚之命(재혼지명)이 될 때가 있다.

正財 無(정재 무)

- 재물 보존·축적을 하기 어렵다.
- 처와 부부 인연을 늦게 맺는 것이 좋다.
- 생활의 근본인 정재가 없으면 평생 노고가 많다.
- 금전 출입만 많고 실속이 부족하다.
- 男女(남녀) 모두 結婚(결혼)을 늦게 하는 것이 길하다.

편재론(偏財論) [男: 애첩, 女: 부친]

일간이 극하는 오행으로 陰陰陽陽(음음양양) 배합이 안 되는 것. 편재는 활동의 돈이다. 편재는 역마살처럼 돌아다니며 운 좋은 사람들만 따라다니는 활동의 신이다. 남자는 아버지 또는 사랑하는 애첩이고, 여자는 아버지를 의미한다.

편재는 상거래하는 신이자, 떠돌아다니는 큰돈이다. 이러한 돈은 열심히 노력하는 자와 운이 좋은 사람에게 다가간다. 편재는 중인(대중)의 재물이라 운이 좋은 사람에게는 엄청난 기쁨을 주지만, 그 사람의 운이 나빠지면 떠나간다. 편재는 들어올 때는 빨리 들어오고 나갈 때도 빨리 나간다.

편재는 타향에서 성공한다. 자신이 태어난 고향을 떠나서 타향에서 성공한다. 그 이유는 편재가 역마의 신이기 때문이다. 맨손으로 시작하여 큰 재물을 얻는 재주가 뛰어나다. 선견지명이 뛰어나서 기회를 보는 데 아주 민감하기 때문이다. 그러나 성공을 서두르거나 성급하면 실패한다는 특징이 있다.

편재는 신강사주를 요한다. 편재는 신약한 사람에게는 머무르지 않으며 충분히 자신의 재물을 지킬 수 있는 능력이 있는 사람에게 따라다니는 신이다. 남자는 정재든 편재든 1개만 있는 것이 상격이다.

편재일지의 특징

- 활동력이 강하며 수단가이다.
- 사교적이고 대인관계의 의뢰신이 없다.
- 편재격은 처나 타인에게 재물을 빼앗긴다.
- 재물을 보는 눈이 민감하다.
- 상매에 특이한 재능을 가지고 있다.
- 타인들이 호인으로 보며 은혜를 많이 베풀 것 같다.
- 재물을 억지로 인도하려는 성품이 있다.
- 안락하게 생각하며 풍운아다.
- 집착심이 강하고 인색하고 사술을 잘한다.

偏財運(편재운)

　직장인이나 공직자는 월급 외에 부수입 문제가 있든가 증권투자, 부동산, 투자, 차금 등의 일이다. 신왕자는 재산을 취득하고 신약자는 이로 인하여 해로움이 있다. 여자관계, 酒席(주석=술자리) 등 일이 자주 있게 되고 연인이나 애첩이 생기거나 이러한 여자로 인하여 처와 불화한 일이 있다. 편재운은 편인의 피해로 고통받는 사람에게는 즐거움이 있고 신왕자는 재산을 일으킬 것이나, 신약자는 재를 좇다 더욱 큰 재를 잃게 되고 분쟁·송사·투옥·벌금 문제 등이 발생한다. 편재로서 아버지 관계를 판별한다.

性格(성격)

　− 일간이 극해서 이기는 것 중 음양이 같은 것을 말한다[예: 甲−戊, 乙−己, 丙−庚]. 偏財(편재)는 정재가 천도지상으로 경제활동을 통하여 정상적으로 당연히 얻어지는 재물인 데 반하여 편재는 정상적으로 당연한 이익을 초과하거나 편법·투기·부당한 방법에 의하여 취득한 재물 또는 애정 상대인 것이다. 편재는 그 취득하는 과정과 성격상 비난·원성·질투·시기·경쟁 등의 요인이 따른다.

　− 편재의 취득은 강제나 편법 등 정상적인 과정을 넘어서는 방법에 의하기 때문에 주체의 건강이 왕성해야 하고 의지도 강건해야 한다. 편재의 대상은 투기재로서 광산, 무역, 어업, 밀수, 부동산, 증권 등의 업이다. 편재는 의외로 횡재하는 수도 있고 재산으로 인한 투옥, 벌금, 사기, 횡령 등 파재가 되기도 한다.

　− 편재는 심성 속에 재산과 애정 문제가 큰 비중을 차지하고 의협심과 동정심이 있는가 하면, 낭비벽이 있다. 정재가 적소대성하고 유산재가 되

는 것이 원칙임에 반하여 편재는 횡취·횡재한 재산으로 유산이 어렵고 나갈 때도 급격히 손재한다. 편재의 부당한 방법에 의한 재산 취득은 살인강도·절도·사기·횡령·공갈협박·밀수·마약제조·매음·도박 등에 의한다. 여자는 재산의 탐닉에 의하여 윤락여성이 된다. 자신의 사생활을 위해서는 검소·근면·소탈한 면이 있다. 편재는 비견에 의하여 분탈된다. 편재는 선대의 유업을 계승하는 것이 아니라 타향에서 모은 재산이라 한다.

年柱偏財 (년주편재)	조상이 부자로 살았었다. 횡재수가 있다. 부모, 부친의 형제, 선대의 유산 유기생왕하면 선조가 재산가로 유산을 받는다.
月柱偏財 (월주편재)	편재가 식신에 뿌리가 있으면 신강일 때 財閥(재벌)이 될 때가 있다. 부친, 충, 형, 파. 극되면 부친의 사업 실패, 유고를 뜻한다. 생왕유기하면 갑부로서 재산가가 된다.
日座偏財 (일좌편재)	부친과 애정 인연이 깊다. 장자 또는 장자 대행을 한다. 재화와 유록하고 정재가 없을 때는 애처가이며 정재가 있을 때는 부인보다 첩을 더욱 사랑한다.
時柱偏財 (시주편재)	時上偏財(시상편재)가 食神(식신)에 뿌리가 있으면 말년까지 財物保存(재물보존)을 잘한다. 재혼, 첩, 애인, 시상일위, 편재가 유기생왕하면 재화와 권위의 극귀인이 된다.

性品(성품)

– 社交性(사교성)이 매우 풍부하며 타인에게 친밀감을 준다.

– 대인관계가 매우 화친하다.

– 수단이 좋고 매우 활동력이 강하다.

– 商賣(상매)에 특이한 才能(재능)을 소유하고 있다.

– 風流人(풍류인: 놀음을 좋아한다)이며 安樂(안락)을 우선한다.

- 횡재, 투기, 유산과 인연이 있다.
- 損財(손재)·破産(파산)·不度(부도)·財物(재물)탕진을 하루아침에 당하기도 한다.
- 先見之命(선견지명)이 있어 재물에 운기를 잘 파악한다.
- 재물을 취득하기 어렵다(재다신약). 재물 관리는 타인이 하며, 본인이 하지 못한다.
- 남명은 정재든 편재든 한 개가 있는 것이 上格(상격)으로 본다. 처에 내조가 厚(후)하다. 부부 애정이 깊으며 재물 축적을 잘한다.

偏財 多(편재 다)

- 친정은 망하고 결혼 후에 興盛(흥성)하게 산다.
- 夫婦離別(부부이별)·生別(생별)할 수 있다.
- 처가 배신할 수 있다.
- 商業(상업)에 대하여 관심은 많으나 富者(부자)는 되기 어렵다.
- 夫婦愛情(부부애정)이 미움으로 바뀐다.
- 고질병으로 고생한다.
- 子息惠澤(자식혜택)이나 인연은 없다.

偏財 無(편재 무)

- 사업적인 재능은 없다.
- 부친과 어릴 때 일찍 헤어져 인연이 없다.
- 非社交的(비사교적)이며 융통성은 없다.
- 投機(투기)나 증권, 노름은 하기 어렵다.

– 情粉(정분)은 약하고 무정하다.

財多身弱(재다신약) 사주

– 男命(남명)은 정재든 편재든 한 개가 있는 것이 상팔자다.

– 배우자에게 배신을 당할 때가 있다.

– 一次(일차) 재물을 파산할 때가 있다.

– 재물 기운이 잘 따른다.

– 신약에 편재는 집착심이 강하며 인색하고 詐術(작술)을 잘한다.

– 신약이 되면 재물 혹은 妻妾(처첩)으로 인하여 災禍(재화)가 발생한다.

– 부친 인연이 없다.

– 질병이 있거나 단명한다.

편재의 위치

天干偏財 (천간편재)	妻妾(처첩)에 인연이 변한다. 妻(처)를 받들고 산다.
地支偏財 (지지편재)	재물 애착심이 많으며 守錢奴(수전노)의 성품이 있다.
暗藏偏財 (암장편재)	애첩 같은 처와 인연이 있으며 많은 여자에게 정을 준다.

重要性(중요성)

– 편재란 驛馬(역마)의 神(신)이다. 財貪過慾(재탐과욕)하며 活動性(활동성)이 강하다.

– 천간편재는 恐妻家(공처가)든가 事業(사업)수단이 있으며 交際(교제)에

능숙하다.

- 신강하고 편재도 왕하고 정관이 있으면 사업으로 대발전을 할 때가 있다.
- 신약하고 편재가 왕하면 愚鈍(우둔)하고 談小(담소)하고 재물 애착심만 많다.
- 편재란 본래 투기 의외로 횡재·유산의 재물이다.
- 정재란 積小成大遺産(적소성대유산)의 재물이다.
- 정재는 橫財(횡재)·投機(투기)·증권의 재물이다.
- 편재가 식신에 뿌리가 있으면 一生(일생) 횡재수가 많으며 貿易(무역) 혹은 商業(상업)으로 크게 부자가 된다.
- 편재는 收財(수재)에 巧妙(교묘)한 神(신)으로 白手空擧(백수공거)로 일대에 상당한 재산을 얻을 수 있다.
- 신강하고 편재에 식신에 뿌리가 있으면 선견지명으로 재물을 보는 눈이 민감하다.
- 편재는 勞苦(노고)를 하며 成功(성공)으로 引導(인도)하는 성질이 있다.
- 편재는 妬合(투합), 暗合(암합), 干合(간합), 日干外合(일간외합)이 되면 外情(외정)으로 부부를 배신한다.
- 재운이 들어왔을 때도 기신이지만 재를 생해 주는 식신 상관 운에도 망한다.

정관론(正官論) [男: 자식, 딸. 女: 본부(본남편)]

일간을 극하는 오행으로 陰陽(음양) 배합이 잘 맞는 것. 정관은 정재에서 생을 받아 나온다. 정관격은 반드시 인성이 있어야 명예롭다. 상관을 통해서 정재를 힘들게 벌고 그것을 정당하게 지키기 위해서 노력한다. 정관은 바른 생활 준법정신이다. 겁이 많고 나서기를 싫어한다. 정관격은 성격이 꼼꼼하여 직장 생활을 잘하는데, 일이 마무리되지 않았으면 집에 까지 가져와서 마무리를 지어야 마음이 편해진다.

정관은 비겁을 극하기 때문에 결혼을 하면 가정적이 되며 친구는 물론 심하면 가족도 멀리하는 경우가 있다. 정관격은 직장을 실직하게 되면 노동이라도 해서 가족을 먹여 살리려는 강한 의지가 있다. 정관격은 원래 체면을 많이 따지나, 가족을 위해서라면 자기 체면은 희생한다.

정관은 국법이므로 형·충·파·해를 아주 싫어한다. 정관은 충신, 효경, 존명이라 호칭하는데 치제가의 신이다.

정관일지의 특징

- 성실하고 귀품이 매우 강하다.
- 신용과 품위가 높다.
- 현부와 인연이 길하다.
- 온후독실한 귀격이다.
- 법도를 잘 지키려고 한다.
- 정직하고 자존심이 강하다.
- 직업적 의식이 강하다.
- 충성심이 있으며 공익정신이 강하다.
- 세심하고 세밀하다.
- 근면하고 보수적 성품이 있다.

– 당당한 품격이 있다.

正官運(정관운)

– 직무가 영전하고 명예가 상승한다.

– 대운이 좋아지고 사회적으로 발달한다.

– 금전적으로는 부정이 있고 건강 면에서는 조금 저하된다.

– 형제간에 충돌이 있고 자식에게는 개운이 있고 즐거운 일이 있다.

– 일상생활이 좋아지고 국가기관과 유관된 일이 있고 윗사람으로부터 추천을 받는다.

– 상관격의 사주나 상관을 용신으로 하는 경우, 여자는 夫君不和(부군 불화), 離婚(이혼), 死別(사별)이 있고, 남자는 投獄(투옥), 刑厄(형액), 不意(불의)의 事故(사고) 등 일이 있다.

性格(성격)

– 일간을 극하는 것 중 음양이 다른 것을 말한다[예: 甲-辛, 乙-庚, 丙-癸, 丁-壬]. 正官(정관)은 우주 자연계가 우주를 구체적으로 在續(재속)시키기 위한도요, 법이요, 순서요, 법칙이라 할 수 있다. 우주를 항존 시키는 데 법과 질서가 있음과 같이 인류사회·국가에도 이 같은 질서가 필요한데 그것이 도요, 도덕이요, 법률이요, 헌법이요, 국제법이요, 통치 권력이 된다.

– 정관은 질서를 존중하고 명예를 소중히 하기 때문에 공정 무사한 마음으로 사물을 처리하고, 집에는 형제간 우애하고 부모에게 효도하며 나라에 충성하는 사람이 된다. 이 같은 정신은 도덕과 논리, 질서, 준법생

활을 하며 공익사회의 귀감이 된다. 학교에서는 모범생·우등생이며 직장에서는 모범사원·모범공무원으로서 사회적으로 존경받는 사람이 된다.

– 정관은 질서와 예의의 사람일 뿐만 아니라 이 같은 생활을 통하여 명예와 권위를 가진다. 또 법률과 질서를 집행하는 곳이 국가기관이기 때문에 공직 생활을 한다.

年柱正官 (년주정관)	어려서 공부 잘하고 책임과 명예를 소중히 여긴다. 福氣(복기)가 후하고 결혼을 빨리 하며 전문직으로 발달한다. 장자, 초생자녀. 일찍 시집간다. 일찍 공무원이 된다. 조업을 계승한다.
月柱正官 (월주정관)	正氣(정기)·正官(정관)이라 하고 귀기가 매우 높다. 형제 덕이 있고 형제들이 모범 인격자로 명예를 소중히 한다. 부친이 공직자이거나 덕망이 있는 사람이다.
日柱正官 (일주정관)	남편 혹은 자식과 인연이 있으며 부부 해로한다. 공직자, 효자, 책임과 명예를 소중히 하는 사람. 처가 어질다. 여자는 남편과 정의가 좋고 사랑을 받는다.
時柱正官 (시주정관)	노년까지 직업을 가질 수 있으며 활동할 수 있는 징조로 본다. 귀자·귀녀, 노후까지 명예를 가지며 자손 복이 있다. 늦게까지 공직 생활을 한다.

性品(성품)

– 정관은 존귀의 신이다.

– 정관이든 편관이든 一位(일위)가 있는 것이 上八字(상팔자)다.

– 자존심이 강하고 誠實性(성실성)이 있으며 眞實性(진실성)이 있다.

– 正道(정도), 法度(법도)를 잘 지킨다.

– 職業意識(직업의식)이 매우 강하다.

– 貴品(귀품)이 있으며 신용을 소중히 생각한다.

- 명예와 직업을 소중히 생각한다.

- 신강은 발달이 빠르며, 신약은 발달이 느리다.

- 정관은 물질보다 명예를 소중히 생각한다.

- 정관은 상관에 의하여 파극되며 유직·실직·무직을 겪고 명예가 추락하며 과부가 되거나 혹은 자손으로 인해 근심이 발생한다.

- 正官도 太過(태과)하면 부부 덕이 없거나 인연이 없거나 再婚之命(재혼지명)이다. 去留法(거류법)으로 濁四柱(탁사주)를 淸四柱(청사주)로 만든다.

* 去留法(거류법)이란? 濁起伏 多(독기복 다), 淸起伏 無(청기복 무) 정관 편관이 혼잡이라서 탁한 사주가 되었을 때 淸四柱(청사주)로 바꾸는 法(법)이 혼잡하면 거류법을 쓴다. 合으로 한 개를 없애 버린다.

重要性(중요성)

- 正官(정관)이 冲(충), 刑(형), 空亡(공망)이 되면 탈선하여 정관에 尊貴(존귀)에 작용을 하지 못하고 賤命(천명)이 된다.

- 정관이 간합이 되고 君子(군자)가 干合(간합)이 되면 政事(정사)에 전념할 수 없어 名譽(명예)로 크게 발달하기 어렵다.

- 일간과 干合(간합)하는 것은 夫婦多情(부부다정)하며 大發達(대발달)하는 夫(부)와 만날 암시다.

- 일간이 身强身旺(신강신왕)해야만 정관에 貴氣(귀기)에 작용이 强(강)한 것을 의미한다.

- 정관을 正財(정재)가 生하면 榮轉(영전), 名利上昇(명리상승), 社會的(사회적)으로 大發達(대발달)한다.

- 生時(생시)에 정관이 通根(통근: 정관에 정재 정인이 있을 때)이 되면 말년까지 名利(명리)로 發達(발달)하는 것이 크다.

- 貴人堂上格 淸秀(귀인당상격 청수)하고 淸貴(청귀)하며 이름이 높고 職位(직위)가 있다.

- 正官(정관)이 絕(절)·墓(묘)·空亡(공망)이 되면 夫(부)·子息(자녀)의 수명이 短命(단명)이 되고 田土(전토), 消散(소산), 無財(무재)가 된다.

- 正官(정관), 正印(정인), 正財(정재)가 있으면 身强(신강)할 때가 있어, 남자는 지위가 있으며 여자는 크게 발달할 수 있는 男便(남편)과 인연을 맺는다.

정관의 위치

天干正官 (천간정관)	남편을 잘 받들고 살며, 자식에게 정성을 다한다.
地支正官 (지지정관)	남편에게 대우를 받으며 살고, 자식과 인연이 있다.
暗藏正官 (암장정관)	암장에 한 개가 있을 때는 부부 해로하고 산다. 쓸모 있는 자손을 얻을 수 있다.

正官 多(정관 다)

- 자존심은 강하고 성실하나 직업 변동이 많다.
- 남편 덕은 약하고 再婚之命(재혼지명)이다.
- 형제와의 인연이 없거나 덕이 부족하다.
- 자식 인연 혹은 덕이 없다.
- 貴氣(귀기)가 약하며 높은 자리에 오르기 어렵다.

正官 無(정관 무)

- 남녀 모두 결혼을 늦게 하는 것이 길하다.
- 부부 인연이 약하다.
- 직업의식이 약하다.
- 이성 관계는 많아도 인연은 더디다.
- 正道(정도)와 法度(법도)를 잘 지키기 어렵다.
- 남편에게 애정을 받기는 어렵다.

편관론(偏官論) [男: 자식(아들), 女: 情夫(정부)]

일간을 극하는 오행으로 음음·양양 배합이 안 되는 것. 편관은 최고의 흉성이다. 그래서 편관은 '백호', '칠살', '독약'이라는 별명을 붙인다. 육친 중에서 가장 무서운 흉성인 편관도 잘 극제하면 전화위복이 되어 최고의 충신으로 변하기도 한다.

남자에게는 아들을 의미하고 여자에게는 정부, 바람피우는 남자 애인을 의미하기 때문에 본남편이 아님을 뜻한다. 그러나 사주에서 편관 1개만 있다면 본남편으로 간명한다.

편관은 군인, 경찰, 무관, 스포츠를 나타낸다. 정관은 열심히 노력해서 계단을 밟듯이 천천히 승진하는 별이라면, 편관은 가만히 정체해 있다가 갑자기 발전하는 것을 나타낸다. 이름이 없다가 갑자기 명성을 날리는 연예인이나, 정치인, 스포츠 선수가 많다. 아니면 군인이나 경찰 가운데서도 많이 나타난다.

편관은 무관의 성격이기 때문에 사소한 것을 싫어하고 대범한 경우가 많다. 어려운 일을 하더라도 참고 견디며 꿈을 이루려는 성향이 강하다. 또한 편관은 殺(살)이기 때문에 몸에 상처가 생기는 일이 많고 남하고 충돌수가 많다. 여자 역시 편관격들은 남자를 선택할 때 의학·법조인·군인·경찰·스포츠맨 등 강한 남자들을 좋아해서 선택하는 경우가 많은데, 잘못 만나면 불량배나 성격이 나쁜 배우자를 만날 수도 있다. 신왕에 무관성 여자들은 관성운이 오면 남자의 유혹에 잘 넘어가는 경우가 있다.

편관이 年에 있으면 대체적으로 성격이 강해 보이며, 여자들은 구설을 많이 타게 된다. 또 편관은 가짜 남자도 되기 때문에 여행을 다닐 때나 길을 걸어갈 때 생각하지도 않았던 사람이 접근해 연애가 시작되기도 한다.

편관일지의 특징
- 의협심이 강하고 항쟁심이 강하다.
- 영민하고 자기 평가를 높이 한다.
- 모험심이 강하다.
- 매사 과단성이 있다.
- 영웅호걸의 기질이 있다.
- 권세를 좋아한다.
- 평생 고생이 많고 노력형이다.
- 혁신적 호승을 좋아한다.
- 행동파이며 고집이 강하다.
- 과단성이 있으며 통솔력이 있다.

偏官運(편관운)

대운·세운에 편관이 있음을 말한다.

- 신왕하면 직책이 실권부서로 나아가게 되고 사업이 급성장한다. 명예가 상승하고 신변이 다망해진다. 여자 또는 남편의 경사가 있다.
- 신약하면 세금 과중, 비난, 시비, 관형 문제가 발생한다. 질병, 조난, 돌발사고, 손재수가 발생한다.

性格(성격)

- 일간을 극하는 것 중 음양이 같은 것을 말한다[예: 甲-庚, 乙-辛, 丙-壬, 癸-己]. 여섯 번째 합은 일곱 번째 분리 상극작용을 '편관', '칠살'이라고 한다. 이는 천간 지지가 동일하다. 우주만유는 생로병사 윤회를 되풀이하는데, 인성이 만물을 생하는 원리라면 칠살은 만물을 사별하게 하는 데는 생한 것은 반드시 죽음이 있어야 하고, 죽음은 또 다른 생과 연결될 때에만 무한 영속이 가능한 것이다. 고산의 한줄기 물이 바다로 흐르고 이것은 열기에 의하여 수증기인 기체로 화하는 것이 물로서는 죽음이 되나, 수증기가 엉켜서 응고된 것이 구름이 되고 이것은 비가 되어 대지와 고산에 물줄기의 원천이 된다. 대자연계 어느 것도 이 원리를 떠난 것이 없다.
- 편관은 고통과 질병, 재난에서 방황하는 최악의 하천의 신이 되는가 하면, 유용의 신이 될 때에는 적군을 격파한 개선장군이 되기도 하고 혁명을 일으켜 일약 군왕의 자리에 나가기도 한다. 명예를 한 손에 움켜잡는 권세의 화신이기도 하다. 편관의 간법은 오행 剋制(극제) 화합의 원리와 喜忌(희기)를 잘 살펴야 하는 것으로, 편관의 제복은 식신에 의하여 이

루어지고 印綬(인수)에 의하여 살인상생이 되어 文과 武(무)를 겸전한다. 양인합살이 대권의 기상이라고 한다.

年柱偏官 **(년주편관)**	생일이 건왕함이 좋고 제복을 요하지 않는다. 살왕하고 신편관은 단명·파산·질병·비난·박해 등 최악의 흉신인가 하면 권세가 쇠하고 형·충이 태과하면 빈곤·고질병·형을 범한다. 행운이 적선하면 가난한 집에 출생하나 재관운에 발복한다. 여자에게는 일찍 연애 또는 결혼을 의미하고, 남자에게는 장자 출산을 의미한다.
月柱偏官 **(월주편관)**	월중에 살을 만나고 제복이 되면 흑두장토로서 힘이 세고 어려운 역경을 이겨 내고 발복한다. 남자는 자녀, 여자는 부군 혹은 다른 남자관계를 나타낸다.
日柱偏官 **(일주편관)**	영웅호걸의 기질이 있으며 호승하는 것을 좋아하며 항상 재앙이 근접해 있다. '천원좌살'이라 하는데 일간이 왕함을 요한다. 인수가 있으면 살을 화하고 재왕 신왕하면 귀발한다. 천원좌살은 성격이 음험하고 살이 왕하거나 重疊(중누)하면 심독이 있고 냉혹하며 僞謀(위모)가 있다. 남자는 자녀 애중지상이고 여자는 부군의 총애지상인데 정관과 편관이 있으면 남편을 멀리 두고 외간 남자를 가까이하는 상이므로 다방업이나 유흥업 등을 경영하는 수가 있다.
時柱偏官 **(시주편관)**	일위 편관이 식신 상관이 있으면 매우 직위가 높다. 이는 시상일위귀격이라 하여 편관하나만 유기할 때는 귀자하고 말년에 대발한다. 여자는 정관이 파극되고 시에 편관이 있으면 재혼을 나타내며 정부의 징조도 있다.

性品(성품)

- 의협심이 강하고 영웅심이 많다.
- 혁신적인 것을 좋아하며 영웅호걸 같은 성품이 있다.
- 모험심이 강하며 권세를 좋아한다.
- 항쟁심이 강하며 포섭력이 강하다.

- 과감하고 혁신적인 것을 좋아한다.

- 냉정하고 비범하다.

- 편관은 흉성 중의 흉신으로, 백호·칠살·독약이다.

- 인정에 끌리지 않는 奇異(기이)한 신이다.

- 조금이라도 잘못이 있으면 즉시 예리한 刀(도: 칼)로 해한다.

- 無言實踐(무언실천)하는 형상이다

- 독약도 사용 여하에 따라서 危篤(위독)한 병인을 구할 수 있다.

偏官 多(편관 다)

- 관재구설·시비가 많이 발생한다.

- 질병에 걸리거나 혹은 단명한다.

- 편관도 많으면 빈천하고 노고가 많다.

- 독단·독행을 잘한다.

- 형제가 많아도 이산가족같이 고독하게 산다.

- 자식이 있더라도 無子(무자)같이 고독하게 산다.

- 편관이 흉성이 되느냐, 길성이 되느냐는 종이 한 장 차이로 극과 극이다.

- 편관은 편재가 생하면 모든 재물을 蕩盡(탕진)하여 무산된다.

偏官 無(편관 무)

- 항상 재앙과는 거리가 멀다.

- 大貴(대귀)발달은 하기 어렵다.

- 육친에게 의타심이 많다.

– 관재시비는 근접하지 않는다.

– 의욕은 약하며 추진력이 약하다.

– 편관이 없으면 위기는 오지 않는다.

要訣(요결)

– 편관은 훈련을 잘 시키면 순종의 신이 되고 훈련을 잘 못시키면 無賴徒(무뢰도)가 되어 노동자가 되든가 폭행을 하는 살기가 되기도 하며 사망한다.

– 신약할 때 편관을 만나면 부귀가에서 태어났어도 일생을 패인이 되거나 일생을 통하여 비난과 박해를 받으며 편관신약은 대운·세운에서 신강운이 들어와야 좋다. 파멸·사망하기도 한다.

– 편관은 신강이 되면 백만 군을 얻는 것보다 더 든든한 힘이 있다.

– 편관이 독약이라도 사용 여하에 따라서 출세와 권위의 신이 되기도 한다.

– 편관이 신약이 되면 수술, 질병, 암, 官刑之厄(관형지액)으로 刑厄(형액)의 작용이 강하다.

– 일간에 수명을 노리는 凶星(흉성) 中(중)의 凶星(흉성)이다.

– 편관과 양인이 만나면 살인 상생격으로 명예와 직위가 높다[金生水(금생수)].

– 편관이 식신을 만나면 권세로 발달이 크다[火剋金(화극금)].

羊양 刃인	甲	乙	丙	丁	戊	己	庚	辛	壬	癸
羊양 刃인	卯	辰	午	未	午	未	酉	戌	子	丑

- 살인상생격 −−−−−−−− 음양이 생해 주면 60% 작용.
- 편관 정인 편인 −−−−− 양양 음음끼리 생해 주면 100% 작용.
  金 생 水

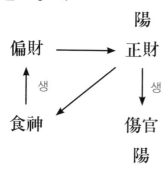

편관의 위치 작용력

天干偏官 (천간편관)	재앙이 강하며 관재시비가 강하게 발생한다.
地支偏官 (지지편관)	심성이 강폭하며 타인과 투쟁을 잘한다.
暗藏偏官 (암장편관)	정부와 인연이 있거나 남편 · 자식 덕이 약하다.

- 羊刃(양인), 食神(식신), 傷官(상관), 正印(정인) − 편관은 모험을 좋아한다. 신강일 때 발달한다. 4개 중에 1개만 있어도 운에서 용신운이 오면 출세한다.

정인론(正印論) [男女: 생모]

일간을 생하는 오행으로 陰陽(음양)배합이 잘되는 것. 어머니의 별이고,

지혜·슬기·총명·예지와 학문의 별이다. 정인은 나를 도와주는(生) 오행을 말하고 정인은 학자이고, 선비이다. 남명은 어머니, 이모, 장인, 외손녀, 유모, 문서, 부동산, 공부 등을 상징한다. 여명은 어머니, 이모, 사위, 유모, 문서, 부동산, 공부 등을 상징한다.

인수는 위대한 유산으로, 사주 안에 있어서 잘 발달되어 있으면 평생 인덕·부모덕을 본다. 인수가 없으면 공부하는 데 환경에 장애가 따른다. 공부를 하려고 하는데 돈에 고민이 생기거나, 가정환경이 안 받쳐 준다거나, 무슨 일이 생기든 방해를 준다. 재가 많으면 비겁으로 용신으로 잡고, 없으면 인수로 용신을 잡는다. 財多(재다)에 인수를 용신으로 하는 사람은 공부만 하려고 하면 꼭 장애가 생긴다.

정인일지의 특징
- 보수적이며 착실하다.
- 위신을 소중히 여긴다.
- 세밀하고 세심하다.
- 신망·신의·신용이 있다.
- 인자하고 착실하다.
- 교양의 신이며 학문의 신이다.
- 선량하고 총명하다.
- 예의와 충성심이 많다.
- 효도지심이 있으며 정도를 좋아한다.
- 군자의 풍토가 있다.
- 일생이 안락하다.

正印運(정인운)

대운·세운에서 인수를 만남을 말한다. 길운이 될 때에는 어머니에게 경사가 있고 어머니의 도움이 있다. 윗사람의 도움, 유산, 시험 합격, 학문의 향상 등의 일이 있다. 재다인수, 재산서류, 유가증권 등 재산으로 즐거움이 있다. 흉운에는 이 같은 일에 흉함이 있다.

性格(성격)

- 일간을 생하여 주는 것 중, 음양이 다른 것을 말한다[예: 甲-癸, 乙-壬, 戊-丁, 庚-己]. 정인은 사물의 본연을 확인한다는 뜻이므로 이는 진리를 상징한다고 할 수 있다. 따라서 印(인)은 우주 본체의 진리인 道(도)를 의미하고 섭리를 의미한다. 인은 서로 연결하는 가장 기본점, 끝점을 의미하므로 종자와 같은 것으로 인수라 하면 종자의 영원한 계승성 곧 생명을 영원토록 이어 주고 이어받는 관계를 나타내고 이는 사람에 있어서 부모와의 관계이다.

- 우주생체계의 생명을 영원하도록 하는 태양, 물, 공기, 산하, 평원 등이 인수원리에 해당한다. 일가문의 계승성을 의미하는 조상 숭배, 족보 사업, 세대 유업 등이 인수에 해당한다. 또 부모에 효도하고 국가에 충성하는 것이 인수 원리에 해당한다. 식신, 상관, 정재, 편재 등이 물질적 분야로서 이공계, 경제활동 분야의 학문이라면 정관 정인은 자연 질서, 도덕, 진리에 관한 정신 분야인 까닭에 인문과 사회계열에 속하는 학문이다.

- 정인은 진리에 관한 학문, 아무런 보답 없이 도와주려는 어머니, 선생, 덕 있는 장상인, 직장의 상사, 조업을 계승하는 유산, 명종 자격시

험, 정부가 발행하는 주민등록증, 명종인, 허가에 해당한다.

年上正印 (년상정인)	가문이 좋은 집안에서 태어나고 유산을 받을 수 있으며 부모덕이 있다. 선조의 유업을 받는다. 조상이 정인군자, 문필가문이다. 천성이 어질고 어려서 열심히 공부한다. 장상인의 도움, 유산, 학문을 나타낸다.
月上正印 (월상정인)	정인이 한 개가 되면 문장이나 학문으로 발달이 크며 부모의 혜택을 많이 받는다. 일위인수가 무파하면 문장으로 명이 높다. 부모·형제의 원만성, 가문의 정통성이 있음을 나타낸다. 모친, 장상인, 은사, 저서 등을 나타낸다.
日座下正印 (일좌하정 인)	심성은 선량하고 정도를 잘 걸으며 모친과 인연이 매우 좋다. 학문과 관계가 깊고 심성이 어질고 효도하며 어머니와 각별한 관계이니 처와의 관계가 좋지 못하다.
時柱正印 (시주정인)	천간에 있을 때 천복이라 한다. 시에 一位(일위)만 있으면 노년·말년에 천복이 많으며 안락하게 산다. 현숙한 여자를 둔다. 문하생, 후세 유산, 저서를 남긴다. 말년까지 어질게 산다. 어머니를 말년까지 모신다.

性品(성품)

- 정인은 생모로서 尊親(존친)의 신으로 길신 중에 길신이다.

- 最珍貴之星(최진귀지성)으로 학업이 우수하고 총명한 두뇌를 가지고 있다.

- 선량하고 자비심이 있다.

- 정인은 信望(신망)·信善(신선)·信用(신용)이 매우 강하다.

- 부모에 대한 효도심이 많으며 충성심이 많다.

- 예의가 바르고 숭배심이 많다.

- 이기적이며 융통성은 없다.

- 창의력·창조력은 매우 우수하다.

- 평생 災殃(재앙)이 적다.

- 정인도 편인도 혼잡되고 많든가 공망, 충, 형이 되면 복록에 작용을 하지 못한다.

- 청렴결백하며 문무를 겸비하고 권세를 장악한다.

正印 多(정인 다)

- 정인도 많으면 편인으로 본다. 부모의 혜택은 보기 어렵다.

- 부모와의 인연이 없거나 생가에서 같이 살기 어렵다.

- 편모슬하에서 자라거나 시부모와 화친하기 어렵다.

- 印章(인장: 계약 문서)으로 인해서 손해·사기를 당한다.

- 자손과의 인연이 없거나 혹은 자손으로 인해 근심이 발생한다.

- 청빈하고 고독한 생활을 한다.

- 부부 이별하거나 혹은 뜻이 잘 맞지 않는다.

- 공부나 시험 운이 약하다. 학교는 중도 하차한다.

正印 無(정인 무)

- 時天干(시천간)에 一位(일위)가 있는 것이 제일 좋다.

- 효성심은 없다.

- 부모와 정분이 약하며 인연이 약하다.

- 학문·교육적으로 인연이 약하다.

- 충성심이 부족하다.

- 총명한 두뇌를 갖기 어렵다.

- 천복이 약하며 평생 노력을 많이 해야 한다.
- 건강이나 수명은 장수하기 어렵다.

時	日	月	年
戊	辛	癸	己
정인	나	식신	정인
戌	未	酉	巳
정인	편인	비겁	편관

정인의 위치

天干正印 (천간정인)	부모에게 효성심이 많고 인덕이 있으며 총명하다.
地支正印 (지지정인)	부모 애정이 많으며 사랑이 깊으면 부모 인연이 오래간다.
暗藏正印 (암장정인)	청렴결백하고 정도를 좋아하며 심성이 선량하다.

天氣漏泄 要訣(천기누설 요결)

- 대체로 일생을 통하여 길사가 많고 융사가 적고 행복의 명이 된다.
- 총명하고 학업적인 두뇌가 우수하며 복록과 수명이 있다.
- 정인은 월지 한 개가 있을 때 최상의 팔자로서 부모덕이나 천복이 있으며 자손에 복록이 충만하다.
- 정인도 정재가 많든가 충·공망·형이 되면 정신적으로 불안하고 일생 난관이 많으며 육친의 덕은 없다.
- 정인에 문창귀인 학당귀인이 있으면 학문으로 교수로 출세 성공하며 발달한다.

– 사주에서 편재가 없으면 부친 인연이나 덕은 없다.

– 정관이 정인을 생해주면 부모의 혜택이 많으며 복력이 많으며 직위와 명예로 출세한다.

– 정인 편인 混雜(혼잡)되고 많으면 어머니 외 어머니가 있으며 부모와 생가에서 동거하기 어렵다.

– 편관이 정인을 생해 주면 살인상생으로 담력이 크며 덕행인이고 성실하고 총명하다.

日　合

– 정인은 길성이라 간합(乙 壬 丁)이 되면 정인의 길에 작용을 하지 못한다.

– 정인이 용신이 되면 토지 매매로 巨金(거금)을 벌 때가 있다.

正官 ──→ 正印	偏官 ──→ 正印
金 ─생→ 水	金 ─생→ 水
관인상생격	살인상생격

4길성(吉星)	정인, 정재, 정관, 식신
4흉성(凶星)	겁재, 편관, 상관, 편인

* 吉星(길성)은 合(합)이 되면 작용을 전혀 하지 못한다.
* 凶星(흉성)은 合(합)이 되면 좋다.

• 文科(문과) – 관인 상생격.

　　　　 – 월지 정인격.

　　　　 – 시상일위 정인격.

– 인문사회계, 진리학문, 정신적 분야.

- 理科(이과) – 식신생재격:100%

    – 상관생재격: 70%

    – 신강하고 財庫(재고) 충하면 물질적·경제적으로 풍부하다.

    신강이면서 정재 편재가 있을 때, 사업적 소질이 많다.

편인론(偏印論) [男女: 이모, 계모, 고모]

일간을 생하는 오행으로 음음양양 배합이 안 되는 것. 고독하지만 손가락 재능이 뛰어난 계모의 별. 편인은 예부터 대표적으로 가장 고독한 별이다. 남녀 모두 계모를 의미한다. 자신을 낳아 주지 않은 계모는 보통은 자신을 핍박한다. 그러나 신약 사주의 경우는 낳은 정도 있지만 기른 정도 있기에 생모 이상의 도움을 받으며 애정에 후한 신이다. 항상 본처가 아니라 후처는 고독하다. 밖으로 정실의 대접도 받지 못하고 뒷방살이 하는 신세는 눈물로 날을 지새운다.

만사 요령이 많다. 남편의 관심을 자신에게 끌기 위하여 온갖 지혜를 발휘한다. 편인의 특징은 눈썰미가 뛰어나며 손끝에 재주가 뛰어나다는 점이다. 그래서 음식도 잘 만들고 여러 가지 물건들을 만들어 내는 데는 최고이다. 그래서 편인을 잡기다능하다고 한다.

세상살이가 각박하고 만사 불측지 재앙이 있다. 생각지 않았던 재앙이 닥친다는 의미이다. 이러한 경우는 좋은 일이 발생하다가 갑자기 마가 끼는 호사다마라는 속담이 잘 맞아 들어가는 경우이다.

편인일지의 특징

 - 감수성이 강하고 예리하다.

 - 해박하고 민첩하고 눈치가 빠르다.

 - 임기응변을 잘한다.

 - 호기심이 많고 심신이 산만하다.

 - 대성을 완수할 능력을 가지고 있다.

 - 만사요령이 민첩하다.

 - 인물은 준수하다.

 - 박복하고 집산한다.

偏印運(편인운)

 - 대운·세운에 편인을 만나는 것을 말한다. 식신을 용신으로 할 때 편인을 만나면 실직, 영업 부진, 파산, 등의 일이 일어나고 오락, 도박 등으로 가산을 탕진한다. 육친골육에 연이 박하고 조부모 관계로 고생하거나 계모·이모 등 일로 어려운 일을 당하게 된다. 살왕하면 이 같은 작용은 큰 것으로 부도·수표·도박·잡기 등의 일로 입건·구속되는 일이 발생한다.

 - 편재가 편인을 제거하고 편인이 용신일 때는 대부가 된다. 살인유기할 때 지장권모로 명예를 떨친다.

性格(성격)

 - 일간을 생하여 주는 것 중, 음양이 같은 것을 말한다[예: 甲-壬, 乙-癸, 丙-甲, 丁-乙, 庚-戊]. 편인을 '효신'도식'이라 부르는데 이 말이 편인의 성격을 잘 표현한다. 효신은 올빼미를 말하는데 올빼미의 행동이 낮에

는 잠자고 밤에 행동하며 모자의 사랑이 변덕스러워 자기 자식을 자기가 잡아먹고 부모에 불효하는 대표적인 조류로 지칭된다. 편인은 계모의 위정과 같아서 여자가 편인의 기신 작용을 받으면 유산·낙태 등으로 자녀를 잃거나 배신을 당하며 고독해지고 믿는 도끼에 발등 찍히는 격으로 배신과 실패, 사기, 재난, 질병이 따른다.

　- 도식이라는 말에는 질병의 신, 박복의 신으로 일컬어진다. 식신을 파극함으로써 소화기 계통의 질병, 실직, 일이 잘 안되거나 사업의 파산, 영업 부진 등으로 고통을 당하게 된다. 편인의 작용은 식신을 극탈하고 재산과 부인을 겁탈하는 겁재의 작용을 돕는다. 권위와 명예를 나타내는 정관의 기운을 설기함으로써 권위와 명예를 현란·실추하게 한다. 印多(인다)하면 현금과 재산인 정재, 편재를 취득할 수 없게 하고 비견, 겁재를 도와 재산과 가정을 파괴한다. 편인은 일간이 강왕하면 그 기능이 약하고 일간이 약할 때 그 기능이 강하다.

　- 편인이 기신이 되면 變態性(변태성)의 특성이 있다. 억울한 의혹, 불안, 초조, 불쾌감, 유시무종, 호사다마.

年上偏印 **(년상편인)**	선조가명이 좋지 않다. 유산이 없고 도실, 재난 등이 어릴 때 일어난다. 조실모친하고 계모에게 양육되거나 양부모가 된다. 편인이 편재에 의하여 선화되면 이 같은 나쁜 작용이 없고 용신일 때도 마찬가지이다.
月上偏印 **(월상편인)**	부모와 인연이 박하고 비록 형제가 많아도 고독하게 된다. 기술계, 예능계, 역술업, 교육자, 인기업인 배우, 탤런트, 체육 특기자가 된다.
日座偏印 **(일좌편인)**	편모·계모·의식주에 고통을 받고 가정에 재난·질병이 많다. 남자는 어진 처를 만날 수 없고 여자는 훌륭한 남편을 만날 수 없다.
時上偏印 **(시상편인)**	남자는 자녀의 복이 없고 말년 고독함을 나타내고 여자는 자식이 없거나 자녀가 병신이거나 불효함을 나타낸다. 말년 박복, 고독을 나타낸다.

年柱偏印 (년주편인)	부모와 인연이 없거나 조실부모 혹 타국 · 타향살이 한다.
月柱偏印 (월주편인)	평생 고독한 생활을 하며 자수성가한다.
日柱偏印 (일주편인)	부부가 끝까지 화친하기 어렵다.
時柱偏印 (시주편인)	자식으로 인한 근심이 있으며 노년에 고독하게 살며 자식이 있더라도 무자같이 산다. 남녀 모두 편인은 時에 있는 것을 아주 싫어한다.

性品(성품)

- 감수성이 강하며 민첩한 특성이 있다.

- 수단이 좋고 기발하고 요령이 매우 좋다.

- 복록과 수명을 손상한다.

- 매사 종횡으로 재능을 발휘한다.

- 古來(고래)로부터 대표적인 고독과 빈한한 星(성)이다.

- 만사 요령이 좋고 선견지명이 있다.

- 임기응변을 잘하며 박복하다.

- 나태하고 게으르고 유시무종하다.

- 刻薄(각박)하고 불측에 재앙을 잘 당한다.

- 편인은 문장, 기술, 예술, 구류술성(한의사 · 침술 · 의사 · 역술 등 9가지에 남을 위한 기술을 갖고 있다)과 인연이 있다.

- 편인은 애정 운이 박하고 고독을 즐긴다(신강 · 신약을 잘 따져 봐야 한다).

- 수단이 기발하고 재능이 비상하다.

- 신강에 편인은 박복하고 幼年(유년)에 부모와의 인연이 약하다.

- 신약에 편인은 수지(손끝기술: 피아노, 조정사 등)에 특기에 재능이 있

으며 눈치가 빠르고 복록이 풍만하다.

偏印 多(편인 다)
- 자식 인연이 없다.
- 학운이 약하다.
- 부모와 생가에서 동거하기 어렵다.
- 박복하고 불행하게 산다.
- 편인이 많으면 명예직을 갖기 어렵다.
- 기술직이 적합하다.
  장사吉(길): 식신 + 편재(단, 흠이 있으면 추진력 약함)
  장사凶(흉): 상관 자존심이 강하고 잘난 척한다.
  상관(신강): 편관+정인+정재 = 예의가 바르다.
  상관(신약): 정관+겁재 = 예의가 없다.
- 기복이 많으며 풍파가 많다.
- 육친 骨肉(골육)에 혜택이 없다.
- 금전적으로 재물 손재수가 많다.
- 조상 덕이 없거나 빈천하게 산다.
- 신강에 편인은 대인·소인을 막론하고 자기주장을 잘하며 허망한 판단을 잘한다.
- 유년에 부모와 이별하고 애정을 받을 수 없으며 기술은 없으며 고생·파란을 겪어 본다.
- 편인이 없으면 재물 보존을 잘하며 기술은 없으며 전문직을 갖기 어렵다.

- 편관이 편인을 생해 주면 흉의가 더욱 강하며 일조일석에 재물을 탕진한다.
- 편인을 편재가 극을 하면 횡재수가 있거나 유산을 받을 수 있다.
- 일간이 신약할 때 偏印局(편인국)이 되면 대운이 吉好(길호)하며 의외로 요행을 많이 만나고 육친 인연이 좋으며 행운을 많이 만난다.

살인상생격: 편관 -(생)→ 정인: 권력, 권위직(경찰, 공무원)

관인상생격: 정관 -(생)→ 정인: 명예직

편관 -(생)→ 편인을 생하면 흉의가 강하고 재물 탕진

偏印 無(편인 무)

- 타향살이나 타국에서 고생을 많이 한다.
- 수단이나 요령은 없다.
- 민첩하고 예민하지 못하다.
- 자손이 발달하며 육친인연이 좋다.
- 복록과 수명은 손상되지 않는다.
- 의리가 있으며 부부가 화목하게 산다.
- 고지식하고 눈치가 없으며 순박하다.
- 재능·기술로는 발달하기 어렵다.

要訣(요결)

- 편인이 간합되면 선화하는 이법으로 정인보다 더 부모의 애정을 받을 수 있다.
- 신강에 편인은 유년에 모친과 인연이 없으며 박복하고 실패·사기·

손재수가 많다.

- 신약에 편인은 손가락의 특기·재능이 우수하며 발달이 빠르고 재능을 발휘하여 성공한다.

- 신강 편인은 파란만장한 운명으로 고독하고 빈한한 삶을 살아간다.

- 편인은 의외로 타인으로 인해서 손해·사기·피해를 많이 본다.

- 정신적 번민이 많으며 금전으로 인해서 손실이 많다.

- 편인을 편재가 극을 하는 유일한 희신이다. 의외로 요행한 일이 많거나 혹은 대발달을 한다.

- 편인이 식신을 극하면 사업 실패나 부도 혹은 재물 파산을 당한다. 운에서라도 만나면 안 된다.

- 편인이 비겁을 생부하면 부부 정이 변한다.

- 편인이 일시에 있는 것이 최고로 불행하다.

편인의 위치

偏印天干 (편인천간)	부모 인연이나 덕은 약하며 효성심은 있다.
偏印地支 (편인지지)	心性(심성)이 偏屈(편굴)하며 변덕이 있다.
偏印暗藏 (편인암장)	인덕이 없으며 타인과 화친하기 어렵다.

말년에
자식복은 있을까?

육신

육신(六神)이란 태어난 날의 일간을 기준으로 오행의 상생·상극에 따라 붙여진 명칭이다. 육신을 '십성' 또는 '십신'이라고도 하는데 이것은 육신 가운데 일간(나)을 빼고 나머지 오신을 음양으로 나눈 것이다. 즉 육신의 명칭은 일간(나), 비겁, 식상, 재성, 관성, 인성으로 여섯 가지이고, 십성은 일간을 빼고 비견, 겁재, 식신, 상관, 편재, 정재, 편관, 정관, 편인, 정인으로 열 가지가 된다.

육신을 '육친(六親)'이라고도 한다. 이것은 하나의 태극이 음양으로 나뉘듯 육신의 사회적 위상이나 그 관계를 표현하는 양에 속하고, 육친은 혈연관계를 표현하는 음에 속한다.

• 육(六)

오행의 다섯 가지 기운에 인간의 기운을 포함한 것이 육신에서의 '육'의 의미이다.

• 신(神)

'귀신, 정신, 마음, 덕이 높은 사람, 영묘하다, 화하다'의 뜻이 있다. 명리학에서는 '정신이나 의지력 또는 신념' 등을 의미한다.

• 정(正)

'바르다, 근본, 정하다, 네모난 모양' 등의 뜻으로 순수하고 바른 의미를 지니고 있다. 명리학에서는 중정한 뜻을 가지고 있으며, 반듯하고 고지식한 의미도 포함한다.

• 편(偏)

'가장자리, 한쪽으로 치우친'이라는 뜻이 있다. 이것은 '정(正)'과 반대로 중정하지 못한 것을 의미한다.

• 비(比)

한자로는 '견줄 비'로서 '따르다, 아첨하다, 준비하다, 채우다'의 뜻이 있다. 명리학에서는 '준비가 완료되다' 혹은 '부부·형제·동료 등 상대가 있는 것'을 말하며, 물품이나 도구 또는 인력 등도 여기에 포함된다.

• 견(肩)

한자로는 '어깨 견'으로 '곧다, 견디다'의 뜻이다. 명리학에서는 일간을 보호하고 협력하려는 희생정신으로 나타난다.

• 겁(劫)

'위협하다, 빼앗다, 부지런하다' 등의 뜻이 있다. 명리학에서는 경쟁자로 대변된다.

• 재(財)

'재화, 재물, 재능, 재주' 등의 뜻이 있다. 또한 저장의 의미와 고르고 선택한다는 뜻도 담겨 있다. 명리학에서는 재주가 많은 능력자를 뜻하고 '영역, 공간, 권력, 지주, 수장, 역마' 등의 의미로 쓰인다.

• 식(食)

'음식, 제사, 벌이, 생활, 생계, 기르다, 양육하다'의 뜻으로, 명리학에서는 인간 생활에서 필요한 의식주를 대변한다.

• 상(傷)

'해치다, 애태우다, 근심하다, 불쌍히 여기다, 상하다' 등의 뜻이 있다. 사람의 몸과 마음에 상처가 나는 것을 말한다. 명리에서는 전체의 균형을 해치는 작용을 한다.

• 관(官)

'마을, 기관, 벼슬아치, 본받다' 등의 뜻으로 관청을 의미하기도 한다. 명리학에서는 관을 두 가지로 나누어 보는데, 양으로는 '국가, 법, 규칙, 관리, 동네, 관청' 등으로 인허가권이나 명령권 등을 나타낸다. 음으로는 '백성, 여론, 인허가, 신청인, 관청의 보호 대상자, 도움이 필요한 노약자, 장애인' 등으로 쓰인다.

• 인(印)

관직의 표시로 패용한 금석류의 조각물로 결인, 직인, 패옥의 끈, 훈장 등을 의미한다. '증명서, 명령장, 충성 맹세, 대리인, 약속, 서식, 증표를 손에 쥐다'의 뜻이 있다. 명리학에서 '인'은 '주다, 받다'의 의미로 쓰인다.

육신(六神), 십성(十聖)

食神(식신) (女: 자식·손자)

현실 위주, 실리 면을 추구하는 것이 특징이다.

– 길성: 식복이 있고 남에게 잘한다.

– 식신이 공망하면 한직에 취임하고, 식신이 유기하면 승재관이라 반드시 귀하다.

– 인덕이 있고 온후한 성질이 있다. 식신이 아름다우면 재관이 있는 것보다 높이 평가된다.

– 식신이 편재를 생하는 원신이다. 또 수성 작성일생을 통하여 길은 많고, 흉은 적다.

– 편관을 치는 신이다(벼슬한다).

– 식신생재는 학문·교육 복이 후하고 성정도 화순하다.

– 식신이 유기하면 승재관이라 하여 의록과 활동에 풍용한 혜택을 받는다.

– 식신은 편관에 작용을 보호 방어하는 귀물이다.

– 인간에게 고통·질병·전쟁·재난 등이 일어날 경우 평화·식량·의약

품을 주며 재해를 막아 주는 역할을 한다.

- 식신을 해치는 것이 편인이다. 식신이 편인을 만나면 평생 고난·단명하며 성사되는 일이 없다.

- 식신은 일위 건왕하여 상하지 않으면 실로 귀중한 신이다.

- 식신이 많으면 인색하여 자기만 이롭게 하고 타인의 이로움을 원치 않는다. 정신이 탁하고 신심이 부정하다. 자식 복이 없다.

- 식신이 파괴되면 불구자, 의식주에 고통받으며, 여명은 자녀가 현달하지 못한다.

- 식신이 편관 양인이 있으면 비범한 인물이다. 만약에 양인이 여러 개면 평생 노고가 많다.

- 천간 순식은 대길하고 귀명하다. 그러나 천간에 도식이 같이 나와 있으면 대재난이 발생하고, 무자 팔자다.

- 신왕하고 식신 재가 있으면 매사 성공하여 반드시 크게 부유하고, 자녀가 영달하다.

- 식신이 제살하면 길함이 비상하고 처·재물의 영화와 자손의 번창을 누린다.

- 식신이 살보다 앞에 거하면 평생 복이 있고 殺前(살전) 식신 後(후)면 재앙이 있다.

- 식신이 4개 이상 있으면 호색하거나 과부나 첩이 되고, 신체는 허약하다.

- 식신이 많고 편관이 아주 희미하면 자식이 없다.

- 식신이 비겁을 만나면 식신의 특성이 더욱 강하다. 인덕은 길하나, 도식을 만나면 허무하다.

年柱食神 (년주식신)	장모, 사업가. 생왕하면 장모 덕이 있다. 조상이 부유하다.
月柱食神 (월주식신)	생왕하면 부모·형제 덕이 있다. 청년기에 의식 걱정이 없다. 사·절·공망. 파극되면 청년기 불행(사업 실패).
日柱食神 (일주식신)	남자는 처가 덕이 있고 현처를 만난다. 여명은 현양한 자녀를 둔다.
時柱食神 (시주식신)	필히 자식이 잘된다. 남명은 말년까지 사업을 하게 된다. 여명은 귀자를 두고 家道 興旺(가도 흥왕)한다.

傷官(상관) [男: 처가·장모·장인, 女: 자식]

- 교만·불손·능멸. 타인에게 비방을 받는다.

- 인수 또는 편인이 있으면 흉조가 제압된다.

- 비견 또는 겁재가 있으면 상관의 특성이 가증한다.

- 상관은 정관을 상하게 하므로 공직·명예·자녀·남편은 현달하기 어렵다.

- 상관 식신은 정재 편재를 생조한다.

- 상관 생재가 있으면 말은 잘해서 중개인이 되면 재물 취득에 길하다.

- 상관이 해하는 것으로, 실언·언행무체(言行無體)·자만·자부심·자존심이 강해 관액, 설화, 시비, 구설을 불러일으킨다.

- 남녀 모두 상관 태과하면 색정이 많다(乙多 癸水多). 子·午·卯·酉가 없으면 남편을 괴롭힌다.

- 남명은 자녀를 극하고 여성에게는 애정을 준다. 여명은 남편을 극해하고 자녀에게 정을 많이 준다.

- 상관이 많으면 자식을 剋하는데, 여자는 남편을 剋한다. 만약에 신왕하면 종교가·예술가·음악가로 출세한다.

- 상관만 있고 정관이 없으면 扌藝(수예)가 있고 교만하다.
- 상관이 있는 사람이 자식이 많으면 과부가 되거나 남편을 경시한다.
일주상관을 최고로 꺼린다.
- 상관만 있고 인수가 없으면 욕심이 많다. 財(재)가 없으면 재주가 있
으나 빈천하다.
- 상관과 겁재가 같이 있으면 식욕이 많다.
- 상관·겁재·양인이 있으면 가문을 더럽힐 수 있다. 상관 양인이 동주
하면 하인 신세를 면치 못한다.
- 상관은 자신을 희생하고 타인에게 베푸는 것을 좋아한다. 동정심이
있으나 은혜를 베풀고 과장하기 때문에 허사다.
- 상관은 정관을 만나는 것을 최고로 꺼린다.

年柱傷官 (년주상관)	(최고 중요하다. 복이 터전에서 상했다.) 선조 덕 희박, 여명은 일찍 자녀 德(덕). 조업 파산(종신토록 영향을 받는다).
月柱傷官 (월주상관)	남명은 공직 진출이 어렵다. 자식害(해), 부자간 불길. 여명은 부부 불화 혹은 이혼.
日柱傷官 (일주상관)	(양인동주하면 남편 비명횡사) 남명은 현처를 만날 수 없고 파란이 많다. 여명은 자손은 사랑하나 부부 불화·불행, 자기를 상한다.
時柱傷官 (시주상관)	남명은 자식 사망 혹은 자녀 인연이 없고 말년에 고독하다. 여명은 남편과 이별, 자식에게 의지한다. 상관과 편인이 동주하면 자식·남편 복이 없고, 상관만 있고 관성이 없는 여자는 정조관념이 강해 남편이 사망하고 수절한다.

比肩(비견)

형제, 친구, 첩, 분가, 독립, 이별, 분리, 자존심이 강하고 과단독행,

자기주장, 고집, 불화쟁론, 비방, 심성고독, 사회교제 불원.

– 형제·친구 도움은 길하다. 사주가 약하면 길하고, 사주가 강하면 흉하다.

– 신약할 사주는 동업자로 인하여 협력 관계가 이루어진다. 신약사주는 동료들에 의하여 재산 명예를 분탈당한다.

– 부부 불화가 있고 처가 질병에 든다.

– 부친이 사업에 실패하거나 혹은 부친과 일찍 이별한다.

– 남녀 모두 배우자가 다른 마음을 가질 수 있다.

– 삼각관계가 발생한다.

– 간여지동은 형제, 부부 구설이 길고 고정 손해를 본다.

– 비견이 많으면 단독 처사하며 의타심이 없다. 형제자매는 불화·분리되며, 부친 덕이 없다.

– 비견이 많으면 남명은 처, 여명은 남편과 평생 고생하고, 남명은 여자와 인연이 없다(자유업 진출).

– 여명은 비견이 강하면 독신으로 지내는 일이 많거나 첩이 되는 수도 있다. 색정으로 번뇌가 많다.

– 비견이 천간에 많으면 다정하여 실정한다.

年柱比肩 (년주비견)	형이나 누님이 있거나 양자가 될 팔자다.
月柱比肩 (월주비견)	부친 불길, 결혼 지연, 형제가 많다.
日柱比肩 (일주비견)	부부 불화, 성질 강하다.
時柱比肩 (시주비견)	자손·부하·상속자가 타인인 경우가 있다.

劫財(겁재)

형제 투쟁 暴漏(폭누) 교만, 불손, 강도, 사기, 재물, 갈취, 타인 무시.

　- 正物(정물)은 파극시키고 갈취한다.

　- 부부 상극하여 배우자가 변하는 경우가 있다.

　- 군인, 검사, 경찰, 의사는 겁재가 있어야 한다.

　- 특히 야망만 커서 이로 인하여 손재·파산·이별·고정을 초래하기 쉽다.

　- 겁재가 많으면 남녀 모두 배우자 자녀를 극해하고, 세상의 불신 비방을 초래한다. 편인이 있으면 이 특성이 더욱 강해진다. 공동 사업에 부적합하다. 겁재·상관·양인이 있으면 단명하고 극빈하다.

　- 겁재가 많으면 남명은 처를, 여명은 남편을 극해하고 구설수가 많다. 만약에 정관이 있으면 폭열한 특성이 약해진다.

　- 남명은 비견, 겁재가 많이 있으면 좋은 처를 얻기 어렵다.

　- 사주 중 2개의 겁재와 양인이 있으면 외화 內凶(내인)으로 재물로 인하여 화를 입는 경우가 종종 있다.

　- 겁재·대운·세운에 정재를 파극하므로 손재한다.

　- 겁재가 여러 개면 혼담은 한 번만으로 부정하다.

年柱劫財 (년주겁재)	초년에 가세가 기울었고 조상 덕은 없다. 장자는 못 된다.
月柱劫財 (월주겁재)	부모덕이 없고, 가세가 하락한다.
日柱劫財 (일주겁재)	부부 덕이 없어 가정이 힘들고 부부가 불화한다.
時柱劫財 (시주겁재)	자손 덕이 없고 말년에 빈한다. 재산 손실·파괴, 처와 해로하기 어렵다.

正財(정재) [男: 처, 女: 시모]

명예, 신용, 번영, 복록, 자산, 정의, 공론, 존중, 義俠心(의내심) 강함.

– 명랑하며 결혼운이 길한 반면 색정에 빠질 우려가 있다.

– 정재는 천간에 있는 것보다 지지에 있는 것이 길하다.

– 정재와 묘가 동주하면 吝嗇(인색)하고 수전노다.

– 정재가 많고 신약하면 소비성이 강하고 가난하여 돈으로 인한 걱정이 많다.

– 만약 겁재가 많으면 길상이 허무하다. 만약 식신이 있으면 慶福(경복)이 증가한다.

– 노력의 대가로서 봉급생활을 하며 성실하고 일을 원만히 처리한다. 또한 검소하고 인망이 높으며 저축을 잘한다.

– 정재가 여러 개면 색정으로 파산하고 초혼에 실패한다.

– 정재와 겁재가 동주하면 부덕이 없고 가난하다.

– 정재와 인수가 동주하며 지망·성취가 어렵다.

– 여명에 정재·정관·인수가 사주에 있으면 수색을 겸비한 자이다.

– 여명에 정재·인수 많으면 음란하거나 천부하다.

– 정재는 겁재를 만나는 것을 크게 꺼린다. 재가 약하면 분탈하여 화가 많다.

– 재성이 공망·형·충·파·극하면 파산·손재한다.

– 정재가 태과하면 인수가 극제되므로 조실 모친한다.

– 대부자는 재를 용신으로 한다. 재생관하면 자신이 길하다.

– 대운·세운에서 양인·겁재를 만나면 재물 부취.

– 정재·대운·세운에 재산을 손실하거나 혹은 건강을 해친다.

年柱正財 (년주정재)	초혼, 조부부귀, 처가부유.
月柱正財 (월주정재)	부가 출신으로 부모덕이 있고, 근면하다. 월주 정재는 최상으로 길(吉)하다.
日柱正財 (일주정재)	처덕이 있고 항상 축적한다. 일좌면 두 번째 처가 호문 출신이다.
時柱正財 (시주정재)	자수성가하고 처와 백년해로한다. 자식 덕에 풍만하며, 노년에 재복이 풍만하다.

- 지지에 財가 없고 官이 천간에 투출하면 허사, 실리가 없다.
- 壬午일·癸巳일·록마동향(財官쌍미격): 財·官 둘 다 좋다.
- 財와 墓가 동주하면 재혼한다.

偏財(편재) [**男**: 부·처, **女**: 부]

- 편법 투기 등 부당한 방법에 의하여 취득한다. 애정 상대 意外(의외), 횡재 사기, 횡령, 파산의 위험이 있다.
- 재복이 많은 것 같으나 산실도 많고, 單純(단순)히 금전 출입만 빈번하다.
- 여복은 많으나 그로 인하여 재화를 많이 당한다.
- 남명은 풍류심이 있고 외첩을 두고 여난을 당한다. 편재는 遠踞離(원거리)에 유리하고, 정재는 근접해야 부부유정하다.
- 편재가 중중하면 병약하고 빈천인이다.
- 정재는 축적, 小成大(소성대), 有産財(유산재)를 원칙으로 한다. 편재는 횡재라서 나갈 때도 빨리나가고 돌아올 때도 빨리 돌아온다.
- 편재는 편인의 작용을 억제한다.
- 편인에 의하여 실직, 의식난을 겪었던 것이 편재에 의하여 직장도 얻

고 어려움에서 뚫린다.

- 편재는 비견에 의하여 분탈된다.
- 편재가 유기하면 일생 橫財(횡재)가 많고, 사업으로 대부가 된다. 편재가 형·충·파·해가 되거나 비견·겁이 너무 많거나 심약(신)하면 풍파가 많다.
- 편인이 많으면 다욕·다정하며 애첩이 많다.
- 편재가 왕성하고 신왕하면 실업가로서 크게 성공한다.
- 편재가 천간에 있으면 낭비를 많이 하며 주색을 즐긴다.
- 편재가 편관과 동주하면 부모덕이 없고 여자로 인하여 손재수가 있다. 혹 비견과 동주해도 같다.
- 여명에 편재가 많으면, 재복이 없고 부(夫)덕이 없다.
- 남명에 財(재)가 많으면, 처가 많지만 없는 것과 같다. 공처가다.
- 여명에 財가 많으면 생가는 망하고, 시가는 왕성하다.
- 비견·겁이 많으면 無財(무재)者(자)이며 편재운에 반드시 크게 파극한다.

年柱偏財 (년주편재)	祖父代(조부대)의 은덕을 입었다. 富家(부가) 태생.
月柱偏財 (월주편재)	충, 파, 공망되면 부친 사업이 실패하고 有氣(유기)하면 財閥(재벌)이며 불로소득, 욕심, 투기가 있다. 편재가 많으면 박복하다.
日柱偏財 (일주편재)	항상 재물로 인하여 노고가 많다. 부친인록, 장자대행.
時柱偏財 (시주편재)	재혼, 첩, 애인, 인록, 시상일위(한개). 편재가 유기생왕하면 재화와 權威(권위) 귀인이 된다. 시간에 편재가 있고 비견·겁이 많으면 가산 탕진하고 상처한다.
時上偏財 (시상편재)	겁재운을 만나면 전원 파진·상처. 비견, 겁 透出(투출)을 꺼리고 신왕 운이나 고향을 그리워한다.

• **財多身弱**(재다신약) : 재가 많아서 신약해진 사주

 - 재물을 남에게 관리하라고 해야지, 자신이 관리하면 안 된다.

 - 처를 중요하게 생각한다.

 - 신체가 허약하다.

 - 재물을 관리하는 사람에게 끝내는 배신당한다.

 - 공수래(빈손으로) 부자가 될 수 있다.

 - 재물 기운·기류를 잘 볼 줄 안다.

 - 상관운에는 개업이나 새로운 일을 시작하지 마라. 망한다. 집에서 살림만 하는 주부도 남편의 직장이 떨어진다. 직업을 그만두게 되는 일이 월에서 정관운이 오면 더욱 기운이 강해진다.

• **强運**(강운) : 이런 강한 운이 운에서 들어오면 돈을 번다.

 - 신약 사주일 때 : 정인, 편인, 비견, 겁재운이 길하다.

 - 신강 사주일 때 : 정재, 편재, 정관, 편관, 식신운이 길하다.

偏官(편관) [**男** : 자식, **女** : 정부]

權柄(권병) 왕강, 투쟁, 성급, 흉폭, 고독, 고집, 백호, 두목, 군인, 대인관계 불화.

 - 대귀, 대부인 중에 편관 사주가 많다.

 - 신약자는 편관운에 생명이 위험하다.

 - 여명은 官殺(관살)이 혼잡하면 貞操觀念(정조관념)이 없다.

 - 식신이 있으면 흉폭 작용을 못하며 편관의 특성은 제거되어 길상만 초래한다.

- 만약에 편재가 있으면 편관의 특성이 더욱 증가된다.

- 정·편관이 많으면 형제인록이 없고 칠살 작용이 증가한다.

- 무관적합한 사람은 군인, 경찰, 검사가 되기에 적합하다.

- 의뢰심이 강해 약자를 돕는다. 투쟁심이 강하며 야당성이다.

- 목적을 위하여 타인을 이용하려는 의사가 있다. 즉, 권모술책이 교묘하다.

- 본래 영민하나 자기 평가를 높이 하는 경향이 있다. 편관은 기이한 사상을 가지고 있으며 모험을 좋아한다.

- 시상일위 편관격은 조절이 적합하면 인격과 덕이 있고 사회적으로도 이름이 난다.

- 천간에 살이 나타나고 도와주는 것이 없으면 인격이 떨어진다.

- 殺(살)이 印(인)에 화하면 화순하고 공명현달하며, 의식이 풍요롭다.

- 편관격에 양인이 逢(봉)하면 권위가 있다. 제화장은 합살이 되면 흉신이 없어진다.

- 살이 가볍고 制重(제중)하면 성정은 흉폭하고 행동은 대담하다.

- 시상일위 편관격은 충과 양인을 두려워하지 않는다.

- 삼합 혹은 편관국이 있으면 육친 덕이 없다. 병약, 요절 등 평생 험악할 운이다.

年柱偏官 (년주편관)	빈가 출생. 남명은 장자 출생이고, 여명은 초년에 결혼·연애한다.
月柱偏官 (월주편관)	편관이 있을 때 制伏(제복)이 되면 어려운 역경을 이기고 발복한다. 총명하고 영리하다.

日柱偏官 (일주편관)	부부 불화, 도화와 동주하면 이별하며, 학운이 불길하고, 아들을 늦게 둔다. 편관과 식신이 있으면 대부자이며, 신약에 식신이 많으면 빈곤의 원인이 된다. 편관 편재 동주하면 文綠薄(문록박)하고, 편관에 인수가 있으면 대권 혹은 출세한다. 편관 양인 괴강이 동주하면 군인으로 크게 출세하고, 관살이 혼잡하면 잔꾀가 많고 호색·음탕하며 의외의 재난을 당한다. 합관 유살은 귀격이다. 여명에 편관이 많으면서 정재·편재가 있으면 남편과 비밀 남편을 둔다. 특히 관살이 混雜(혼잡)되어 다시 삼합이 되면 음란하며, 본남편을 알아보지 못할 정도로 호색한다. 戊午·丙午·壬子·日生에 편관이 있으면 남편과 이별수가 있거나, 첩이 된다. 日座 偏官(일좌편관) 제복되면 무관 출세하고, 남명은 자녀를 총애하고 여명은 부군의 총애를 받는다.
時柱偏官 (시주편관)	시상일위 양귀인이면 귀자를 두고 말년에 대발한다. 여명은 정관이 파극되고 시에 편관이 있으면 재혼하거나 정부를 나타낸다. 대운·세운·편관운이 오면 신왕하면 권·병득·명예가 상승하고, 신약하면 비난·시비·관재구설에 시달린다.

正官(정관) [男: 자녀, 女: 정부]

품행단정, 장상존경, 명예, 신용, 인품, 순정길신, 도덕, 법률, 통치권력.

– 남자에게는 자녀星(성)이고, 충성심과 공익정신이 있으며, 공명하다.

– 물질보다 명예를 소중히 여기고 소년 시절에는 총명하다.

– 상관에 의하여 정관은 파극된다.

– 정관이 있을 때 상관을 만나게 되면 실직, 명예 손상, 소송에 휘말린다. 여명은 남편 생사별·불리하거나 남편이 잘 안된다.

– 정관은 비견겁의 횡포를 방지한다. 겁재가 재산과 처를 공격하는 것을 제거한다.

– 정관이 왕하면 형제와의 인연이 박하거나 불화 혹은 무덕하다.

– 정간이 상관의 생을 받거나 귀인을 얻으면 명예가 상승하고 사회에서 발달한다.

– 上官格(상관격)의 사주나 상관을 용신으로 하는 경우, 여명은 부군 불화·이혼·사별하며, 남명은 投獄(투옥)·형벌·불의사고를 당한다.

– 정관이 있는 경우 인수가 있어야 정관으로 보며 인수가 없으면 칠살로 본다.

– 관살이 혼잡하면 빈천하거나 질병·단명할 사주다. 金이 관이면 직위가 높이 오르고, 木이 관이면 성정이 명랑하고 고당하며 겸손하다. 火가 관이면 질서를 바로잡거나 刑罰權(형벌권)을 갖는다. 土가 관이면 검사·형사, 水가 관이면 하급 질서를 맴돌며 대상과는 화친하다.

– 정관이 많으면 오히려 해로우며 어려움을 면치 못한다. 특히 여명은 일부종사를 못 한다.

– 정재 편재가 있으면서 관이 약하면 吉兆(길조)가 증가하고, 상관이 있을 경우에는 길조가 소멸된다. 권위·명예가 손상되고 자식이 발달하기 어렵다.

– 정관이 많으면 가계가 풍요치 못하고 대재화를 당한다.

– 정관이 하나 있고 편관 손상이 없으면 편후 강직한 군자가 된다.

年柱正官 (년주정관)	장자 노릇을 해야 한다. 청년 시절부터 발달한다. 남명 일찍 자식을 두거나 여명은 일찍 결혼한다.
月柱正官 (월주정관)	월지지에만 정관이 있으면 貧因(빈인: 가난의 원인)하지 않으면 인수가 있고 형·충·파·해 무면 부귀하고 다시 정관운에는 대귀·대부한다. 혹은 부친이 공직 생활을 한다.
日柱正官 (일주정관)	자수성가 성질이 있고, 총명한 남자 命(명), 임기응변의 재주가 많다. 현처의 복을 이루는 원인이 있다. 여명은 남편 사랑을 받는다.
時柱正官(시주정관)	만년에 발달하며 현량한 아들, 귀자녀를 둔다. 자식 덕이 있다.

偏印(편인) (계모·유모·이모, 男: 부모, 女: 모)

  – 목숨 복을 해치고 식신을 파극한다. 즉, 편인을 도식이라고 한다.

  – 파재 실권, 병의 원인, 이별, 고독, 박명, 색난을 의미한다. 매사 용두사미 격이며 기술·도량은 있으나 변덕이 많다. 배우, 승려, 예술가 등 잡기 다능하다. 위장병을 조심해야 한다.

  – 편인이 편관을 만나면 특성이 증가한다. 그리고 편인이 편재를 만나면 특성이 억제된다.

  – 부모와의 인연이 박하고, 배신·실패·사기 친다.

  – 관의 기운을 설기하므로 편인이 많으면 권위·명예는 어렵다.

  – 편인이 많으면 큰 재산을 취하지 못한다.

  – 편인은 일간이 강왕하면 그 기능이 약하고, 일간이 약할 때 그 기능이 강하다.

  – 편인이 기신이면 호사다마·유시무종·사다 불성하다.

  – 편인이 많으면 어떤 형태로든지 불행이 찾아오기 마련이다.

  – 조실부모 이별하고 처자와의 인연이 박하며, 재화는 있으나 명예는 없다.

  – 편인이 용신이면 인기 직업, 기술·예술 방면으로 나가면 대발한다.

  – 편인은 식신을 파극하나 편재가 있으면 편인에 흉한 작용을 억제한다.

  – 식신이 용신이거나 신강사주일 때 편인 대운·세운을 만나면 실직하거나 사업 부진·파산한다.

  – 편인이 왕하면 이 같은 작용은 더욱 강해진다. 대흉·부도수표·관재 구설.

  – 인수도 많으면 편인의 작용을 한다.

  – 大小人(대소인)을 막론하고 자기주장을 잘한다.

印綬(인수) [男·女: 母]

지혜, 학문, 총명, 인의, 자비심, 온후, 단정, 자산 풍부, 산업진흥, 家道(가도) 번영, 생애 안락.

- 정재가 있으면 이상·길상이 감퇴한다.
- 정관이 있으면 이상·길상이 증가한다.
- 신왕 사주에 인수가 많으면 자식이 적고 빈곤하고 고독하다.
- 정재가 많으면 어머니와 이별, 매사 침체 또는 재운이 또 오면 악사한다.
- 인수 비겁 동주하면 형제·친우를 위해서 잘하나, 성과는 없다.
- 인수 식신 동주하면 타인으로부터 존경받으며 이익이 많다.
- 편재 동주하면 가정이 원만하고 사업상 이익이 많다.
- 관살 동주하면 名利(명리)가 많고 여자는 남편·자식 덕이 있다.
- 인수와 정재가 같이 있으면 시모와 의사불통한다.
- 여명 인수가 있고 정재가 너무 많으면 음란하거나 잡부가 된다.
- 여명에 관성이 약하고 인수가 왕성하면 남편 대신 생활을 해야 한다 (남의 집에서도 자랐다).
- 여명에 인수와 상관 및 양인이 동주하면 부자 인연이 없고 여승이 된다.

年柱印綬 (년주인수)	양가 자식이다. 양반집 자손.
月柱印綬 (월주인수)	인수가 형·충·공망이 되면 부모 무덕하며, 월지에 인수가 있으면 문장으로 더욱 출세한다. 총명하며 인격이 고상하다. 관살이 있으면 반드시 부귀한다.
日柱印綬 (일주인수)	부모덕·자손 덕이 없다.
時柱印綬 (시주인수)	자신은 교묘한 재주가 있으나, 자식은 잘 안된다. 인수가 많으면 남명은 처와 이별수에다 子息福(자식복)이 없다. 여명은 母(어머니)와 이별하고 자식이 잘 안된다.

육친태과(六親太過) 할 때

식신 상관 태과

- 신체 건강이 약하다.

- 남녀 모두 자녀 인연이 없거나 德(덕)을 보기 어렵다.

- 남명은 명예·직업을 오래 지속하기 어렵다.

- 여명은 좋은 남편을 만나기 어렵다.

- 식신 상관이 많으면 여명은 호색하고 남명은 부부 이별수가 있다.

정재 편재 태과

- 外華內困(외화내곤).

- 신체가 약하고 단명한다.

- 부친 因綠(인록)이 약하다(재다신약).

- 많은 돈을 벌어도 다시 돈이 나간다.

- 남녀 불분하고 육친 덕은 없다.

- 財(재)가 많으면 여명은 자녀·남편 덕을 보기 어렵고, 남명은 학교 운이 약하다.

정관 편관 태과

- 두뇌가 총명하다.

- 정신이 결핍된다.

- 신약단명한다.

- 한 직업을 오래 다니기 어렵다.

– 남명은 자식이 懸達(현달)하기 어렵다.

– 여명은 男便(남편) 복이 없다.

– 災殃(재앙)이 갑자기 찾아온다.

– 학운이 약하다.

정인 편인 태과

– 부모 외에 부모가 있어야 한다.

– 부모덕·六親德(육친덕)이 없다.

– 학운이 약하다.

– 부부 불화가 있고 자식이 안된다.

– 고독하다.

비견 겁재 태과

– 형제 무덕하다.

– 많은 재산을 모으기 어렵다.

– 부부간에 불화가 있다

– 부친 복이 없다. 비견은 편재 극한다.

육친 간명법(六親 看命法)

– 生年(생년): 육친이 사주에 없을 때 생년을 조상으로 본다.

– 月地支(월지지): 부모 인록·길흉을 판단한다.

– 日柱(일주): 부부가 사주에 없으면 생일지지 기둥에서 판단한다. 일 지지에서 관의 생·극을 판단해서 생하면 부부 인록이 길하고 극하면 부부 인록이 흉하다.

– 時地支(시지지): 자식 자리에 정인 편인이 있으면 남자가 자식이 있어도 자식 노릇을 하기 어렵다.

포태법

六親(육친)이 있을 때 포태법으로 旺(왕), 生(생), 冠(관), 絶(절), 死(사), 墓(묘)를 확인한다.

예)

日	日
癸	乙
卯	酉
生(생)	絶(절)
(남편의 직위 길)	(남편이 마음에 안 든다)
(부부인덕 길)	

四柱地支(사주지지)의 六親(육친)

– 역마: 돌아다닌다.

– 도화: 인기는 있다.

– 화개살: 총명, 고신, 과부살이다.

– 천을귀인: 육친 해당 人을 확인한다.

– 형·충·파·합·공망을 살펴서: 그 육친의 福室(복실)·長壽(장수)를

본다.

- 사주에 공망·충·사·묘·절이 많으면: 가난하거나 종말이 나쁘다.
- 육친이 생·왕·관, 천을귀인이라도: 충이 되면 재앙으로 본다.

육친(六親)의 합(合)

- 정인합: 조상의 덕을 보기 어렵다.
- 식신합: 자식과 인록은 좋으나 의식주는 어렵다.
- 정관합: 여명의 경우, 부부는 다정하다.

  남명의 경우, 자식은 다정하나 명예는 뜬구름이다.
- 정재합: 남자는 길하나 금전은 거부되기 어렵다.
- 편인합: 재복을 얻을 수 있다.
- 편관합: 나를 극하는 재앙이 없어진다.
- 상관합: 직업과 명예는 길하다.

육친론(六親論)

- 사주에 육친이 없으면 사주 기둥으로 본다.

- 생년은 조상이나 초년의 興敗(흥패)를 보는 자리.

- 생월은 부모·형제자매를 보는 자리.

- 생일은 배우자 자리.

- 생시는 자손을 보는 자리.

- 사주팔자에 육친이 있을 때는 어느 기둥에 있는가를 보며, 길신·흉신을 나눈다.

- 그 육친이 왕·상·휴·수·형·충·파·해·공망을 관재한다.

- 육친의 생·왕·록·묘·역마·도화·천을귀인으로 본다.

- 육친의 공망이나 충·사·절에 있으며 인록이 없거나 사망 또는 그 해당 육친의 종말이 악하다.

- 육친의 생·왕·록·地支(지지)에 있어도 형·충·파·해·공망이 되면 단명이거나 가난하다.

- 비견 겁재가 시에 있고 천을귀인 록이 있으면 형제는 발달한다. 그러나 형·충·공망·사·절에 있으면 형제는 잘되나 덕은 없다(원수 같다).

– 육친이 앉는 자리: 부모는 조상이므로 년월에 있어야 길하다. 그리고 처자는 일이나 시에 있어야 길하다.

부모(父母)

– 부를 극하는 것은 비견, 겁재.

– 정인을 극하는 것은 정재, 편재.

– 정인·편인이 혼잡을 이루면 부모와의 인연이 없다.

– 부모, 육친, 생·왕(12운성)이나 천을귀인에 座(좌)하면 부모는 부귀했다.

– 정인 편인, 편재가 형·충·극이 되면 그 부모는 빈한하거나 단명이다.

– 시가 丑戌未(축술미)가 있으면 부모를 극하고 고독하다.

– 월 干支(간지)에 원진과 충·형이 되면 부모와의 인연이 없다.

– 월지에 양인이 있어도 부모와의 인연이 없다.

– 정인 편재가 충이 되고 墓庫(묘고)가 있으면 夫親(부친)과 일찍 이별한다.

– 사주 중에 정인이 없고 편인만 있거나 편재만 있으면 생모가 아니거나 초년에 고생이 많다.

– 비견, 겁재가 중첩(=중복)하면 아버지는 어려서 이별한다.

부처론(夫妻論)

– 정재가 약하고 편재가 약하면 반드시 첩이 있다.

– 정·편재가 공망·사·절·묘 혹은 비견·겁재 많이 있으면 최고로 처

를 극한다.

－ 재성이 왕·묘·절에 있으면 재가한다.

－ 재성이 생·왕·관·천을귀인과 같이 있으면 현량한 처와 재복을 가질 수 있다.

－ 재성이 형·충·파·극·양인과 같이 있으면 비난하거나 추한 부인을 얻는다.

－ 辛酉일간은 남녀를 불문하고 백호가 집에서 같이 사는 것으로 본다 (육친 인연 무).

－ 사주에 양인 많으면, 남녀 불문하고 부부 인연이 변한다.

－ 충 중에서 일지지충은 처자식 고충이 있다.

－ 여명은 재관이 왕(생해 주는 것 있으면)하면 부귀 남편을 만난다.

－ 일·월 충은 부부 불화하고, 일·시 충은 말년 부부 불화한다.

－ 남명은 정·편재가 많거나 합이 많거나 혹은 子·午·卯·酉 많은 사주일 경우 음란한 사주이다.

－ 여명에 식신, 상관이 많으면 부부 극한다(아들 無, 딸 吉하다).

－ 재가 많고 겁재가 중첩하면 처첩은 사통한다.

戊	辛	癸	己	乾(건=남자)
戌	未	酉	巳	

－ 간여지동: 부부 불화.

－ 생일에 화개살이 있으면 그 처는 부정(바람피움)한다. 그리고 생시에 화개살이 있으면 고독하다.

－ 일주에 역마가 있으면 그 배필은 몸이 약하다. 혹은 처덕이 없다.

– 년과 일이 같고 천간과 지지가 같으면 이별수가 있다(동갑내기는 면한다).

– 정재와 겁재 합을 하면 처가 부정하거나 부부 불화가 있다.

– 재가 목욕살, 도화(子午卯酉)이면, 그 처첩은 사통한다.

– 일좌 밑에 공망 陽差陰差殺日(양차음차살일)이면 육친 덕이 없다(부부, 자식, 부모, 형제 등).

甲	乙	庚	같은 五行(오행)
寅	卯	甲	

– 여명에 정·편관이 혼잡하면 음란하다. 도화살은 200%이다.

– 남명에 편관이 있고 도화살이 있으면 음란하다.

– 천간에 비견 겁재가 천간에 많으면 부부 극하는 힘이 강하다.

– 여명에 상관을 깔고 있으면 남편이 현달하기 어렵다.

– 남명일주에 간여지동(비겁)을 깔고 있으면 부부 극이 강하다.

형제(兄弟)의 길흉(吉凶)

– 사주에 비견 겁재가 많으면 형제가 많다.

– 일주가 약하고 비견 겁재가 없어도 정인 편인이 많으면 형제가 많다.

– 사주에 정관 偏人(편인)이 많으면 형제가 없거나 형제 덕이 없다.

– 사주에 비견 겁재가 충·형이 되면 형제와의 인연과 덕이 없다.

– 비견 겁재가 생·왕·관·천을귀인에 있으면 형제는 개운·발달한다.

– 형제와의 화합, 불화합을 보려면 형·충을 보면 된다.

- 비견 겁재와 합을 해서 다른 오행으로 변하면 형제가 화합하지 못한다.

자녀론(子息論)

- 日에 財(재)가 있을 때는 그 자녀가 발달하고 효자·부자이다.
- 일에 정관이 있으면 그 자식의 성품이 단정하고 충실하고 효성심이 강하다.
- 시에 식신이 록에 있을 때 성실하고 총명하고 부귀하다.
- 시에 정인이 있을 때, 신강하면서 떨어져 살면 자식이 성공하고 효성이 있다. 그러나 신약하면 자식이 잘 안되고 효성이 없다.
- 시에 도화가 있으며 자손은 풍류기가 많다. 시에 辰戌丑未가 있으면, 자녀는 총명하나 고독하고 만일 아들이 있으면 떨어져 살아야 吉하다.
- 시에 식신 상관이 있으면서 과부·홀아비로 살거나, 살이 있으면 자식을 낳기 어렵다.
- 시지에 식신 상관이 있고 상문 조객살이면 자식이 먼저 가거나 자식이 신체적으로 약하다.
- 시에 겁재가 있을 때 자식은 많으나 집이 한 번은 망한다.
- 시에 양인이 있을 때 자식이 어렵거나 자식이 먼저 간다.
- 시에 식신 상관이 있고 충이 될 경우, 가볍게 맞으면 자식이 아프거나 신체적으로 약하고, 무겁게 맞으면 부자다. 대운·세운에서 시를 충하면 같이 본다.
- 시에 丑戌未 삼형살이면 부모 극한다.

자녀(子息)

- 여자에게 자식은 식신 상관, 남자는 자식이 정관 상관이다.
- 시에 길신이 있으면 자녀는 효도한다.
- 사주에 인수가 많이 있으면 자식이 있어도 무용지물이다.
- 여명에 식신 상관이 많거나 남명에 정관 편관이 많아도 자식이 현달하기 어렵다.
- 신약사주가 식상이 많으면 자식이 무용지물이라 자식이 현달할 수 없다.
- 남명의 관이나 여명의 식상이 포테법으로 사·절·묘에 있으면 남의 자식을 키우는 것이 좋다.
- 여명의 식상을 생하는 비겁이 많고, 남명이 정편관을 생하고 재다하면 자식이 방탕하거나 현달하기 어렵다.
- 식상과 정편관이 팔자에 없고 암장에만 있을 때 자식이 있어도 현달하기 어렵다.
- 천간에 식신·정관·甲·정인·丙이 있을 경우, 길하다.
- 천간에 정재가 있고 지지에 상관이 있으면, 또 천간에 편재가 있고

지지에 식신이 있으면, 없어지지 않는 재물이다.

- 시에 양인이 있으면 말년에 자식과 이별한다.
- 여명에 편인 3개 이상이면 반드시 자녀 하나는 먼저 간다.
- 남명이 재생관이 있으면 본인과 자손이 잘된다.
- 여명이 식상이 강하고 정편관이 약하면 남편·자식이 잘 안된다.
- 시에 辰戌丑未가 있으면 본인이 고독하고 말년에 자식이 없는 것과 같다.
- 사주에 자식이 없으면 대운에서 식신 관이 들어올 때 자식을 둔다.
- 시에 공망·형·충이 되면 자식이 있어도 현달하기 어렵다.
- 정 편관이 혼잡되고 삼형살이 되고 사생아(유복자)를 낳기 쉽다.
- 년에 남명이 관이 있으면 자식을 일찍 두고, 년에 여명이 식상이 있으면 자식을 일찍 둔다. 여명 사주에 양이 많으면 아들을 많이 출산하고, 여명 사주에 음이 많으면 딸을 많이 출산한다. 만일 음양의 배합이 잘되면 아들딸을 많이 출산한다.
- 사주에 양이 많으면 母가 사망하고, 음이 많으면 夫선망한다.
- 壬子 일주가 시에 乙酉시면 기형아를 낳는다.

時		日	
乙	상관	壬	
酉	정관	子	비견

- 남자가 상관이 많으면 자식이 안되고, 여자가 상관이 많으면 남편을 극하고 재혼하게 된다.
- 편관, 편인, 편재가 중첩하면 사생아가 된다. [예: 甲일에 庚(편관) 壬(편인) 戊(편재)]

유자사주(有子四柱)

– 식신·상관이 뿌리가 있고 재가 있고 인수가 많이 없을 때는 자식이 있다.

– 여명이 신왕하면서 식신상관, 남명이 신왕하면서 정·편관이 있으면 자식을 낳는다.

– 사주가 신왕하면서 재왕하면, 여명은 식상 없어도(재의 뿌리), 남명은 정·편관이 없어도 자식이 많다(재생관).

– 신약사주에 정·편인이 많으면서 식상이 있으면 자식이 있다.

– 신약사주라도 관인상생이면 자식이 잘된다.

– 남명이 정편관이 없으면서 시가 생·왕하지 못해도 대운에서 관이나 식상이 들어오면 그때 자식을 얻는다(운에서 들어와 얻은 자식은 길게 가지 않는다).

– 식상이 대운에서 들어왔다가 지나가면 자손이 약해진다.

– 사주에 신왕하고 식신도 왕하면 자식을 많이 출산한다.

– 남명이 신왕하고 관이 왕하고 식상이 없으면 자식을 많이 출산한다.

– 신약사주에 인수가 왕하면 자식이 없다.

– 신약사주라도 관인상생 있으면 자식이 있다.

무자사주(無子四柱)

– 여명이 日(일)이나 時(시)에 식상에 墓(묘)가 있으면 무자이다.

- 남명사주 중에 식상이 정, 편관을 극하면 무자다.
- 사주에 火가 많아서 뜨거운 사주(화재고초), 水가 많아서 木이 뜨는(부木) 사주, 金이 많으면 土가 많아도, 土가 많아 지지에 水가 많아도 모두 무자 사주다.
- 사주에 정편인 많아도 무자다.
- 사주에 재·관이 태왕하여도 무자와 같다.
- 식신, 상관이 많아도 무자다. 만약에 무자 사주에 자식이 있으면 그 자식이 요절한다.
- 신약사주가 관이 많으면 무자와 같다.
- 식신·상관이 약한데 충·극하면 무자다.
- 일이나 시에 신음살이 있어도 무자다.
- 시에 상관이 있고 지지 공망이면 무자다.
- 남명의 시에 양인이 있고 상관이 함께 있으면 말년에 자식과 이별한다.
  [예] 丁 일주가 未시이면 - 식신, 양인, 화개
      辛 일주가 戌시이면 - 양인, 화개살이면
      자식이 있어도 떨어져 살면서 없는 것과 같이 살아라.
- 남명의 정·편관이나, 여명의 식신·상관이 사·절이면 자식이 있어도 없는 것과 같다.
- 시에 고신살, 과부살, 백호살, 공망이 중첩하면 무자다.

정부론(正夫論)

- 정부론은 本男便(본남편)을 의미한다.
- 정관 하나에 정재가 있고, 편관 하나에 식신이 있으면 이혼은 안한다.
- 정관 편관에 관이 천을귀인에 봉하면 남편에 인연은 길하다.
- 신왕하고 정관도 강하면 부자·남편·자식이 모두 현달한다.
- 정관이 태과(3개 이상)할 때 상관이 하나 있는 것은 무방하다.
- 편관이 태과(3개 이상)할 때 식신이 있으면 남편은 영달한다.
- 여명사주에 정관이 약해도 정재가 있으면 반드시 남편은 영달한다.
- 정편관이 혼잡하면 반드시 색난이 있다.
  [예] 癸 일주에 子와 丑(편관)과 戌(정관)일 때 官이 하나가 없어지는 것.
      관살혼잡: 거관유살(정관이 없어짐): 군인, 경찰 남편
              거살유관(편관이 없어짐): 직장인 남편
- 편관격이 식신을 만나면 그 남편은 어질고 남편 덕이 있다. 부귀지명.
- 일간이 약하고 정, 편관이 혼잡이 되면 남편 덕이 없고, 단명 고질병
이다.

[예] 丙 己 甲 戊 여자
　　정인　　정관

寅 卯 寅 戌

정관 편관 정관　재가 있으면 남편과 이별하지 않는다.
그러나 없어서 남편과 이별했다.

- 여명이 생일에 상관이 있거나 상관局(국)이면 사별 생이별한다.
  일주: 庚子(상관)일[암장 壬癸(상관)] 돈 없고 색난(남편 두고 나가서 연
  애한다)
  辛亥(상관)일[암장 戊 甲 壬 (상관)]
  乙巳(상관)일[암장 戊 (상관) 庚 丙] 일주 암장에 상관이 있다.
  辛亥일주가 남편이 잘되면 남편은 단명이다.
- 일지지에 정재가 있으면 남편을 잘 섬긴다.
- 일지지에 비견 겁재가 있으면 부부불화, 일지지에 정 편인이면 부부
불화
  - 정 편관인 혼잡되고 진도화가 있으면 반드시 비밀리에 정부를 둔다.
  - 사주에 정편인 국을 이루면 남편을 극하고 청산과부다.
  - 여명이 종살격은 명문가에 남편과 인연이 있다.
  - 사주에 정,편관이 혼잡이 된 것, 합이 많은 것, 진도화가 있는 것, 목
욕살이 일주에 있는 것은 색정으로 형벌을 받는다.
  - 진도화가 年月보다 日時(일시)에 있으면 작용력이 크다. 일주, 대운,
세운에서 오면 운이 막힌다.
  - 사주에 申 亥가 地支(지지)에 있으면 고생이 바닥까지 간다.

신강한 팔자

신강한 팔자가 抑制(억제)가 있으면 = 官(관)이 있으면

- 천성이 명백하다.
- 활달하고 도량이 크다.
- 順物(순물)함으로써 움직인다.
- 일을 만나 능단하다.
- 항상 즐겁고 기쁘다.
- 베풀기를 좋아한다.
- 정이 많고 義(의)도 많다.
- 두려워하지 않고 의심치 않는다.

신강한 팔자가 억제가 없으면 = 官(관)이 없으면

- 폭력적이고 싸움을 좋아한다.
- 성정이 무상하다.
- 스스로 檢束(검속)치 않는다.
- 危亡(위망)을 돌아보지 않는다.
- 악에 당하여 선을 모욕한다.
- 강함을 지니고 약함을 업신여긴다.

신약한 팔자

신약한 팔자가 扶(부=생함)함이 있으면
- 검소하고 절약하는 마음이 생긴다.
- 佈施(포시=보시)를 잊지 않는다.
- 機(기)가 깊고 생각함이 치밀하다.
- 합하고 만남이 적다.
- 예절에 구애된다.
- 언행이 예의바르고 반듯하다.
- 儀(의)·貌(모)를 가지런히 꾸민다.

신약한 팔자가 扶(부=생, 인성)함이 없으면
- 음탕·사악하고 허세가 있다.
- 주저하고 집요하다.
- 기이한 것을 자랑한다.
- 그릇됨이 많고 옳음이 적다.
- 무력하고 게으르다.
- 作事(작사: 일을 꾸미는 것)가 종종 있다.

5

장수·부자 사주는
따로 있을까?

양권(陽圈)·음권(陰圈) 사주

사주명리의 이론은 역사적 흐름에 따라 새로운 이론들이 발표되고 또 사라지지기도 하면서 계속해서 발전해 왔다. 그중에 양권·음권 이론도 그렇다. 이 이론은 처음에 이재운 교수님께서 중국으로 건너가 중국의 원서에서 찾아내면서 우리나라에서 명리학을 공부하는 이재운교수님의 제자분들에게 처음가르치면서 알려진 이론인데, 임상 결과 적중률이 상당히 높다고 하셨다. 어느 학문도 마찬가지지만 이 학문은 그 이론이 논리적으로 이해되고 검증이 뒷받침되어야 한다고 생각한다.

천간과 지지 구성이 음권은 음권끼리의 오행이 만나야 좋고, 양권은 양권끼리 오행이 만나야 서로 충하지 않아서 좋다는 단순한 원리이다. 天干(천간) 10干과 地支(지지) 12支를 절기로 음권·양권으로 나눠서 사주명조에 적용시키는 원리다. 天干(천간)이 같은 권역일 경우 合(합)의 형태로 나타나기 때문이다. 그러나 같은 권역이 아니면 冲(충)으로 나타난다.

- 같은 지지 양권끼리의 결합 - 가을·겨울 - 酉 戌 亥 子 丑 寅
- 같은 지지 음권끼리의 결합 - 봄·여름 - 卯 辰 巳 午 未 申

陽圈(양권)	陰圈(음권)
乙 丙 戊 庚 癸	甲 丁 己 申 壬
卯 辰 巳 午 未 申	戌 亥 子 丑 寅 酉

天干이 같은 권역의 경우에는 합의 형태로 나타나기도 하는데, 천간합의 논리 같은 천간 양권끼리의 합은 乙庚合(을경합)과 戊癸合(무계합)이고, 같은 천간 음권끼리의 합은 甲己合(갑기합)과 丁壬合(정임합)이며, 丙辛合(병신합)의 경우에만 陰陽圈(음양권)이 만나 합이 된다.

합이 반드시 좋다는 의미는 아니다. 특히 辛金은 간명하기가 까다롭다. 본래는 陰辛金(음신금)인데 卯時(묘시)부터 酉時(유시) 사이에 태어난 사람은 陽(양)권의 오행 庚金(경금)으로 간명하여야 한다. 그리고 합이 되어 化(화)할 때 化한 五行이 用神(용신)에 해당해야만 좋은 것이다. 만약 합하여 化한 五行이 忌神(기신)이 된다면 차라리 합하지 않는 것이 좋다.

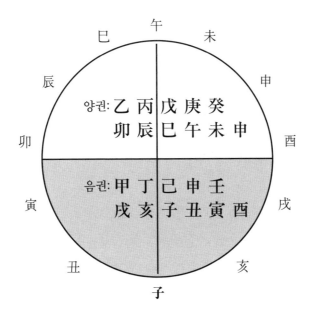

지장간(支藏干)

지장간은 반드시 이해하고 꼭 알아야 하는 중요한 부분이다. 사주를 간명하는 데 있어서 그 사람의 속마음이나 비밀뿐 아니라 많은 정보가 들어 있기 때문에 지장간을 알고 있어야 깊이 있게 간명할 수 있다.

地支(지지) 속에는 藏干(장간)이 들어 있다. 그 명칭은 여러 가지이다. 즉, 암장법이라든가 지장간 또는 月律分野藏干表(월율분야장간표), 月節(월절)법칙 등이 모두 같은 뜻이다. 이 명칭들은 지지 속에 숨어 있는 천간을 말하고 있다는 점에서는 똑같은 말이다.

암장론(暗藏論)

- 암장은 후천운을 간명한다.
- 地支藏干(지지장간)에 있는 天干(천간)을 가지고 '암장'이라 한다.
- 인간의 운명에 지대한 영향을 준다.
- 암장이 천간지지에 뚜렷하게 보이지 않으나 의외로 우리들의 운명에 영향력이 크므로 모든 사정에 잘 통하고 있다.
- 참된 운명을 認識(인식)하는 데는 천간지지 이외 암장을 모두 음으로 표시한다.
- 암장에 있는 천간을 육친을 붙여서 간명한다.
- 암장은 미견의 신으로 사주 전체의 활동 작용을 하고 있다.
- 암장에서 일간에 희신·기신을 취용하며 운명의 변화를 아는 것이 비

충의 비법이다.

 – 암장안에 기신이 있으면 표면으로는 양호한 듯하나 양호하지 못하다.

 – 암장에 용신이나 희신이 사주팔자 내에 없더라도 암장에 있으면 표면으로는 흉한 듯하나 흉하지 않다.

 – 암장이란 인간 생활과 최고로 밀접한 관계를 맺고 있다.

支藏干(지장간)의 본질

支藏干(지장간)이란 과연 무엇인가? 그것의 본질은 무엇이며 왜 지지마다 각각 그것들이 들어 있는가? 그에 대한 이유를 알지 못하면 확실한 소신과 신념을 가지고 운세를 말하기는 힘들다. 그래서 이해하지 않고 무조건 암기를 해서는 안 된다. 지장간이란 1년 동안에 굴러가고 있는 지구의 星體(성체)가 달(月)과 날(日)을 바꾸면서 변해 가고 있는 運氣(운기)에 대한 그 변화의 내용을 말한다. 매년마다 늘 변화하여 바뀌는 것이 아니고 태양 주위를 일정하게 돌아가는 軌道(궤도)에 따른 변화이기 때문에 매해마다 일정한 자리를 지나치게 되는 자리의 특수 기질이 발생하도록 되어 있다.

태양에서 멀리 떨어진 공간을 돌게 될 때는 金水(금수)와 같은 陰性(음성) 기운이 발생하게 되고, 가까운 위치를 선회하게 될 때는 木火(목화) 같은 陽性(양성) 기운이 발생하도록 되어 있다. 거기에다 지구 자체가 土이기 때문에 따로는 土의 기운이 발생하는 수도 있으며, 이때의 오행이 저쪽의 오행으로 변화해 가는 과정에서 그 중간치의 오행으로 잠시 변화를 일으키는 수도 있다.

예를 들어 火의 기운은 언제나 火로서만 존재하는 것이 아니라, 지구의 움직임에 의해 土로도 金으로도 水로도 무한한 변화를 반복해 나가도록 되어 있는 것이 이 대자연의 이치인 것이다. 그래서 여름철의 火氣(화기)가 가을철의 金으로 변화를 가져왔다고 할 때 그것은 느닷없이 펄쩍 뛰어 넘어가서 그렇게 된 것이 아니라, 未月(六月)이라고 하는 토의 단계를 거쳐서 그렇게 되었음을 의미한다.

易理學(역리학)에서 1년 12개월의 地支(지지)를 子, 丑, 寅, 卯, 辰, 巳, 午, 未, 申, 酉, 戌, 亥로 정해 놓은 것은 인간적인 어떤 편의주의에서였다거나 단순한 부호로서가 아닌 아주 철저하고도 완벽한 자연현상의 반영이었음을 알 수 있다. 그 지지들이 土地의 모든 이치에 두루 적용되고 있음은 물론 지장간의 내용이나 변화에 있어서도 절대적인 잣대 역할과 기준치가 되기 때문이다.

1년 중에 陽(양)의 첫 시작인 子月(11월)에서부터 寅月(1월)까지만 설명하면 子는 오행 중에 水에 해당한다. 그런데 그 子자는 같은 水의 계절인 亥月(10월)에서 이어져 내려왔고 다음으로는 丑月(12월)로 바뀌어 넘어가도록 되어 있다. 모든 지지가 다 그렇듯이 글자 속에도 지장간이 들어 있게 되는데, 그 지장간이란 앞뒤로 이어져 진행하는 氣(기)를 말한다. 支藏干(지장간)이라고 한 이유는 天干(천간)이야말로 氣(기)와 같은 것이기 때문이다.

역학에서의 地支(지지)와 天干(천간)

역학에서의 地支(지지)는 지구와 달과의 관계, 즉 땅덩어리의 위치가 태양의 어느 쯤에 있다고 하는 것과 함께 그 거리로 말미암아 발산하는 오행의 성질을 구획 지어 놓은 것이며, 天干(천간)은 그 구획된 범위 안에서 서서히 진행 변화해 가고 있는 기운의 변천상을 나타내 주고 있는 것이라 보아야 한다.

子의 지장간에는 '壬, 癸'가 들어 있다. '壬'이 餘氣(여기) 또는 初氣(초기)이고, '癸'가 正氣(정기)이다. 이 子의 지장간을 이해시켜 드리기 위해 부득이 子月의 앞 달인 10월의 지지인 '亥'에 대한 지장간을 보여 드려야 하는데 그 亥의 지장간 속에는 '戊甲寅'이 들어 있다. '戊'와 '甲'에 대하여는 조금 있다가 설명하기로 하고, 우선 지금은 '壬'에 관해서만 주의 깊게 살펴보자.

그 '壬水'가 亥月달에 주된 기운으로 천지간에 흘렀던 운기였다. 그리고 나서 절기 중의 하나인 大雪(대설)이 들어오고 나니까, 달(月)의 위치를 볼 때 입동권은 끝이 나 버리고 대설권의 주관지지인 子月(11월) 속으로 바통을 넘겨준 꼴이 되었다. 子水의 본질은 원래가 氣(기)로 환치시켜 놓고 보면 '癸水'에 해당한다.

그렇기 때문에 子水의 지장간 '壬癸' 중에서 癸水를 子水의 正氣(정기)라고 한다. 그런데 왜 子水의 지장간 속에 '壬水'가 끼어들었느냐? 앞에서 언급한 것처럼 子月 자체가 亥月의 연속이기 때문이다. 節(절)과 달은 비록 바뀌었지만 氣라고 하는 것의 성질이 무슨 계단을 뛰어넘듯, 칸막이를 바꾸어 버리듯 하는 것이 아니라 서서히 변화해 가는 것인 이상 다음 달에도 그 잔재가 남아 있도록 되어 있다. 11월의 지지인 子月의 지장간에 子水의 본질인 癸水 외에 壬水가 들어와 있는 것은 그 때문이다. 따라서 전월의 잔재가 들어와 있기 때문에 藏干法(장간법)에서 그것을 '餘氣(여기)'라고 한다.

다음 丑月(12월)의 예를 보게 되면, 확실하게 그것을 알게 된다. 丑의

장간속에는 '癸辛己'가 들어 있다. 따라서 癸水는 子月에서 넘어온 餘氣(여기)이다. 丑은 원래 그 본질이 土이기 때문에 '癸辛己'의 장간 중 己土가 12月의 正氣(정기)이다. 그런데 餘氣(여기)인 癸水와 正氣(정기)인 己土 사이에 辛金이 들어 있다. 그것은 11月의 癸水가 넘어온 다음 己土로 변화해 가는 과정에서 발생한 중간적인 기운에 속한다. 즉, 물도 아니고 土도 아닌 金의 기운이 잠시 머물렀었다고 하는 내용이 된다. 金에서 土氣(토기)를 빼어 버리면 물과 같고, 金에서 水기를 뽑아 버리면 土와 같다.

현실이 자연이고 자연이 현실인 만큼 장간 속에 들어 있는 기운의 변화 역시 理(이)에서 벗어날 수가 없다. 1개월 30일이 흐르는 동안, 우리는 그냥 제자리에 가만히 있으면서 시일이 흘러가는 줄로만 느끼고 있지만 사실은 우리들 자신이 엄청난 속도로 돌아가고 있는 지구 위에 실려 운행하였다는 것을 실감하게 된다. 지장간 속의 중간 기운인 위의 '辛金'과 같은 것을 모든 장간 속에서 '中氣(중기)'라고 하고 있다.

다음은 丑月(12月)의 다음인 寅月의 경우를 알아본다. 寅月의 지장간에는 '戊丙甲'이 들어 있다. 戊土는 土月이었던 丑月(12월)에서 넘어온 餘氣(여기)이고, 丙火는 甲木에 도달하기 위한 中氣(중기)이다. 그런 두 개의 변화 과정을 거쳐서 마침내 도달한 것이 甲木이며 그 甲木은 또한 寅月의 본기이기 때문에 그것을 정기라고 한다.

12지(支)의 장간표(藏干表)

地支\氣	子	丑	寅	卯	辰	巳	午	未	申	酉	戌	亥
餘氣	壬 10	癸 9	戊 7	甲 10	乙 9	戊 7	丙 10	丁 9	戊 7	庚 10	辛 9	戊 7
中氣		辛 3	丙 7		癸 3	庚 7	己 10	乙 3	壬 7		丁 3	甲 7
正氣	癸 20	己 18	甲 16	乙 20	戊 18	丙 16	丁 10	己 18	庚 16	辛 20	戊 18	壬 16

위의 12支의 장간표는 12개의 地支(지지)가 포함하고 있는 藏干(장간)들만을 보여 드린 것이다. 즉 4생지의 경우 중기가 각 오행의 출생지가 되는 것인데 생명에는 화기가 절대적인 것이므로 그 화기의 수인 七數(7수)가 들어 있는 것이며, 辰 戌丑未는 4묘지(四墓支)가 되어 역시 陰數(음수)이며 달(月)의 수인 3수가 들어 있는 것이다. 원래 오행수로 따지자면 3은 木의 수이지만 그보다 앞서 달이 지닌 고유 수리가 3수이며 그것은 또 음(곧, 달)이기 때문에 장간 속에서 무덤의 수로 잡혀 있는 것임을 기억하고 있어야 한다.

생지나 묘지의 중기에 土가 빠져 있음을 이상하게 여길 필요는 없다. 火土 同宮(동궁)으로 잡는 명리학 식으로라면 土기의 출생 역시 丙, 丁火에서 잡도록 하고 凶의 발견을 우선순위로 보는 복서 학식으로라면 壬, 癸水쪽에서 그것을 계산하면 될 것이기 때문이다. 死(사)의 원리 역시 같다.

生(생)지와 墓(묘)지의 식별에서, 생지는 丙, 壬, 庚, 甲의 양간으로 되어 있고 墓(묘)지는 癸, 丁, 辛, 乙의 음간으로 되어 있다는 것도 생과 사의 이치를 보는 하나의 이유가 되고 있다.

그런데 四展(사전)의 支에만은 午, 火 외에 중기가 아예 없는 것으로 되어 있다. 이유는 子.午,卯,酉, 자체가 오행의 기운이 가장 강렬해져 있는 王(왕)지들이라서 다른 기운들이 끼어들 수 없는 전문의 氣(기)이기 때문이다.

유독 午月支에만 중기가 들어 있는 것은 火土가 본래 同宮(동궁)인 데다 陽火인 丙火가 陰火인 丁火로 바뀌어 가는 과정에서 잠시 生土의 기운이 있었기 때문이다. 다음의 2月支인 卯중에는 甲과 乙의 장간이 들어 있다.

甲은 寅月의 正氣(정기)가 餘氣(여기)로 변해서 넘어온 것이고, 乙은 卯木의 정기이다. 그다음 辰 중에 '乙癸戊'가 나타나고 있는데, 그중 乙木은 前月인 卯월에서 넘어온 여기이며 중기 癸水와 정기 戊土는 앞의 설명에 준하여 해석하면 된다.

7월지인 申金의 지장간을 보도록 한다. '戊壬庚'이 申金의 장간으로 되어 있는데 여기인 戊土가 다소 이상하다고 느꼈을 것이다. 前月의 정기가 다음 달의 여기로 오는 것이 정칙이라면, 申월의 여기는 未월의 정지인 己土가 넘어왔어야만 될 터인데 그게 아닌 戊土가 자리를 잡고 있으니 말이다.

장간 일수표(藏干 日數表)

月律分野 藏干表
(월율분야 장간표)

월	지지	절기	장간(일수)
(4월)	巳	(입하)	丙 十日 / 庚 七六日 / 戊 七日
(5월)	午	(망종)	丁 十一日 / 己 九日 / 丙 十日
(6月)	未	(소서)	己 十八日 / 乙 三日 / 丁 九日
(7月)	申	(입추)	庚 十六日 / 壬 七日 / 戊 七日
(3月)	辰	(청명)	戊 十八日 / 癸 三日 / 乙 九日
(8月)	酉	(백로)	辛 二十日 / 庚 十日
(2月)	卯	(경칩)	乙 二十日 / 甲 十日
(9월)	戌	(한로)	戊 十八日 / 丁 三日 / 辛 九日
(1月)	寅	(입춘)	甲 十六日 / 丙 七日 / 戊 七日
(12月)	丑	(소한)	己 十八日 / 辛 三日 / 癸 九日
(11月)	子	(대설)	癸 二十日 / 壬 十日
(10月)	亥	(입동)	壬 十六日 / 甲 七日 / 戊 七日

年支暗藏(년지암장)

월지에 암장에서는 주신만 본다. 다른 곳 年支, 日支, 時支, 暗藏(암장)
은 3자 모두 본다.

- 년지 암장은 유년(어릴 때)에 길흉을 간명한다.
- 육친에 따라서 초년에 부모 운을 간명한다.
- 결혼 운을 간명한다.
- 년지 암장에 길성이 있으면 유년에 부모 혜택이 길하다.

- 년지 암장에 흉성이 있으면 부모와의 인연이 약하다.
- 암장에 길성이 있으면 좋은 사람과 인연이 있다.
- 암장에 흉성이 있으면 마음에 안 드는 사람과 인연이 있다.

月支暗藏(월지암장)

- 월지는 숙명적인 坐處(좌처)다.
- 월지 암장 내 해당되는 육친을 주신이라고 한다.
- 主神(주신)은 나 자신의 根基(근기)이며 최고로 重要神(중요신)이다.
- 주신이 흉성이 되면 다른 곳에 아무리 吉星(길성)이 있더라도 極吉(극신)에 복을 가질 수 없다.
- 월지 암장에 주신이 吉星(길성)이 되면 다른 곳에 凶神(흉신)이 있더라도 極凶運(극흉신)은 오지 않는다.
- 주신은 길성이든 흉성이든 확고하고 강력한 힘을 가지고 있다.
- 인간이 아무리 유능한 재능을 갖고 있어도 주신이 흉성으로 약하면 그 능력을 발휘하기 어렵다.
- 주신으로 평생의 희로애락을 관련하는 최고로 강력하고 중요한 신이다.
- 주신을 가지고 가정에 安宅(안택)을 관찰하기도 한다.
- 기본적 職業(직업)의 좌처다.
- 월지의 주신에 육친에 따라서 평생의 갈림길을 보기도 한다.
- 사주 명리학에서는 주신으로서 사주간명의 탁월한 작용으로 핵심적인 간명을 해야 한다.
- 인간의 운명은 오행의 활동 작용에 의한다.
- 숙명(부모에게 받은 것)과 운명은 모두 天(천)에서 부여되는 것이다.

– 우리 인간은 天과 地 중간에서 생존하기 때문에 天地(천지) 중간에서 살아간다.

– 月期(월기)가 가지고 있는 특수한 주신의 작용에 의하여 평생 가지고 있는 品性(품성)이 있다.

– 월 암장은 평생 지배력이 강하다.

– 길성·흉성에 따라서 최고로 강하게 작용한다.

日
甲
辰------→ 土:辰 戌 丑 未
　　　　　水 火 金 木

* 같은 土로 읽지만 각각의 토의 성질이 다르다.

日支暗藏(일지암장)

– 일지 암장은 배우자의 성품을 보기도 한다.

– 일간 자신의 내부적 부분을 주사하기도 한다.

– 전 인생 내에 지대한 영향을 주는 최중요한 자리다.

– 일간과 밀접한 관계를 맺고 있다.

– 일지 암장에 희신이 되면 부부 화합 혹은 부부 해로할 수 있다.

– 일지 암장에서 기신이 있으면 부부가 원수나 타인같이 살든가 이별수가 있다.

– 일지 암장에 의하여 부부 생활의 길신을 간명한다.

– 일지 암장 속에 있는 육친은 항상 일간과 밀접한 관계를 맺고 있다.

– 일상 부부생활의 불만·불평, 가정생활의 정신적 안정·불안·별거·
사별을 간명한다.

– 일지 암장에 의하여 일간에 성품·건강을 본다.

– 길성: 정관, 정인, 정재, 식신, 편재

　　흉성: 편관, 편인, 상관, 겁재, 비견

時支暗藏(시지암장)

– 시지암장은 말년을 주관한다.

– 시암장에 육친에 따라서 노년을 보기도 한다.

– 일간명복을 간명한다.

– 자식에 발달과 인연 여부를 보기도 한다.

– 시암장은 중년말기부터 작용이 있다.

– 길신이 있으면 노년이 평안·안태한 생활을 한다.

– 흉성이 있으면 말년에 노고가 많다.

– 흉성·흉신이 암장에 있으면 자식이 있더라도 고독한 생활을 하며 비
참한 생활을 한다.

年運(년운)

　　丙 --- 70% 작용

　　申 --- 30% 작용

　　年

時	日	月	年
己	庚	丙(편관)	庚

편관이지만 본남편으로 본다(丁화가 좋다).

卯	子	戌	子
	壬	辛	

丁: 정관이지만 애인 정관 같은 애인으로 본다.

	癸	戊	

喜忌(희기)의 深藏(심장)

－ 월지장간 여기·중기·정기 중 日에 따라 장간을 정하는데, 천품을 받아 출생한 장간은 이것을 '주권신'이라 하여 중요한 장간으로 삼는다.

－ 장간을 암간이라 하는데 참된 간명을 하려면 암간에도 통변을 붙여 간명을 해야 확실하다.

－ 이 통변은 미견의 견신이라 하여 사주 전체에 작용시키는 것이 정당하다.

－ 암간까지 희기신을 취용하므로 참된 운명의 변화를 알 수 있다. 이것은 비 중의 비칙이다.

－ 가령 희신 및 조후용신이 투간되지 않았다 해도 암장에 있으면 크게 운명을 돕는다.

－ 이와 반대로 기신이 심장하면 표면적으로 양호한 것같이 보이나 좋은 결과가 못 나타난다.

주신론(主神論)

주신이란, 그 일간의 가장 주된 십신을 말한다. 격을 정할 때 보통 월지에서 투간된 십신으로 정하는데, 더 깊이 있게 나의 정확한 십신을 알려면 지장간을 따져 봐야 한다. 지장간을 볼 때 여기·중기·정기가 있고 각 지장간마다 1달이 3개(여기·중기·정기)로 나누어 미치는 지장간마다의 숫자가 있다. 자기 생일을 정확하게 알아서 지장간 속의 숫자에 해당하는 십신이 진짜 자기의 십신인데, 그것을 '주신'이라고 한다.

주신(主神) 찾는 법

[예] 생일: 2월 28일일 때

時	日	月	年
戊	甲	辛	丙
辰	辰	卯	戌
乙	乙	甲10일	辛

$$癸 \quad 癸 \qquad\qquad 丁$$
$$戊 \quad 戊 \qquad 乙_{20일} \quad 戊$$

(주신은 乙겁재이다: 주위 사람들이 돈을 다 뜯어 간다.)

正官主神(정관주신): 승진을 잘한다.

– 높은 직위에 오를 수 있다. 정직하고 귀격이 된다.

– 신용과 품위가 있으며 명예와 직위를 소중히 여긴다.

偏官主神(편관주신)

– 권력과 모험을 좋아하며 영웅호걸의 기질을 가졌다.

– 혁신적이고 포섭력은 있다.

– 의욕, 진취력 강하나 인덕이 없다.

– 두뇌는 매우 총명하며 혁신적인 것을 잘한다.

– 항상 늘 타인으로 인해서 피해 보는 것을 조심한다.

– 남이 생각지 못한 것을 빨리 만든다.

正印主神(정인주신)

– 신망과 신의와 신용이 있다.

– 총명한 두뇌로 학문적으로 발달이 크다.

– 친화력이나 융통성은 없다.

偏印主神(편인주신)

– 감수성이 강하며 예민하다.

‒ 문장·기술·예술로 발달이 크다.

‒ 고독하고 빈한하며 육친 덕이 없고 인덕이 없다.

正財主神(정재주신)

‒ 검소하고 축적심이 강하며 재물에 애착이 많다.

‒ 처덕이 있을 수 있으며 재물 인연이 매우 좋다.

偏財主神(편재주신)

‒ 사교적이고 수단이 매우 좋으며 친화력이 있다.

‒ 商賣(상매)에 특이한 재능을 가지고 있다.

‒ 자수성가를 하는 것이 길하다.

食神主神(식신주신): 의욕이 약하다.

‒ 명랑하고 선량하며 타인과 절대로 투쟁을 하지 않는다.

‒ 타인에게 인덕이 있으며, 의욕은 약해도(=진취력이 약하다) 타인과 친화력은 많다.

‒ 食神(식신)은 재앙을 막아 주고 수명을 연장해 주며 재물을 취득할 수 있다. 그리고 직위도 주며 인덕이 있다.

比肩主神(비견주신)

‒ 배우자와 언젠가 부부 정이 멀어질 때가 있다.

‒ 배우자의 도움을 받기 어렵다.

劫財主神(겁재주신)

– 적극적이고 활동성이 강하며 정열적이다.

– 항상 육친으로 인해서 재물을 탕진하며 손재를 본다.

제1계통(第一系統)

• 子, 午, 卯, 酉 (四旺日) – 月만 암장을 따진다.

• 專門(전문) – 같은 오행이 1개만 있는 것의 氣, (午)를 제외하고 지장간 丙10日, 己10日, 丁10日인데 예를 들어 丙은 나의 생일이 5日인 경우, 丁은 나의 생일이 25日인 경우, 사령으로 본다

餘氣(여기)	中氣(중기)	正氣(정기)
(10일)	(X)	(20일)

午 = 丙 여기 (10일)　　己 중기 (10일)　丁 정기 (10일) = 午만 지장간이 3개이다
(내 생일 5일인 경우)　　　　　　　　　　　　　　　 (내 생일 25일인 경우)

子,卯,酉 = 여기 중기 정기 2개만 있다.
　　　　　(10)　　(20)

제2계통(第二系統)

寅 申 巳 亥(四生日) - 7, 7, 16
旺勢(왕세)의 氣(기)

여기	중기	정기
(7일)	(7일)	(16일)
남은氣(기)	司令(사령)	關定(관정)

제3계통(第三系統)

(토) <u>辰</u> 戌 丑 未 - 9 3 18

辰지장간 = 乙,　　癸,　　戊

9(여기)　3(중기)　18(정기)

생일이 3월 6일이면 餘氣(여기)가 제일 영향력이 있다.

잡기세(雜氣勢)

여기	중기	정기
(9일)	(3일)사령	(18일)관정

- 餘氣(여기): 전월에 여운이 남아 작용하는 것.
- 中氣(중기): 節人(절인)에서부터 중기를 최고로 强氣(강기)라고 한다.
- 正氣(정기): 2월에 本月(본월)에 기후에 최고로 중요한 氣(기)다.

[예] 丁巳일주 26일에 태어났다.

戊 생	辛(편재)	丁(비견)	戊(상관)
月	9	3	18
			26일이면 戊土가 작용

- 丁巳일주: 戊土는 丁火의 상관이 작용을 한다.

삼합(三合)

• 寅午戌 - 合火
• 巳酉丑 - 合金
• 亥卯未 - 合木
• 申子辰 - 合水

	子午卯酉				寅申巳亥				辰戌丑未			
여기 -	10	10	10	10	7	7	7	7	9	9	9	9
중기 -		10			7	7	7	7	3	3	3	3
정기 -	20	10	20	20	16	16	16	16	18	18	18	18

子=	壬	癸
	10	O	20(휴신)

생일이 11일부터는 癸로 본다.

12운성(十二 運星)

12운성이란 장생·목욕·관대·건록·제왕·쇠·병·사·묘·절·태·양의 12신을 말하는 것인데, 십간의 오행을 12지에 대비하여 왕약을 측정할 때 쓰이는 이름이다. 12운성법이란 천간이 지지와 결합하여 음양을 이루어 살다가 그 힘이 다하면 죽게 되는 이치로, 인간사에서는 생로병사에 관련된 일이다. 인간은 누구나 태어날 때 사주팔자를 타고나는데 누구는 태평 성대하게 잘살고, 또 어느 누구는 고생과 고통과 시름 속에서 한시도 평안할 날이 없는 생을 살아가야 하는지를 이 12운성법을 통해서 알아보는 것이다.

[예]	時	日	月	年
	丁	庚	戊	乙
	丑	申	寅	酉
	묘	건	절	제
		록		왕

사주가 신강하게 타고나면 부와 명예와 수명까지도 같이 부여받는 것이

자연의 이치이다. 천간은 하늘(天)이고 지지는 땅(地)인데, 하늘에서 주는 운명이란 '천운'이라 하고 땅에서 부여받는 지운은 물려받은 숙명적인 생명체(人)에 불과하다.

천간은 하늘인데, 이 천간은 쉬지 않고 움직이고 돌고 돌아서 순행을 하고 있다. 지지란 땅이므로 정지된 속에서 12지지를 구분하고서 천간의 십간을 기다리는 숙명적인 만남을 유도하는 것이다. 천간은 십간으로서 순차적으로 돌아서 12지지를 만나서 돌고 돌아 생·왕·묘·절의 상생·상극을 만들어 낸다.

천간은 양이고 남자로서 활동적이고 동적이다. 지지는 음으로서 여자이고 정적이다. 남자는 여자를 찾고 여자는 남자를 만나서 짝을 이루어 역사를 만들어 가는 인간사이다. 봄·여름·가을·겨울의 사계절과 동서남북의 사방을 기준으로 펼쳐지는 상생·상극의 이치 속에서 12운성법이 만들어지는 것이다.

모든 만물은 봄에 싹이 돋아나고 자라서 여름이면 왕성함과 무성한 숲을 만들어 내고 가을이면 낙엽이 지고 열매를 맺어 나가는 이치로서 겨울이면 앙상한 가지만 남게 되어 모든 식물의 물은 거꾸로 뿌리를 내려가는 이론이다. 이것은 우리 인간사와 모든 생명의 생애와도 다를 것이 없는 것이 12운성법에 준해 있는 것이다.

- 12운성이란 인생의 이정표와 같다.
- 12운성이란 본인의 오장육부로서 최고로 소중하다.
- 12운성은 신비한 운명의 12가닥 거문고와 같다.
- 거문고 12가닥은 온갖 소리로 사람을 울렸다 웃겼다 한다.

- 12운성을 통해 본인의 성품, 직업, 수명, 육친관계나 인연을 소상히 알 수 있다.
- 12운성은 자연의 무궁한 신비성을 간직하고 있다.
- 인간의 사주팔자는 12운성의 곡조에 맞추어 읊는 노랫가락과 같다.
- 지구가 없어질 때까지 끝없이 반복하는 천고의 진리이다.
- 양일간은 순행을 해야 한다(순행: 甲 丙 戊 庚 壬).
- 음일간은 역행을 해야 한다(역행: 己 丁 己 辛 癸).
- 12운성에서 순행·역행은 태극의 원리이다.
- 12운성은 인생의 인연법이다.
- 12운성은 생로병사를 전부 나타낸 것이다.

12운성 조견표

천간 12운성	甲	乙	丙	丁	戊	己	庚	辛	壬	癸
長生 (장생)	亥	午	寅	酉	寅	酉	巳	子	申	卯
沐浴 (목욕)	子	巳	卯	申	卯	申	午	亥	酉	寅
冠帶 (관대)	丑	辰	辰	未	辰	未	未	戌	戌	丑
祿(록)	寅	卯	巳	午	巳	午	申	酉	亥	子
旺(왕)	卯	寅	午	巳	午	巳	酉	申	子	亥
衰(쇠)	辰	丑	未	辰	未	辰	戌	未	丑	戌
病(병)	巳	子	申	卯	申	卯	亥	午	寅	酉

死(사)	午	亥	酉	寅	酉	寅	子	巳	卯	申
墓(묘)	未	戌	戌	丑	戌	丑	丑	辰	辰	未
絕(절)	申	酉	亥	子	亥	子	寅	卯	巳	午
胎(태)	酉	申	子	亥	子	亥	卯	寅	午	巳
養(양)	戌	未	丑	戌	丑	戌	辰	丑	未	辰

12운성 왕·약 분류

- 왕(旺) – 장생, 관대, 건록, 제왕
- 중(中) – 목욕, 묘, 태, 양
- 약(弱) – 쇠, 병, 사, 절

12운은 위와 같이 왕·중·약으로 3등분할 수 있다. 12운은 干(간)의 뿌리의 강도를 측정한다. 4왕이 되면 통근(通根)하고 있다고 보고, 4쇠가 되면 무근(無根)이라고 본다.

12운성의 종류

일주에 작용이 가장 강하다.

絕(절)=胞(포)	精氣(정기)를 받는 과정. 영혼은 완전히 절(絕)하여 無(무)로 된다.

胎(태)	모체 내에서 잉태하는 과정, 부모가 교접하여 유계(幽界)에서 현세계로 되돌아와 그 혼은 다시 모태에 자리한다.
養(양)	생명체가 성장하는 과정. 모(母)의 태내에서 각종의 양분을 섭취하고 새로운 생의 준비기가 된다.
長生(장생)	모체 외로 출산되는 과정. 깨끗한 심성으로 세상에 태어나서 처음 울음을 터트리는 시기와 같다.
沐浴(목욕)	처음 출산을 해서 목욕시키는 과정. 갓 출생한 아기를 깨끗이 씻긴다는 뜻이다. 이 목욕은 일명 '욕살' 또는 '패살(敗殺)'이라고 한다.
冠帶(관대)	소년이 되면 허리띠를 매는 과정. 성장 과정이 끝나고 청년기에 접어들 시기가 되며 허리에 띠를 두른다.
乾祿(건록)	성장하여 모자를 쓴다는 시기. 부모의 품을 떠나 객지에서 자립하여 가정을 이루고 독립하는 시기이다.
帝旺(제왕)	최왕강 과정. 제왕은 원기가 왕성한 40대 장년기에 해당한다. 인생의 역정을 딛고 삶의 진정한 맛을 느끼는 시기이다.
衰(쇠)	점점 기력이 쇠약해지는 과정. 원기가 서서히 쇠퇴하는 시기로, 왕성했던 기운이 점차 약해져 가는 시기이다.
病(병)	병마에 고통스러운 과정. 왕성함과 건강함이 늙어서 병에 든 것과 같이 시들해지는 시기이다.
死(사)	사망해서 크지 못하는 과정. 병환 뒤의 생명이 끝나는 시기이다.
墓(묘)	땅속으로 들어가는 과정. 死後(사후)에 墓(묘)에 들어가서 평안하게 된다.

絶(절)=胞(포)

재물 관리를 잘해야 한다. 사기 잘 당하고 망할 때가 있다.

– 지속성이 약하다.

– 경거망동을 잘한다.

- 조급한 성품이 있으며 충동을 잘 느낀다.

- 이성에게 애정이 약하며 관심이 많다.

- 주의력이 부족하다.

- 풍류심이 많으며 재물 탕진을 할 때가 있다.

- 극대적으로 발전도 할 수 있다. 용두사미(시작은 거창하게 하고 끝에는 흐지부지)가 될 수 있다.

- 선길호운이나 노년에는 노고나 고독하다.

- 말년은 불행하다.

- 인정에 흔들리기 쉬우며 실리 면이 부족하다.

- 음성적이며 주의력이 부족하다.

① 의의

만물이 땅속에 있을 때 형체가 없는 것과 같이 母腹中(모복중)에 아직 태가 형성되지 않음과 같다. 절처봉생이라 하여 만유서명이 최초로 태식을 갖게 되는 순간이기도 하다.

② 특징

절처봉생을 잘하며 재기를 잘한다. 이때는 무념무상, 지극히 정적인 상태이고 외부의 충동에 동요하기 쉽다. 인정에 흔들리고 실리 면에 투쟁하지 못하기 때문에 손해를 보고, 여자는 남자의 달콤한 거짓말에 정조를 잃기 쉽다.

③ 직업

교육자, 사색가, 철학자, 음식업, 봉급생활, 종교인, 학자, 연구가 등에 적합하다.

④ 수명

고질병이 있으며 단명한다.

⑤ 십신과의 관계

- 재성이 절지이면 재산의 어려움과, 남자는 처가 질병, 사별 등의 일을 겪는다.

- 관성이 절지이면, 여자는 남편 연이 박하고 남자는 자식 연이 박하다. 또 공직수임이 어렵고 명예가 없는 사람이다.

- 식신이 절지면 의식주 생활에 어려움이 많고 활동에도 장애가 많다. 여자는 자녀를 두기 어렵고, 만일 자녀가 있어도 훌륭한 자녀가 되지 못한다.

⑥ 명주와의 관계

- 년지: 육친 인연이 없거나 덕이 없으며 화친하기 어렵다. 조업을 승계하지 못하고 타향에서 생활한다.

- 월지: 육친무덕에 변화가 많고 형제 고독하며 범사에 손실이 많다. 사회에 적응하기 어려우며 부모 인연이 없거나 유산을 받기 어렵다.

- 일지: 남녀 연애결혼을 하며 부부 불화목하다. 부모의 인연이 없고 장남이라도 타향살이한다. 주관성이 없어 남의 꾐에 빠지기 쉽고 여색으로 인한 망신을 당하며, 부부의 인연이 좋지 않다. 여자가 甲申, 辛卯 일

에 태어나면 성질이 급하고 부부궁이 나쁘다.

- 시지: 자식의 혜택을 받을 수 없으며 인연이 약하고 나쁘다.

胎(태)

- 여성처럼 온순하며 화술이 능하다.
- 안식과 향락을 즐긴다.
- 타인의 청탁을 거절을 못 한다.
- 악의는 추호도 없다.
- 인정이 많아서 실수를 잘하고 이용을 잘 당한다.
- 친밀감과 교제성이 많다.
- 자비심이 충만하다.
- 의협심이 있으며 호기심이 많다.
- 이성관계는 항상 심각하다. 몸이 약해서 감당하기 어렵다.
- 불안하고 초조한 마음을 항상 가지고 있다.
- 풍류심과 오락을 즐긴다.
- 온화한 듯하나 항의와 반발심은 강하다.

① 의의

사람이 부정모혈을 받아 수태됨과 같고 천지 만물이 음양 교접하여 지중에서 새 생명이 움터 옴과 같다.

② 특징

이때에는 수양 보호를 받는 상태에서 장래 희망과 발전을 꿈꾼다. 주본성이 약하고 의타심이 있으며 색정 문제를 일으킨다. 지능과 사색, 연구와 기억은 우월하나 활동·외교·처세가 부족하다.

③ 직업

어린 생명을 귀여워하고 화초나 종자, 묘목 등에 호기심이 있다. 상업가, 강의, 봉급생활, 회사원, 산부인과, 탁아소, 아동보호소 화원, 종묘원 등에 적성을 보인다.

④ 수명

항상 질병을 암시하고 사선을 여러 번 넘긴다. 단명.

⑤ 십신과의 관계

- 재성이 태지면 처가 잉태를 하거나 재산의 늘어남이 있다.
- 식신이 태지면 의식주 생활의 상승세를 나타내고 여자는 잉태를 하는 수가 있다.
- 관살이 태지면 자녀 임신 소식이 있고, 공직상 전망이 예견된다.
- 인성이 태지면 학문이 발전하며 연구 생활에 진전이 있다.

⑥ 명주와의 관계

- 초년: 신체가 허약했으며 조상과의 인연이 약하다.
- 중년: 중년부터 신체가 건강해진다.
- 말년: 말년에는 건강하여 활동을 할 수 있다.
- 년지: 조상이 발전·번영을 조금 했다. 어렸을 때 부모의 변화가 있었다.

– 월지: 청년기에 직업 전환이 많고 계획과 방침이 자주 혁신된다. 육친 인연이 없다.

– 일지: 어릴 때는 허약하여 죽을 고비를 겪지만 중년부터는 건강해진다. 부모·형제와의 인연이 박하고 직업을 자주 바꾸며 한 가지 일에 투철하지 못하나 중년 이후 발전한다. 여자는 고부간에 불화가 많고 특히 여자가 丙子, 己亥 일생은 가정불화가 많으니 결혼을 늦게 하는 것이 매우 좋다.

– 시지: 부부·자식 인연이 없으며 노년에 질병으로 신음한다. 자식이 부모의 업을 변경한다.

養(양)

– 의타심이나 의뢰심은 전혀 없다.

– 남녀 모두 호색가가 많다.

– 온건하고 낙천적이다.

– 부모와 인연이 약하다.

– 노력은 주야로 끊이지 않는다.

– 인품이 선량하고 타인과 사교적 성품이 많다.

– 인내력이 매우 강하다.

– 팔방미인이다.

– 육친 중에서 모친의 영향력이 최고로 강하다.

① 의의

양은 태가 母(모) 복중에서 성형하여 태어나기 전까지 자라나는 것을 말한다. 이때에는 외부적인 투쟁이 없이 안정과 보호 속에서 양육·성장한다.

② 특징

진중하고 봉사적이나 어려움을 당하면 두려워하고 물러서게 된다. 착실하고 온건하며 낙천적인 데 특색이 있으나, 선두에서 과단성 있게 지도하기에는 부족하다.

③ 직업

자영업, 육영사업, 무역업, 사업가, 양어장, 유치원, 학원, 각종 사육장, 양노원, 탁아소, 요양소 등에 적성이 있다.

④ 수명

90세까지 무병장수한다.

⑤ 십신과의 관계

비견, 겁재가 양위면 이복형제가 있고, 형제들이 온순 선량하다. 식신이 양위면 가축 사육으로 성공한다. 상관이 양위면 조모가 양육하는 일이 있고 편인이 양이면 이복형제에다 계모가 있다.

⑥ 명주와의 관계

– 초년: 부모와의 인연이 약하다.

– 중년: 이성 문제로 부부 인연이 변한다.

– 말년: 육친 인연이 없다.

– 년지: 양자로 타가에서 양육된다. 陽(양)이면 아버지가 양자로 양육
되었거나 자신이 양자가 되거나 분가를 한다.

– 월지: 생모와 인연이 없으며 타향살이를 할 것이다. 중년에 호색으로
파산한다.

– 일지: 재혼지명이 많으며 부부 불화목하다. 어릴 때 생모가 아닌 사
람에게 양육된다. 일주가 眞養(진양)이라면 양자로 나가거나 아니면 분가
한다. 호색하여 재혼하거나 일부일처를 지키지 못하는 수가 있다. 여자는
일주 양이면 행복하고, 어진 자녀를 둔다. 庚辰일생은 천운이 좋지 않다.

– 시지: 여명은 행복하게 산다. 남명은 자식 덕이 있으며 늙어서 자녀
의 효성을 받는다.

長生(장생)

일주에 있는 것이 제일 좋다.

– 성품이 연약하고 생기가 발달하다.

– 원만한 성품이며 모가 나지 않는다.

– 타인과 융화를 잘하며 명랑하다.

– 어디에서나 인덕이 있으며 귀인의 도움을 잘 받는다.

– 감수성이 예민하고 다정다감하다.

– 온화하며 충성심이 있다.

– 의욕과 진취력 추진력은 없다.

– 타인과 투쟁은 하지 않는다.

– 품위와 인망이 있다.

– 두령이나 지도자의 기질은 없다.

① 의의

사람이 어머니 배 속에서 태어남과 같고 만물이 지상의 일원으로 발생하여 向榮(향영)하는 것과 같다.

② 특징

資性(자성)이 온건·명민하고 개척과 전진, 창조, 창의, 신장, 발전을 기약한 희망과 의욕이 건왕하다. 자존심과 진취력이 旭日昇天(욱일승천)하는 격으로 장래가 촉망된다. 타인과 다투지 않는 두령 격이다.

③ 직업

관리직, 회사원, 보좌관, 비서, 봉급생활, 예술, 기술, 전문직, 학자, 발명가, 개척자, 박사, 창조자, 사장, 중매를 수임하는 고위 관리직 사원이 된다.

④ 수명

90세까지 건강하게 장수한다.

⑤ 십신과의 관계

재성이 장생이면 거부가 된다. 肥田萬頃(비전만경)이라 했다. 관성이 장생이면 명예로운 직책을 얻고 남자는 현자를 두며, 여자는 훌륭한 남편을 얻는다. 인성이 장생이면 문장으로 이름을 얻고, 편인이 장생이면 인기가 상승하며, 식신이 장생이면 의식주의 혜택을 받고 가업이 흥왕한다.

⑥ 명주와의 관계

- 초년: 조상이 발달하였으며 복록이 길하다.

- 중년: 중년부터 발전·번영한다.

- 말년: 노년에 자식의 혜택을 받는다.

- 년지: 부모덕이 있으며 조상이 발전·번창한다. 년지 장생이면 선대가 발흥하고 복록이 증진한다. 충·형·파·공망되면 복록에 손상을 입는다.

- 월지: 육친 덕이 있으며 부모에게 효성심이 있고 화친하다. 월지 장생이면 부모·형제가 창성·발달하고 인덕이 있고 윗사람을 잘 모신다.

- 일지: 배우자 덕은 있으나 싫증을 잘 느끼며 유복하다. 일지 장생이면 부부 금슬이 좋으며 현처를 얻고, 次子(차자)라도 부모의 혜택이 있으며 언행이 온화하다. 남녀모두 戊寅일, 丁酉일은 복이 적고 壬申일, 丙寅일에 태어난 여자는 轉學無用(전학무용)으로 부궁이 좋지 않다고 한다.

- 시지: 자손과 인연도 좋고 덕도 있으며 편안한 생활을 한다. 시지에 장생이면 귀한 아들을 낳고 말년이 발복하여 가업이 번영한다.

沐浴(목욕)

- 춥고 숨 막히는 고통과 난관이 있다.

- 이산가족같이 육친 인연이 약하다.

- 육체적·정신적으로 미숙한 데가 많다.

- 기분과 감정에 의해 천방지축을 잘한다.

- 유혹과 사기를 잘 판단하지를 못한다.

- 외정·다정하여 매사에 깊이 빠진다.

- 성취나 기복이 무상하다.

– 이별·생별을 잘한다.

– 사교성과 친화력은 매우 좋다.

– 삼각관계가 종종 발생한다.

– 유혹·애정에 약하다.

① 의의

사람이 생후 3일에 목욕함과 같이 만물이 처음 태어날 때 강한 것은 기르고, 약한 것은 뽑아 버리는 시기와 같다. 어린아이가 처음으로 목욕하면 얼굴이 아름답기도 하지만 춥고 숨 막히는 고질병과 어려움이 따른다. 도화살, 함지살, 욕패살, 숙살이라고 한다.

② 특징

미색과 유행에 치우치며 이성 간의 색정 관계나 화려한 현실 생활에 도취되어 저축보다는 목전의 만족을 위한 생활을 한다. 재산의 낭비, 주색, 방탕 등으로 실패와 유랑을 거듭하는 사례가 많다.

③ 직업

이 같은 원리는 동지·하지·춘분·추분과 같이 이산·작별·배신·분열이 바탕이 된다. 유흥업소, 극장업, 유류업, 외무직, 중계업, 당구장 등의 업에 적성을 보인다. 사업적 재능이 우수하고, 예술에 소질이 있다.

④ 수명

건강한 듯해도 건강하지 못하다. 단명.

⑤ 십신과의 관계

재성이 패위하면 가산 탕진의 위험이 있고, 관살패위는 직업에 애로가 많고 명예가 오래가지 못하며, 남자는 자식이 낭비벽이 있고, 여자는 남편이 주색에 빠진다. 인성이 패위면 어머니가 외정이 있고, 비견·겁재가 패위면, 형제·자매 등이 주색으로 가업을 탕진한다.

⑥ 명주와의 관계

- 초년: 부모 무덕하고 인연이 약하다.

- 중년: 부부 정이 변하며 이별수도 있다. 고비를 잘 넘기면 된다.

- 말년: 고독하고 자식에 혜택도 받기 어렵다.

- 년지: 조상의 혜택이 약하며 어려움이 많다. 집안은 좋으나 선대에 주색파가 더하여 빈궁하다.

- 월지: 일찍 타향살이를 하거나 양자도 타가에서 자랐다. 모친 재가 등 가정환경이 불미하고 부부상이 바뀌거나 장자와 멀어진다.

- 일지: 배우자 인연이 변할 수 있으며 불화한다. 부모무덕하고 어릴 적부터 고생이 많으며 주색풍파를 조심해야 한다. 사교성이 좋다. 乙巳일 생, 남명은 덕망이 있고 존경을 받으나 만고 부자가 되면 병신이 된다. 甲子일, 辛亥일생은 고집이 세며 부부이별수가 있다.

- 시지: 자식이 있더라도 무자같이 살 것이다. 처자가 무정하고 말년이 고독·쇠운하여 불쌍한 처지에 빠진다.

冠帶(관대)

투자·증권·사업 등이 안된다. 월급쟁이가 가장 길하다.

- 육체적으로는 성년이 되었으나 정신적으로 아직 미숙하다.
- 용기는 강하나 지혜와 능력이 부족하다.
- 투자하는 것마다 실패를 쉽게 한다.
- 과감성은 있으나 실력은 부족하여 실패한다.
- 타인의 지배나 간섭, 충고를 거부한다.
- 아량과 관용과 인정은 부족하며 적이 많다.
- 자존심과 고집 때문에 호기를 잘 놓친다.
- 목적을 위해서는 수단과 방법을 가리지 않는다.
- 필요할 때는 유정하고 불필요할 때는 냉정하다.
- 박력과 과단성은 대단히 강하다.
- 불굴의 투지가 있어 좌절하지 않는다.
- 고통을 잘 인내하고 부정·불의에 대항을 잘한다.
- 천상천하·유아독존·안하무인.

① 의의

목욕이 어려서 4세~5세까지 천방지축으로 걷는 때라면, 관대는 유치원에 다니고부터 고등학교를 졸업할 때까지라 할 것이다. 사람이 자라서 의관을 구비함과 같다. 이는 학생복을 입고, 중·고등학교 모자를 쓰고 공부하는 성장 과정에 해당한다.

② 특징

진취심과 자아 독립욕에 사로잡혀 고통을 인내하고 부정과 불의에 대항하여 싸우는 것이 특징이다.

③ 직업

명예, 권력, 군인, 경찰관직, 공무원, 법관, 실업가, 학자, 종교인 등에 적성이 있다.

④ 수명

건강하지 못하다. 중수 70~80세.

⑤ 십신과의 관계

재성이 관대면 여자는 가산이 증진하고 처가 고집이 세며 주관 활동을 하게 된다. 식신이 관대면 여자는 자녀가 크게 발전하며, 남자는 직장의 승진이 있고 사업이 확장된다. 관성이 관대면 시험에 합격하고 승진하며 관직에 중용된다. 상관이 관대하면 지능이 발달하나 남자는 직장을 잃게 되고 여자는 남편과 이별, 질병 또는 남편의 하는 일에 장애가 온다. 편인이 관대면 기예의 발전이 있으나 사기를 당하고, 여자는 자녀들의 재난이 있다.

⑥ 명주와의 관계

- 초년: 조상이나 초년에는 노고가 많았으며, 고생을 많이 했다.
- 중년: 개운 발달이 크며, 성공·출세한다.
- 말년: 효성스러운 자식이 있으며 자식 덕이 있다.
- 년지: 초년에 조상에 혜택은 좋았다. 명문 출신으로 유복하여 유산을 받고 일찍 출세한다. 늙어서 재차 결혼하는 수가 있다.
- 월지: 용모가 단정하며 총명하고 실력이 있으며 발달이 빠르다. 개성이 뚜렷하고 완고하며 집념과 고집으로 명예와 출세를 위해서 수단과 방

법을 가리지 않는다.

　－ 일지: 남녀 다 같이 자존심이 강하며 고집이 강해서 부부 불화한다. 형제간에 의리가 있고 준재로서 공명을 얻으나 애정 실패나 주소 변동이 잦다.

　－ 시지: 노년운이 왕성하며 자식의 혜택은 있다. 자녀가 발복하여 그 덕을 받는다.

建錄(건록)

　－ 심신이 완숙한 삼십 대 혈기를 말한다.

　－ 계획을 잘 세우고 신규 사업을 시작한다.

　－ 침착성이 있고 신중하며 정밀하고 철저한 성품을 가지고 있다.

　－ 자신이 경험이 없는 일에는 손대지 않는다.

　－ 내성적 성품이 있으며 자수성가하나 인덕은 없다.

　－ 사교성이 좋고 친화력이 있다.

　－ 매사에 자신만만한 성품이 있다.

　－ 인격이 원만하고 인품이 좋다

　－ 온후하고 겸손한 성품이다.

　－ 타산적이며 자립성은 강하다.

　－ 투기는 싫어하며 매사 안전성 위주로 나간다.

　－ 수완이 부족하고 융통성은 없다.

① 의의

만물이 다 자라서 열매를 뽑아냄과 같고 사람이 직장에 나아가 보수를

받음과 같다. 록이란 사회의 구성원으로서 국가와 사회에 일한 데 대한
보수나 대가를 받음을 말한다.

② 특징

부정과 불의를 배격하고 공명정대하며 공사분명하다. 인격과 책임 위주
의 생활을 한다. 명예와 체면, 상하질서 관계를 엄격히 준수한다.

③ 직업

국가나 공공기업에 근무, 보수생활을 하고 자존심과 사명감이 강하다.
공무원, 공직인, 지휘관, 훌륭한 중견간부, 심복 간부로 일하게 된다. 지
도자, 지휘관, 군인, 경찰, 자영업, 무역업, 사업가에 적성이 있다.

④ 수명

건강하게 장수한다.

⑤ 십신과의 관계

식신이 록이면 의식주의 후복을 누리고 공직 생활로 발전한다. 비겁이
록이면 형제가 발전하고 배경이 좋다. 재성이 록이면 재물의 풍요로운 혜
택을 입고 공직 생활에 발전이 있다. 관살이 록이면 공직 생활에 심복 부
하를 많이 거느린다.

⑥ 명주와의 관계

– 초년: 조상은 번창하고 자수성가했다.

- 중년: 가정생활에 안정성이 있으며 중년에 편안하다.
- 말년: 자손이 발복한다.
- 년지: 조상이 발달하고 자수성가했다. 선대가 번창하였거나 부친이 자수성가하였다.
- 월지: 활동력이 강하며 높은 직위에 오른다. 형제가 자수성가하고 자립심이 강하며 고집이 세다. 여자는 맞벌이를 하거나 여자가 경제활동을 한다.
- 일지: 독립심이 강하며 부부 불화하며 결혼을 늦게 하는 것이 길하다. 독립심이 강하고 건전 사상으로 성공하지만 애정은 남녀 공히 원만하지 못하다. 남자는 형제 중 장자의 역할을 하는 수가 있고 중년 전에 발복한 사람은 중년 후 가세가 기울고 초년에 고생한 사람은 중년 후 발복한다. 여자는 부군이 작첩하거나 혼자되기 쉽고 생활전선에서 고생한다.
- 시지: 효성스러운 자손이 있으며 자손이 발복한다. 귀록이라 하여 자손이 발복하고, 말년이 좋다.

帝旺(제왕)

- 가정에 전념하기 어렵다.
- 산전수전을 다 겪어 본다.
- 백절불굴의 성품을 가지고 있다.
- 처세가 능소능대하다.
- 타인에게 지기 싫어하는 패기가 있다.
- 화친하기 어려우며 독선적이다.
- 수완과 역량은 비범하다.
- 타협성은 없으나 사명감은 강하다.

- 일생일대 전성기도 되지만 하락의 시기도 된다.
- 자신력과 실천력이 왕성하다.
- 통솔력과 지도력은 강하다.
- 포섭력·인내력·자존심이 매우 강하다.

① 의의

제왕이란 최고의 강왕한 것을 말하며 기세가 극왕한 것을 나타낸다. 만물이 성숙하고 사람이 극도로 흥왕함과 같다. 불굴정신과 강인한 의지를 가지며 강자에는 반항심을, 사회공익과 정의로운 일에는 몸과 마음을 바쳐 헌신·투쟁·솔선수범한다.

② 특징

과강한 피해를 조심해야 하고 강왕한 기세가 뚫고 나갈 돌파구를 찾아야 한다. 불화, 독선을 자초한다.

③ 직업

군인이나 의사와 같은 생명을 좌우하는 직업에서 능히 감당할 수 있으며 고집이 세고 타인의 조언을 잘 받아들이지 않는다. 군인, 법관, 의사, 도살업자, 백정, 재단사, 요리사, 이발사, 경찰, 정치가, 국회의원, 공무원 등에 적합하다.

④ 수명

장수도 있으나 평생 질병으로 신음한다. 단명.

⑤ 십신과의 관계

– 비견, 겁재가 왕에 있으면 過强致傷(과강치상), 나를 해치지 않으면 남을 해친다.

– 관살이 왕에 있으면 권위의 직이나 생살지권을 갖는다.

– 식신이 왕에 있으면 왕성한 경제생활을 하고, 의약업이나 식품업에 인연이 있다.

– 상관이 왕에 있으면 남을 해치지 않으면 나를 해친다.

⑥ 명주와의 관계

– 초년: 초년에 길하고 발달했었다.

– 중년: 중년에 쇠퇴해진다.

– 말년: 고독하고 홀로 산다.

– 년지: 조상이 풍요롭게 살았다. 선대가 완고한 부귀명망가이다. 본인이 자비심이 많다.

– 월지: 부모 인연, 육친 인연은 있으나 덕은 없다. 타인을 무시하고 고집이 세며 독립심이 강하고 수완이 좋아 두령 노릇을 한다.

– 일지: 개성파·행동파이며 독선적인 것을 잘하고 부부 불화목하다. 부모와 인연이 박하거나 고향을 떠나게 되고 처록이 변하기 쉽다. 여자도 자립·독립 의지가 강하여 혼전 후에도 사회 활동을 하게 된다. 그렇지 않으면 본인이 질병수가 있다. 戊午·丙午·丁巳·壬子·己巳·癸亥일생은 夫綠(부록)이 변하거나 이별 후에 과부명이다. 제왕이 중하면 배우자에게 해롭고 반드시 과강한 피해를 입는다.

– 시지: 딸만 있더라도 자식 덕은 있으며 자손이 발달을 잘한다. 귀자

발흥으로 말년이 좋으며 학문 연구를 좋아한다. 家名(가명)을 빛낸다.

衰(쇠)
- 인생의 初老(초노)이며 기백이 약해질 때다.
- 적극성이 약하며 만사가 소극적이다.
- 활동력과 발표력은 부족하다.
- 온후하고 원만하며 자립 능력이 부족하다.
- 소박하며 자기 자신을 잘 나타내지 않는다.
- 의욕과 발전성이 약하다.
- 진실성과 타협성은 있다.
- 노력은 많아도 덕이 없다.
- 손실이 많고 도난을 자주 당한다.
- 인정에는 약하고 자비심은 있으나 보수적인 성품은 있다.
- 體身(체신)이 쇠퇴해지는 과정이며 마지막 황혼기와 같다.

① 의의
만물이 왕성한 기운이 지나면 점차 쇠퇴하는 것과 같고 사람의 기운이 쇠진함과 같다. 록이 20세에서 35세라면 제왕은 36세에서 45세에 해당하는 시기라 할 수 있고, 쇠는 45세 이후 60세까지 점차 쇠퇴하여 후년에 퇴직함과 같다.

② 특징
만물의 성장이나 상승하는 기세는 한계가 있어 극왕한 견지를 벗어나면

점차 쇠퇴하게 마련이다. 안정을 위주로 하는 방향으로 흘러 모험을 피하고 내실을 기하며 보존, 수세적 사고, 평화적 대화를 요구한다.

③ 직업

안정 위주로 온순, 진실하고 매사 타협적이다. 봉급생활, 기술자, 전문직, 교육자, 회사원, 종교인, 교원, 연구가, 발명가, 고리대금업자 등이 적합하다.

④ 수명

비위 혹은 중수.

⑤ 십신과의 관계

비견 겁재가 쇠이면 배경 세력이 退潮(퇴조)하고 형제·동기가 쇠락한다. 재성이 쇠이면 재산이 줄거나 가업이 쇠퇴해진다. 식신이 쇠이면 활동이 저조하고 사고력이 감퇴한다. 관살이 쇠이면 직위가 하락하고 여자가 유약하며 가문이 번성하지 못한다.

⑥ 명주와의 관계
- 초년: 육친 인연이 없거나 덕이 약하다.
- 중년: 대발달은 하더라도 매우 고달프다.
- 말년: 노고가 많으며 고독하다.
- 년지: 유산은 받더라도 보존하기 어려우며 선천적 환경이 불우했다.
선대가 점차 쇠퇴하고 가정에는 성실하나 사회적으로는 두각을 나타내기 어렵다.

– 월지: 인정이 있어 타인에게 보증으로 실패하며 금전적 손해를 잘 당한다. 부모형제의 운세가 약하고 청년기에 발전이 없으며 남의 형편을 보아주어 금전의 손실을 당한다.

– 일지: 부부 덕이 약하며 타인으로 인해서 손해를 많이 본다. 허영과 사치가 없이 경제적이며 차분하고 조용한 운세다. 남의 보증을 조심해야 한다.

– 시지: 자손 인연이나 덕이 약하며 자녀로 인하여 근심·걱정이 있고, 의식주는 있으나 노년에 고독한 생활을 하거나 고생이 많다.

病(병)

– 신체는 허약해도 정숙하다.

– 동정심이 많으며 온후하다.

– 풍류인이 많으며 공상을 잘한다.

– 질투심이 강하고 욕심이 많다.

– 신경이 예민하며 정숙한 것을 좋아한다.

– 다정다감하며 타인에게 친절성이 있다.

– 부모 인연이나 덕은 약하다.

– 과감하지 못하고 난관이 있을 때 좌절을 잘한다.

– 타인과의 인간관계가 양호하다.

– 평생 노고가 많으며 노력을 많이 한다.

– 타인에게 의지하는 것을 좋아한다.

– 융통성이 있으며 친화력도 있다.

① 의의

사람이 쇠해지면 병에 걸리는 것과 같다. 만물이 결실 시기이다. 사색과 공상에 치우쳐 외적인 활동보다 내적인 지성 계발에 힘쓴다. 난관에 부딪치면 좌절·낙심하며 가급적 경쟁을 피한다.

② 특징

유아 시절 몸이 약한 편이요, 허장성세를 부리나 실천은 과감하지 못하다. 공상적 사색, 신경질이 있으나 밖으로는 표시하지 않고 정치 생활, 외교, 사교, 군인으로서 전공을 세우는 데 별 취미가 없다.

③ 직업

작가, 교원, 철인, 연구발명가, 설계사, 참모나 기사로 적업이다. 작가, 교육자, 설계사, 소설가, 봉급생활, 사업을 하면 일차 대실패를 한다.

④ 수명

기력·체력이 허약하여 결혼 후에 일도중병으로 고생한다. 단명.

⑤ 십신과의 관계

비겁이 病(병)이면 형제자매에게 질병이 있고, 식신이 病(병)이면 식도에 질병이 있거나 병에 걸려 눕는다. 관살이 병이면 자녀가 잔질이 많거나 신분 직위가 미천하다. 인수가 병이면 부모가 유고하거나 부모덕이 없다. 재성이 병이면 처궁에 질액이 있거나 자산이 쇠락해진다.

⑥ 명주와의 관계

- 초년: 부모와의 인연이 약하며 육친무덕하다.

- 중년: 기력·체력이 부족하다.

- 말년: 신경이 예민하며 자손에게 애착심이 많다.

- 년지: 건강하지 못하게 태어났으며 부모가 허약했다. 선대에 곤궁하고 어릴 때 건강이 좋지 않다.

- 월지: 중년에 쇠퇴 운이며 육친 덕이 없으며 인연이 약하다. 부모·형제 중 유고하거나 청년기에 운기 쇠퇴하고 병이 많거나 가사로 인하여 마음 아픈 일이 있다.

- 일지: 명랑하고 사교성이 있으며 인기가 좋으나 지속성은 부족하다. 다정다감하고 어릴 때 병약하며 부모록과 처록이 박하다. 양일간자는 진취성이 있으나 성질이 급하다. 음일간자는 활발하지 못하다. 형제가 있으면 사이가 좋지 않고 힘이 되기 어렵다. 여명에 戊申, 壬寅, 丙申, 癸酉일생은 다재다능하지만 고독하다.

- 시지: 노년에 고질병으로 신음하며 자손으로 인해 근심이 있다. 말년이 좋지 않고 자식으로 인한 근심·걱정이 있다.

死(사)

- 근면하고 노력가다.

- 이별(부모·자식·부부)로 인한 고통이 많이 있다.

- 부모 무덕하거나 인연이 없다.

- 조급한 성품이지만 결단성은 없다.

- 정직하고 인자하며 성실하다.

- 물질적인 욕심은 없다.
- 노력은 많이 해도 공이 없다.
- 구설시비가 종종 일어난다.
- 결혼 후에 가정이 불안하다.
- 활동 능력이 약하다.
- 결혼은 늦게 해야만 부부 풍파가 적다.
- 평생 허영과 사치는 하지 않는다.

① 의의

만물이 병들고 사람의 수명이 다하여 죽음과 같다. 오곡백과가 다 익어 모본에서 분리하는 시기에 해당한다. 이별의 고통이요, 만물의 靜寂之象 (정적지상)이다. 思孤(사고)만이 깊어 사색과 연구, 명상과 기도 등에 관심을 갖는다.

② 특징

성품이 고요하고 資性(자성)이 담백하며 정직·근면·노력하는 상이다. 매사에 순종하고 복종한다. 인자하며 타인에게 동정을 기울이는 호인이다. 안정적인 것을 좋아하며 책임을 철저하게 지킨다. 기백과 용기, 실천력이 부족하다.

③ 직업

학자, 기술자, 전문직, 교육자, 예술가, 교수, 봉급생활, 연구가, 발명가, 종교인, 문예작가, 기획조정관, 설계자, 효자·효부 등에 많다.

④ 수명

고질병이 있으며 큰 병으로 신음할 때가 있다. 단명.

⑤ 십신과의 관계

 – 비겁이 死地(사지)이면 형제자매의 발전이 없고 어려움을 겪는 상이다.

 – 재성이 사지면 가산이 도괴한다.

 – 식신이 사지면 의식주 생활에 어려움이 많고 재화가 줄어든다.

 – 관성이 사지면 명리를 구하지 않는 것이 좋고, 여명은 남편과 생별하게 된다.

⑥ 명주와의 관계

 – 초년: 부모 인연이 없으며 큰 병으로 고생했었다.

 – 중년: 부부 무정하며 이별·생별할 수 있다.

 – 말년: 노년에 고독하고 자식과의 인연이 약하다.

 – 년지: 육친 인연이 없거나 초년에 병약했으며 큰 병으로 고생한다. 선대에 곤궁하고 어릴 때 건강이 좋지 않다.

 – 월지: 조실부모하거나 부모 인연이나 덕이 약하다. 부모형제와 인연이 박하고 고독하다.

 – 일지: 잘됐다가 안됐다가 하는 많은 세월을 보내며 부부 무정하게 산다. 어려서 큰 병을 앓거나 부모 생존 중에는 유산을 받을 수 없다. 처도 신병이 있거나 처상이 박하다. 자식 얻기가 어렵고, 사자 때문에 근심을 한다. 乙亥일, 庚子일생, 여명은 해가 심한 것으로, 남편을 극하거나 좋은 자식을 얻기가 어렵다.

– 시지: 아들이 있으면 근심이 많다. 자식의 인연이 약하며, 말년 운이 나쁘다.

* 禍不單行(화불단전): 재앙이 올 때는 한 개만 오지 않는다. 몸이 아프거나 또는 돈이 나가거나 자식이 아프거나 한다(질병, 사기, 몸을 다친다, 손해, 이별 수).

墓(묘)

– 초년에 생가를 떠나서 살거나 노고가 많다.

– 주거 변동수가 많으며 이동수가 많다.

– 저축심이 강하며 검약하고 수전노이다.

– 실리적 생활을 추구한다.

– 남녀 모두 재물을 증식하는 것은 능숙하다.

– 결혼할 때 장애가 많이 발생한다.

– 정욕은 변강쇠와 같이 보이지만 기는 斷氣(단기)라 허약하다.

– 자수성가를 해야만 발달이 크다.

– 선천적으로 편친인연이 있다.

– 재물복은 있으나 인덕은 없다.

– 전반기와 후반기 운세가 역전된다.

① 의의

만물이 창고에 저장됨과 같고 사람이 죽어서 묘에 들어가는 것과 같다. 곡식을 창고에 저장하고 현금을 은행에 예치하는 것과 같다. 하루의 일과가 끝나면 가정에 돌아가 잠자리에 드는 것과 같다. 사람이나 동물이 죽으면 매장하는 것과 같으니 완전 정적이면서도 가장 안정된 상태이다.

② 특징

매사에 침착하고 안정함을 위주로 하여 견실하고도 안정된 생활로서 봉급생활, 부동산을 이용한 고정 수입 등에 생활 근거를 두게 된다. 내핍생활로써 낭비나 허식 없이 건전하고도 실리적인 생활을 추구한다.

③ 직업

모든 것을 끌어들여 쌓아 놓으려는 성질로 인색하다. 종교인, 학자, 미술가, 은행원, 장의사, 창고업, 부동산, 예술가, 봉급생활. 보관업, 관리인, 계리사, 전당포 등이 상업이다.

④ 수명

평상시에는 건강하고 정욕도 강하게 보이지만 근본적으로 단명한다.

⑤ 십신과의 관계

재성이 입묘이면 현금 축재를 잘하며 출납을 하지 않는 수전노상이다. 비겁이 입묘이면 형제가 편안한 곳에 안주하나 혹 알지 못하는 사이에 人獄(인옥)하거나 사별하기도 한다. 식신이 입묘이면 물질을 저장하고 재산을 저축하나 때로는 요절하기도 한다. 상관이 입묘이면 학예전당을 일으키고 기예로써 명성을 날리나 요절하기도 한다. 인성이 입묘이면 선영의 정기를 받고 윗사람으로부터 혜택을 입으며 지혜의 계시를 받는다.

⑥ 명주와의 관계

－초년: 일찍이 타향살이를 하여 객지에 사는 것이 길하다.

– 중년: 자수성가하면 중년부터 운이 열린다.

– 말년: 자식으로 인한 근심이 있다.

– 년지: 초년에 생활안정성 있게 편안한 생활을 할 수 있다. 선조의 묘를 治山(치산)하며 끝자식이라도 선조의 묘를 돌본다.

– 월지: 중년 이후부터 쇠퇴해지는 운세며, 자수성가해야 한다. 부모·형제·처와 인연이 박하고 남 때문에 출비가 많다. 월일이 충하면 부잣집에 태어나서 재록을 얻는다. 운이 늦게 열리고 장남이든 차남이든 봉묘를 한다.

– 일지 : 배우자와 인연이 약하며 배우자의 혜택이 약하며 중년부터 발달한다. 부모·형제·처와 인연이 박하고 고향을 떠나 타향에서 곤고한 생활을 하며 주거 이전이 빈번하다. 가난한 집에서 태어난 사람은 중년 이후 발복하고, 富家(부가) 출생자는 중년부터 쇠퇴한다. 여명으로 丁丑, 丁亥일생은 夫緣(부연)이 박하고, 남편으로 인하여 근심·걱정이 있다.

– 시지: 노년에 고독한 생활을 하거나 혹은 근심이 있다. 신체가 허약하고 자식으로 인하여 근심·걱정이 있다.

12신살

12운성으로 貴(귀), 平(평), 忌(기)로 분류한다면 아래와 같이 나눌 수 있다.

- 四貴(사귀) – 장생, 관대, 록, 묘
- 四平(사평) – 태, 양, 제왕, 쇠
- 四忌(사기) – 사, 절, 욕, 병

地支(지지)

子 丑 寅 卯 辰 巳 午 未 申 酉 戌 亥

亥子丑(겨울)　　寅卯辰(봄)　　巳午未(여름)　　申子辰(가을)

12운성	생	욕	대	록	왕	쇠	병	사	묘	절	태	양
12신살	지살	년살	월살	망신살	장성	반안살	역마살	육해살	화개살	겁살	재살	천살

삼합과 12신살

· 三合 (삼합)

寅午戌 = 생 왕 묘(지 장 화)

申子辰 = 록 사 양(망 육 천)

亥卯未 = 절 욕 쇠(겁 년 반)

巳酉丑 = 병 태 대(역 재 월)

· 12신살

- 지살, 장성살, 화개살

- 망신살, 육해살, 천살

- 겁살, 년살, 반안살

- 역마살, 재살, 월살

12신살표

살 〳 년지/일지	겁살	재살	천살	지살	도화	월살	망신	장성	반안	역마	육해	화개
12운성	절	태	양	생	욕	대	록	왕	쇠	병	사	묘
巳酉丑	인	묘	진	사	오	미	신	유	술	해	자	축
亥卯未	신	유	술	해	자	축	인	묘	진	사	오	미
申子辰	사	오	미	신	유	술	해	자	축	인	묘	진
寅午戌	해	사	축	인	묘	진	사	오	미	신	유	술

원숭이띠를 기준으로 예를 들어 보자.

寅	午	戌
역마	재살	월살
亥	卯	월살
망신살	육해살	천살
申	子	辰
지살	장성살	화개살
巳	酉	丑
겁살	년도(도화)	반안살

자기 띠(申) 그룹으로 위 그룹이 망신, 육해, 천살이고, 자기 띠 그룹으로 밑의 그룹이 겁살, 년살, 반안살이며, 충이 되는 그룹이 역마, 재살, 월살이다.

  – 해묘미의 경우 위 그룹인 인오술이 망신, 육해, 천살.
  – 인오술인 경우 위 그룹인 사유축이 망신, 육해, 천살.
  – 사유축인 경우 위 그룹인 신자진이 망신, 육해, 천살.

공망(空亡)의 의미

공망살은 '빌 공', '망할 망'자를 써서 무엇을 하든 공허한, 헛되게 된다고 하는 신살을 의미한다.

천간	甲	乙	丙	丁	戊	己	庚	辛	壬	癸	
지지	子	丑	寅	卯	辰	巳	午	未	申	酉	戌	亥

천간과 지지 공망

천간과 지지가 서로 만나 한 기둥을 이루면서 4개의 기둥으로 구성되는 것이 사주팔자인데, 천간은 10개이고 지지는 12개라서 지지 2개는 천간과 만나지 못한다. 이때 이 지지를 가리켜서 '공망'이라고 한다. 그래서 천간 짝이 없이 텅 빈 상태인 지지가 바로 공망이다. 비어서 망했다고 해서 이 같은 용어를 쓴 것이다.

공망살은 노력을 해도 성과나 이익을 얻을 수 없어 자신의 노력과 시간을 헛되게 만들어 버리는 신살이라 할 수 있다. 사주에 공망이 있으면 성공으로 많은 재산을 얻어도 한순간에 다 잃게 되고, 배필을 만나 혼인을 하더라도 곧 이혼을 하는 등 모든 것을 허망하게 잃는다고 보면 된다.

사주팔자는 천간의 10개 글자가 짝을 지어 60갑자를 이루게 된다. 이 때, 이 60갑자를 통해 사주팔자가 만들어지고 그에 따라 사주를 풀이하게 되는데 천간과 지지가 1:1으로 조합이 되어야 글자가 완성된다. 위의 표에서 볼 수 있듯이 천간과 지지의 글자 수가 다르기 때문에 지지의 두 글자는 천간의 글자와 조합이 되지 않기 때문에 이때 조합이 되지 않은 지지의 글자를 공망이라고 한다.

예로부터 공망살이 좋지 못한 흉살이라고 여겨진 이유는 공망살이 있을 경우 좋은 길성이나 대운이 들어올 때 공망살로 인해 좋은 운이 무용지물이 되기 때문이다. 하지만, 액운이 들어오는 시기에 공망살을 만나게 되면 액운 역시 그 힘과 작용되는 세력이 상쇄되기 때문에 꼭 나쁜 흉살이라고 여기기엔 무리가 있어 최근에는 좋지도 나쁘지도 않은 신살로 보고 있다. 저자는 개인적으로 공망을 인정하지 않는다. 육십갑자는 우주가 멈추기 전에는 계속 돌고 순환하기 때문이다.

사주 기둥 공망

년지공망(경)

항상 고생이 그치지 않고 하는 일마다 실속이 없으며 발전이 없다. 조상 덕이 없으며 어려서 불우하다.

- 조상 인연이 박하다.

– 양친 인연이 없다.

– 생사별한다.

월지공망(중)

부모덕이 없으며 형제간 우애도 좋지 못하다. 중년에 풍파를 얻게 된다.

– 부모·형제와의 인연이 박하다.

– 자기 근기 운명을 주관하는 장소.

– 월지 공망은 용신의 역량이 저하된다.

– 사업상 변천을 가져온다(여러 가지 사업을 하게 된다).

생일공망(중)

배우자 덕이 없으며 배우자와 이별하거나 인연을 만나기 힘들다.

– 부부 덕 혹은 인연이 없다.

– 부부 정에 이상이 온다.

– 자기 발전 쇠약.

– 거주지 불안.

시지공망(중)

자식 덕이 없으며 자식을 갖기 힘들다. 말년에 고독할 수 있다.

– 노후에 자녀에게 의지하기 어렵다.

– 공망이 다칙(2개 이상)이면 안정하기 어렵다.

– 자식이 번창하기 어렵다.

* 공망이 충이 되면 없어진다.

* 공망이 많으면 외국에 이민 가면 출세한다.
* 일·시 공망은 외국에 이민 가면 길하다.
* 월·년 공망은 외국을 왕복하면 길하다.

사주 내 글씨 공망

– 재물이 공망이 되면, 재는 그림의 떡이다.

– 관성 공망이 되면, 명예가 장구하기 어렵다.

– 식상이 공망이 되면, 자식에게 의지하기 어렵다.

– 정인이 공망이 되면, 윗사람이나 조상에게 바라기 어렵다.

– 사주에 공망이 많으면, 외국에서 발달한다.

오행 공망

– 木 공망 다(단/절단 절): 寅, 卯

– 火 공망 다(위/위험할 위): 巳, 午(흉 중 길)

– 土 공망 다(붕/무너질 붕): 辰, 戌, 丑, 未

– 金 공망 다(명/잘 들을 명): 申, 酉(흉 중 흉)

– 水 공망 다(유/흐를 유): 亥, 子

6

나의 대운은
언제 오나?

용신(用神)

용신이란 나를 도와주는 세력이 많아 우선은 좋게 보는 것인데, 그중에서도 나에게 꼭 필요한 오행이 있기 마련이다. 가령 나를 도와주는 세력이 3개가 있다면 그중에서도 제일 효과적이고 그 오행이 들어와서 사주의 원국에 평화를 주게 되고 富貴(부귀)를 가져다주게 된다면, 그 오행이 바로 용신이 되는 것이다.

그래서 용신이란 사주팔자를 모두 다 좋게 할 수는 없지만 가장 합리적이고 민주적이어야 할 것이고, 그 오행이 들어와서 身(신)을 도와주는 데에는 불평이 있을 수가 없게 되는 것이다. 자신의 영고는 만물의 그것과 같으므로 계절·기후를 나타내는 것은 매월의 월이고 따라서 각 월에 반드시 그 계절·기후의 기가 포함되어 있다.

곧 그 氣(기)가 일간의 體(체)에 대해서 用(용)이 되는 것으로 人命(인명)의 감정에 있어서 가장 중심이 되는 것이다. 사주학은 이 관계에 기반을 두고 성립한 학문이다.

용신과 시상(視相)

- 體神(체신) – 主, 氣, 精神(주, 기, 정신), 腦, 無形, 夫(뇌, 무형, 부), 想象的(상상적=추상적), 社長(사장).

- 用神(용신) – 從, 質, 肉體, 心臟(종, 질, 육체, 심장), 有形, 妻(유형, 처), 具體的(구체적), 勞組幹部(노조간부)

용신을 구분하기 위해 신강·신약을 따져야 한다.

- 신강: 정인, 편인, 비견, 겁재
- 신약: 정관, 편관, 정재, 편재, 식신, 상관
- 남자: 8자를 모두 합쳐서 5.5점, 여자: 4.5점 이상이면 신강 사주다.
- 월지: 2.5점. 다른 곳은 모두 1점씩 계산한다.

四柱(사주) 月로 따진 것

			日 木	日 火	日 土	日 金	日 水
木 木	1 2 3 1 2 3	寅 卯 辰 寅 卯 辰	甲 乙 得득 令령	丙 丁 進진 氣기	戊 己 辰 休휴 氣기	庚 辛 退퇴 氣기	壬 癸 退퇴 氣기
火	4 5 6	巳 午 未	退퇴 氣기	得득 令령	進진 未 氣기	休휴 氣기	休휴 氣기
金	7 8 9	申 酉 戌	休휴 氣기	退퇴 氣기	退퇴 戌 氣기	得득 令령	進진 氣기
水	10 11 12	亥 子 丑	進진 氣기	休휴 氣기	丑 退퇴 氣기	退퇴 氣기	得득 令령

사주 전체로 따진 것

日干	甲 乙	丙 丁	戊 己	庚 辛	壬 癸
身신 强강	木 寅卯辰 水 亥子丑	火 巳午未 木 寅卯辰	火 巳午未 土辰戌丑未	金 辛酉戌 土辰戌丑未	水 亥子丑 金 申酉戌
身신 弱약	金 申酉戌 火 巳午未	水 亥子丑 土辰戌丑未	水 亥子丑 金 申酉戌	木 寅卯辰 水 亥卯未	火 巳午未 木 寅卯辰
	戌辰 丑未 土	申 酉 戌 金	寅 卯 辰 木	巳 午 未 火	辰戌 丑未 土

• 身旺(신왕)

 – 적극성이 강하다.

 – 정신력이 강력하다.

 – 승부욕이 강하다.

 – 두려움이 없다.

 – 자신감이 강하다.

• 身弱(신약)

 – 적극성이 전혀 없다.

 – 소극적인 성품이 있다.

 – 겁이 많아서 진취력이 없다.

 – 추진력이 없다.

용신의 중요성과 의의

사주학에서의 용신에는 대략 외격, 내격, 대운, 세운의 4종류가 있다.

용신의 중요성

 – 용신은 사주팔자에서 운명의 길흉을 보는 데 최고 중요한 신이다.

 – 명리학에서 최고로 어려운 것이 용신 取斷(취단)이다.

 – 용신은 일간의 需要神(수요신)이며 운명의 최대 목표가 되고 중요하고

귀중한 신이다.

- 용신은 일간의 생사재관에 길흉화복을 관할한다.

- 용신은 그 시기를 결정하는 희신이다.

- 용신은 운로의 길흉성패를 주관한다.

- 용신은 수요장단의 생사 시기를 결정한다.

- 용신은 가정적인 운보다 사회적으로 재·관 이득불리를 판단하는 데 주용신이다.

용신의 정의

- 투간한 一神(일신)을 취하여 용신으로 한다.

- 용신은 동일 신이 많음을 꺼린다.

- 가급적 암장과 천간에 나누어 있는 것이 양호하다.

- 길흉신을 불구하고 용신은 반드시 강력함을 요한다.

- 용신은 반드시 생일에 배정하여 유근·무근을 본다. 유근하다는 것은 용신에 해당하는 오행이 월지지에 뿌리가 있는 것을 말한다. 무근은 이와 반대로 쇠·절함을 말한다.

- 용신이 무근하면 三干四支(삼간사지)에서 생부를 요한다.

- 길신·흉신 모두 용신은 통근함을 정의한다.

- 용신의 길성(재·관·인·식)은 타동적으로 생조를 요한다.

- 용신이 흉성이면(편관·상관·취·인) 이것을 극·제·합화 하는 것이 희신이다.

- 용신이 길성일 때 이것을 극이나 간합하는 것은 기신이다.

- 용신이 흉신일 때는 이것을 생하는 것은 기신이다.

- 기신이 나타나고 합·충·공망이 있게 되면 제거된다.

- 기신이 많고 제화가 있으면 이것을 구신이라 한다.

- 구신이 없으면 일생 가난하고 구신 운이 오면 小成(소성)한다.

- 용신은 일간의 수요신이며 명운의 최대 목표가 되고 중요한 역할을 하는 간명상 귀중한 것이다.

- 용신을 정하지 않으면 명식은 암흑이다.

- 第一(제일) 일간의 왕·쇠를 보고 항시 용신을 찾아야 한다.

- 생일은 일국의 군주요 용신은 국무총리다.

- 길신은 간·합을 하면 귀를 실하고 막힘이 많은 성질이 된다.

- 흉신은 賤(천할 천)을 망하게 하고 길로 변화하고 운이 호전된다.

- 재, 관, 인, 식, 살, 상, 취, 인의 인격은 '내격'이라 한다.

- 명중에 격을 취하지 않고 명중 외의 격을 구하는 것을 '외격'이라 한다.

- 생일이 약하면 이것을 돕는 것이 희신이다.

- 생일이 지나치게 강하면 이것을 제거하는 것이 희신이다. 제·억이 부족하면 희신의 역량은 미약하다.

- 생일이 약할 때 다시 약운이 오면 기신 운이다.

- 생일이 지나치게 강하고 다시 강운이 오면 또 기신 운이다.

- 생일의 기신을 확실히 판정한 후에는 희기 救仇法(구구법)과 順逆(순역)의 용신을 적용하여 直時(직시) 운명을 인정한다.

- 생일과 용신은 절대 분리의 관계가 있다는 것을 잊어서는 안 된다.

- 생일을 經(경)으로 하고 용신을 緯(위)로 한다. 身(신)은 일간이고 용신은 정신이다.

內譯(내역)의 용신

內譯(내역)의 용신에는 下(하)의 五種(오종)이 있다.

- 월지의 비견 겁재를 제한 팔종의 통변성을 용신으로 한다.

- 體(체)용론을 採用(채용)하는 한 체는 용을 겸할 수 없다는 원칙을 따른다. 그래서 비견 겁재를 용신으로 쓸 수 없다. 타소의 유력한 것으로 용신으로 한다.

- 합국이 되는 것은 일지에 연한 것을 조건으로 한다. 타의 통변성이 강력하지 않는 한 이것을 용신으로 한다.

- 시상에 편재나 편관이 1개 있고 有餘(유여)하면 시상 일위 편재격, 시상 일위 귀격으로 하는 경우, 편재와 편관을 용신으로 한다.

용신의 의의

용신은 운을 볼 때 사용, 미래를 본다.

- 사주팔자를 보는 데는 바른 용신을 보는 것이 가장 중요하다.

- 용신을 취하는 데는 월지지에서 잡는다.

- 月支(월지)에 없으면 時, 年, 日 순으로 잡는다.

- 용신을 다른 위치에서 구하더라도 관건은 월지지에 속해 있다.

- 용신은 나의 사주에 이익을 주는 것이다.

- 용신은 흉신, 길신으로 나눈다. 길신은 생하고, 흉신은 극·설기·합을 한다.

- 용신은 약하면 평생 막힘이 많다.

- 신강사주는 먼저 관, 재, 식신을 용신으로 잡는다.

- 신약사주는 정인, 편인, 비견, 겁재를 용신으로 잡는데, 사주의 70%

가 여기에 속한다.

– 용신을 취하는 데는 한 가지로 정하는 것이 아니다.

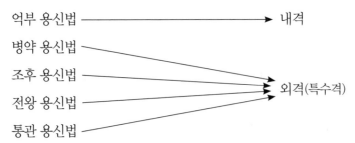

억부 용신법 ─────────────→ 내격

병약 용신법

조후 용신법 ──────────→ 외격(특수격)

전왕 용신법

통관 용신법

– 용신을 정하지 않으면 사주 보는 데는 암흑이다.

– 사주를 연구하는 데는 제일 일간이 강한 것이 좋다.

– 용신은 일간을 지키는 수호신이다. 운명의 최대 목표로서 중요한 역할을 한다.

– 용신을 적용하면 즉시 운명을 볼 수 있다.

– 일간과 용신은 절대로 떨어져서는 안 된다.

– 용신은 뿌리가 있어야 한다.

– 용신은 월령에서 취하는 것이 최상이다. 이것이 진격이다.

– 年에 용신이 있으면 조상 덕이 있다.

月에 용신이 있으면 부모·형제 덕이 있다.

日에 용신이 있으면 배우자 덕이 있다.

時에 용신이 있으면 자식 덕이 있다.

① 억부용신
– 신강할 때(억 용신): 관, 재, 식신
– 신약할 때(부 용신): 편인, 정인, 비겁

② 조후용신

- 寒(한: 추울 때) 사주에 金, 水가 많으면 용신을 木, 火로 잡는다.

- 燥(조: 더울 때) 사주에 木, 火가 많으면 용신을 水로 잡는다.

③ 통관용신

- 통관용신이 합이 되면 용신을 잡을 수 없다. 충을 할 때 발복한다.

- 金극木이면 水가 통관용신

　土극水이면 金이 통관용신

　木극土이면 火가 통관용신

　水극火이면 木이 통관용신

　火극金이면 土가 통관용신

④ 외격의 용신

- 종격, 화격, 일행득기격이 있다.

- 대운을 용신으로 한다.

- 명식의 용을 체로 하고 대운의 통변을 용으로 하고 용이 我(아)의 체에 순하면 길하고 억하면 흉하다고 간명한다.

⑤ 특수격 = 外格(외격)

- 변역간법: 조후용신법, 병약용신법, 통관용신법, 전왕용신법

- 변역간법(특수격)을 대부분 흉명으로 보나 사실은 그렇지 않다. 대단히 귀하고 부하게 된다.

- 변역간법을 알지 못하면 간명상에 큰 과오를 범하는 것과 같다.

– 변역간법을 흉명으로 간명하면 회복할 수 없게 되어 사주간명을 진중히 관찰해야 한다.

– 사주에서 오행 중 모두 一行(일행)이 되고 기세가 일방으로 편왕 한 것.

甲　丙　戊　庚　壬
乙　丁　己　申　子　　一行(일행)
木　火　土　金　水

– 일간에 오행이 월지에 이어져서 삼합 혹 방합하여 국을 이룬 것. 기가 일행으로 편왕하고 그 오행을 극하는 오행이 없을 때. [예: 甲己(목)-金이 없어야 한다.]

– 편왕한 오행을 생하거나 설기하는 것이 용신이다.

時　日　月　年
丁　甲　癸　甲　　水火 용신
卯　寅　卯　辰
　　　木국

甲乙日-곡직격, 丙丁日-염상격, 戊己日-가색격, 庚辛日-종혁격, 壬癸日-윤하격

– 性品(성품): 도량이 넓고 지혜가 많으며 총명하다.

– 직업: 상업가, 무역업으로 금전·투기·증권으로 거금을 취득한다.

– 대운: 대운·세운에서 金·水운에는 일약 대발달로 성공·번창한다.

– 세운: 대운·세운에서 火·土운에는 모든 것이 파멸하여 추락하며 사망하거나 환난·부도 등으로 불행하게 살아간다.

용신을 取(취)하는 五種(오종)

① 억부 용신

월지에 해당하는 신이 왕하면 이를 제하고, 심약하면 이를 扶(부)한다. 이것이 억부법이다(월지에 있는 것을 용신으로 한다).

② 병약 용신

희신을 극하는 것이 병이 된다. 病身(병신)을 극하는 것이 약신 된다. 이 병약의 법을 용신으로 하는 법을 말한다.

③ 조후 용신

기후, 태한, 태조, 이조화, 기후위급을 요한다. 金水일생이 동월에 생하거나 木火일이 하월에 생하는 것이다.

④ 전왕의 용신

命式(명무)의 氣勢(기세)가 일방에 偏旺(편왕)하면 土勢(토기)에 逆(역)치 말고 그 勢(세)에 순하는 것을 용신으로 한다. 혹은 화격 또는 일행 전왕이 되는 격국은 모두 차류이다.

⑤ 통관용신

양신이 그 세력이 평균되어 각각 화치 않을 때, 이것을 조정하는 것이 통관용신이다.

용신 간합

四神(사신)은 모두 합하여 흉을 去(거)함을 선으로 사흉신이 용신일 때 사길신을 용신으로 쓸 때 합을 하면 귀를 망한다. 간명은 第一(제일) 용신을 주로 하고 용신이 있으며 반드시 희신을 요한다. 희신이 있으면 행복의 명이다. 그러나 희신의 간합을 두려워한다. 간합하면 용신을 돕지 않는다. 화격은 일종의 종격으로 化神(화신)에 종하여 생조하여 줌을 기뻐하니 첫째가 化神(화신)의 강약을 잘 살펴야 한다.

용신 取法(취법)

- 일간 배합 월령 而(이) 성체성.

- 命理之 最難(명리지 최난) 明者(명자) 爲(위) 用神(용신) 之取斷(지취단).

- 명리 최단 중화.

- 중화, 申於(신어), 扶抑(부억).

- 體性之不同(체성지불동).

- 扶僞用也(부위용야).

용신의 위치와 취용법

용신의 의의

- 용신은 사주팔자 중에서 최고로 중요한 것이다.

- 사주명식에 왕약과 燥寒(조한)을 자세히 살피고 용신을 정한다.

- 용신은 사주팔자에 樞紐(추유)한 것이다.

– 사주팔자를 보는 데는 바른 용신을 정하는 것이 제일 중요하다.

– 용신을 취하는 데는 먼저 월지에 着目(착목)한다.

– 월지에서 취할 수 없으면 년·일·시 중에서 이를 구한다.

– 용신을 別位(별위)를 구한다 하여도 그 關鍵(관달)이 되는 것은 역시 월지에 있다.

– 남녀를 불문하고 중화가 귀하고 중화가 되면 길한 것은 많고 흉한 것은 적은 命이다.

– 월지에 건록, 양인, 인수, 비견, 겁재로 일간이 왕성할 때는 타주에서 설기와 극신을 용신으로 취한다.

– 乾(남)명이 신강이 좋다 하여도 지나치면 處世上(처세상) 陷(빠질; 함)이 많다.

– 坤(여)명은 신약을 원하여도 지나치면 處世上(처세상)에 지장이 있다.

용신의 順逆(순역)

– 사주 중 용신은 我神(아신) 일간에 이익한 것을 용신으로 한다.

– 일지 원명을 용신으로 하고 상격과 하격으로 구분한다.

– 정재, 정관, 정인, 식의 용신은 희한 것으로 하고 順(순)으로 적용한다.

– 편관, 상관, 겁재, 편인, 양인은 흉으로 한다.

– 용신에 의지 못 하면 약하여 평생 막힘이 많은 명이라 간명한다.

– 어느 것이라도 배합이 적합하면 귀격이 된다.

용신의 위치

– 용신이라 함은 길신을 말하고 취신은 흉신을 말한다.

- 용신은 취신의 위치에 의하여 거의 길흉을 구별하게 된다(년에 재성, 식신, 정관, 정인 등).

- 년주에 용신이 있으면 조상의 힘을 받거나 부모 양친의 덕이 있다.

- 월주에 용신이 있으면 육친 인연이 있거나 조기 발달을 한다.

- 일에 용신이 있으면 배우자의 덕이 있고, 부부 덕이 있다.

- 시에 용신이 있으면 자식과 인연이 있거나 자손의 덕이나 힘을 얻는다. 말년에 대발달을 한다.

- 이와 반대로 取信(취신)이 있으면 힘을 얻지 못한다.

용신 찾는 순서

천간 → 지지 → 암장 → 행운지용신법(기복이 제일 많다, 천간·지지·암장에 모두 없으면 운에서 올 때 사용).

용신에는 5종이 있다.

억부 용신법	신강, 신약할 때(70% 비중)
조후 용신법	사주가 한, 열로 되어 있을 때(인묘진 화국: 사주가 더우면 寒(한= 水) 추운 쪽으로 몰고 간다.
병약 용신법	일주에 병이 있을 때(편관국, 편인국, 상관국)
통관 용신법	二氣(이기)로 되어 있을 때(2가지 오행으로만 되어 있을 때, 목생화, 화생토, 토생금)
전왕 용신법	사주팔자가 한쪽 오행으로 몰려 있을 때(인묘진 목국)

용신의 취용법

- 월지에서 취할 수 없으면 년·시·암장에서 구한다.

- 용신을 다른 위치에서 구한다 하여도 그 관건이 되는 것은 역시 월지에 있다.

- 월지 암장에 있는 것이 천간에 투간한 신을 용신으로 취하는 것이 제일이다.

- 용신은 반드시 생월에 배정하여 유근·무근을 보는 것이 중요하다.

- 길신·흉신 모두 용신은 통근하는 것을 필요로 한다.

- 명리학에서 최고로 어려운 것이 용신을 취단하는 것이다.

- 용신을 년·월·시 다른 곳에서 취용한다 할지라도 월령을 떠날 수 없다.

- 월지에서 용신을 취용하면 진격이라 하며, 타주에서 취용하면 가격이라 한다.

• 通根(통근=뿌리)

: 길신은 모두 생해 줘야 한다.

偏官 ↑극↓ 食神　　偏印 ↑극↓ 偏財　　傷官 ↑극↓ 正印　　劫財 ↑극↓ 正官　　：흉신은 극하는 것이 통근이다.

日干
甲　　：인수(水)가 많아서 신강일 때

土　　　　金　　　　火
財　　　　官　　　食傷
1번째 사용　　2번째 사용

(水를 생해 주기 때문에 용신으로 못 쓴다.)

용신이 선한 것

- 재는 상관을 선하고 편재는 식신을 기뻐한다.

 (식신생재) (재생관)

- 정관은 정인을 생한다.

 (관인상생격) (정재를 반기고 상관을 꺼린다)

- 식신은 신왕을 반기고 편인을 보면 파격이 된다.

- 정인은 관을 반기고 정재를 꺼린다.

용신이 不喜(불선)

- 편관은 식신을 희하고 편재를 기한다.

– 편인은 편재가 극을 희하면 흉신은 기쁘게 변한다(편재를 절실히 원한다).

– 편관은 정인 혹은 정재를 희하고 겁재를 기한다.

– 편인이 喜化(선화)하면 생일 이상의 愛(애: 사랑)로 의리의 신[편인은 흉신이므로 간합하여 喜化(선화)하면 成格(성격)된다].

– 용신이 파, 안 되면 길하고 이것을 도우면 더욱 길하다.

– 용신을 손상하면 흉명이 되고 沒(몰)하는 것이 있으면 처음은 흉하나 후에 길이 된다.

– 용신은 정신과 같다. 정신이 후하면 복이 후하고, 정신이 박하면 복은 경미하다.

– 變體格局(변체격국)은 억부법으로 하지 않고 기세에 순함이 좋고 逆(역)하는 것이 기신이다.

용신법과 용신론

용신법

– 용신은 길흉을 주관하는 일주를 도운다.

– 기신 용신을 극제하는 자.

– 희신 용신을 생조하는 자.

– 약신 기신을 극제하는 자.

– 한신 주중에서 작용하지 않는 신으로 희신도 기신도 아닌 것.

– 빈부귀천 차별 용신의 위치관제.

月令　　月上　　日支
地支　　時上　　年干

丙　甲*　戊　庚*　　　　癸　戊　辛*　丙*
寅　寅　子　寅　　　　　丑　子　丑　子

乙　庚　壬*　丙*　　　　己　癸　壬*　甲*
酉　申　辰　甲　　　　　未　未　申　戌

- 격국이란 사주 구조의 기본적 골격.
- 용신은 정신과 일치한다.
- 격국을 찾는 데는 언뜻 쉬운 듯하나 어렵다.
- 건명은 신왕하고 재·관·왕이면 대길.
- 곤명은 신약하고 관인 상생이 대길.

① 병약용신

상관, 겁재, 편관, 편인이 제화되지 않고 흉신으로 작용할 때 이것을 병이라 하여 제화하는 용신법이 있다. 無病則(무병칙) 不是奇(부시기)요 유병이면 方爲貴(방위귀)라 사주에 병이 없으면 평인의 명이다. 병이 중하여 약을 얻으면 대귀하게 된다. 그러나 병이 중한데 약을 얻지 못하면 빈천객이고 단명한다. 병이 중할 때 약을 얻으면 대부 대귀한다. 격중에 병이 있는데, 다시 중한 병운으로 들어가면 사망할 것이요 병을 투약하여 깨끗이 나으면 복록이 풍만해진다.

② 조후용신

월지를 기준하여 사주의 한열 조습에 의하여 용신을 정하는 법이다.

- 寒(한): 서북金水, 庚辛 申酉 壬癸 亥子 己丑

- 熱(열): 동남木火, 甲午 寅卯 丙丁 巳午 戊未

- 燥(조): 丙丁 巳午 戊戌未

- 濕(습): 壬癸 亥子 己丑辰

③ 통관용신

- 金 木 상극 水가 통관용신이다.

- 土 水 상극 金이 통관용신이다.

- 木 土 상극 火가 통관용신이다.

- 水 火 상극 木이 통관용신이다.

- 火 金 상극 土가 통관용신이다.

④ 전왕용신

사주가 어느 한 가지 오행으로 독점하였을 때 그 극왕한 대세를 거느릴 수 없어 왕신의 세력을 따라 그 왕신을 용신으로 정하는 경우를 말한다.

⑤ 종강격

일간이 인성이 왕성하여 종한다.

⑥ 종아격

일간이 무기력하여 다른 세력을 쫓는 종격이다.

⑦ 종재격 종살격

從(종)자는 세력을 따르면 모든 일이 좋고 식신상관을 만나 설기하는 것을 크게 기뻐한다. 四吉神(사길신)은 양약이고, (재, 관, 인, 식신) 四凶神(사흉신)은 독약이다(편관, 상관, 겁재, 편인, 양인). 그러나 양약도 지나치면 독약이 되고. 독약도 분량이 알맞으면 훌륭한 양약이 된다. 독약이 변하여 양약이 되고 양약이 지나쳐서 사람을 해쳐 죽이는 이치를 깨달아야 한다.

- 전왕의 경우 비견 겁재가 용신이다.
- 종강의 경우 비견 겁재가 용신이다.
- 종아격에는 식신 상관이 용신이다.
- 종재격에는 정재 편재가 용신이다.
- 종살격에는 정관 편재가 용신이다.

⑧ 신약 財多(재다) 병
- 金이 木을 극하나 木이 강하면 金이 마멸된다.
- 水가 火를 극하나 火가 강하면 水가 말라 버린다.
- 木이 土를 극하나 土가 강하면 木이 꺾인다.
- 火가 金을 극하나 金이 많으면 火가 꺼진다.
- 土가 水를 극하나 水가 많으면 土가 무너진다.

⑨ 신약 官殺(관살) 병
- 金이 약한데 왕성한 火를 만나면 金이 녹아 버린다.
- 水가 약한데 왕성한 土를 만나면 水가 흙으로 묻혀 버린다.

- 木이 약한데 왕성한 金을 만나면 木이 꺾인다.
- 火가 약한데 왕성한 水를 만나면 火가 꺼져 버린다.
- 土가 약한데 왕성한 木을 만나면 土가 무너진다.

⑩ 身旺池氣(신왕지기)는 길하다
- 금왕에 水를 만나면 强氣(강기)를 멸한다.
- 水왕에 木을 만나면 세력을 모아 둔다.
- 木왕에 火를 만나면 통명에 날카롭다.
- 火왕에 土를 만나면 열기를 사한다.
- 土왕에 金을 만나면 비옥하다.
이상은 신왕한 사주에 식신, 상관 池氣(지기)시키면 길하다.

用神論(용신론)
- 용신은 반드시 생월에서 배정하여 무근을 살핀다.
- 만약 무근이면 삼간 사지에서 필요한 오행을 찾는다.
- 길신이든 흉신이든 모두 통근함을 요한다.
- 용신이 흉신이면 극합하는 것을 기뻐한다.
- 용신이 길신이면 생부하는 신이 길하다.
- 용신을 정하는 데 남녀 모두 재·관을 중요시한다.
- 남녀 모두 재관을 최고로 필요로 하고 다음은 건왕함을 요한다.
- 일간과 용신의 형·충·파·해·생극·공망·신살의 경중을 측정한다.
- 희신 구신을 구하여 행운을 본다.
- 사주에 재관이 있어도 쇠약·충·파하면 없는 것과 같고 파산하면 고

생이 많다.

- 용신이라 해서 만사 대통할 수는 없다.

- 용신운에 상부하거나 상처할 수도 있다.

- 용신은 길흉을 판단하는 기준이다.

- 용신은 운로의 길흉성패를 주관한다.

- 용신이란 수명의 장단의 생사 시기를 측정한다.

- 용신은 격국의 부귀 빈재의 深淺(심천: 깊고 얕음)을 측정한다.

- 용신은 가정적인 운보다 사회적인 운, 재관운의 利不利(이불리)를 판단하는 데 중요하다.

- 寅申巳亥(인신사해)는 암장으로 용신을 택해도 가능하다.

- 子午卯酉(자오묘유)는 근본오행을 그냥 택한다.

- 辰戌丑未(진술축미)는 암장으로 용신을 못 쓴다(천간에 투간한 것을 잡는다).

용신 정하는 법

억부용신법

강자의 억이요 戊辛甲壬
약자의 부라.   子丑辰戌

身强(신강=억법)
관·재·식·상을 용신으로 한다.

- 인수가 多 = 인수가 많아서 병이 될 때 인수를 극하는 재성이 용신이다.
- 비견 겁재가 多 = 비견 겁재가 많아서 병일 때는 비견 겁재를 극하는 관성을 쓴다. 식신 상관도 쓸 수 있다. 만사형통하고 목적을 달성한다.

日干
丙
: 火多 비견 겁재

財　　　　官　　　　食·傷
金　　　　水　　　　土
③　　　　①　　　　②

① 많이 있는 오행을 눌러 준다.

身弱(신약=부법)

 - 재성 多 비견, 겁재, 용신으로 한다.

 - 관성 多 정인, 편인, 용신으로 한다.

 - 식상 多 정인, 편인, 용신으로 한다.

 - 대운·세운에서 재성, 관성, 식신, 상관운을 만나면 모든 것이 파양되어 가산을 탕진한다.

 - 신강사주가 대운·세운에서 정인, 편인, 비견운에 모든 것이 실패·부도난다.

 - 신약사주는 대운·세운에서 관성, 재성, 식신, 상관운이 오면 매사 분산 재물이 파양된다.

• 용신 찾는 방법

신강	印授多 ①財用神	比肩劫財多 ①官星用神
신약	官星多 ①印授 正印 偏印	財星多 ①比肩 劫財 用神

억법

① 극상법

乙 乙 乙 癸

酉 未 卯 亥

관살정 용신(일주가 신강하고 관성이 유기할 때)

• 재자약살(재용신)

관성이 약할 때 재로 정용하여 재생관하여 준다.

壬 癸 戊 庚

申 亥 午 子

• 印多(인다) 괴인(재 용신)

인수가 많아 병이 될 때 재성으로 정용하여 인성을 극제한다.

己 庚 戊 己

卯 寅 辰 未

• 식신제살(식상 용신)

신약하고 관살이 왕할 때 인성으로 통관시키지 못하면 식신 정용하여
관살을 극제한다.

甲 壬 戊 戊

辰 辰 午 辰

• 상관 상진(인수 용신)

일주가 허한데 식상이 많으면 인성으로 정용하여 식상을 극제하고 일주를 생조한다.

乙　庚　壬　壬

酉　戌　子　辰

합으로 길에 화하고 형충으로 기신을 제거한다.

② 설기법

– 상식정용.

– 식왕할 때에 관이 없거나 있어도 재성이 없어 무력할 때.

– 호설하여 설기시키는 법으로 상식이 용신이다(식신이 유기이면 재관이다).

③ 부억법

– 길신격의 경우 이것을 생하고 역량을 더하도록 한다.

– 길신격의 경우 이것을 제하고 흉의를 거하고 喜政(희정)을 시행한다.

– 입체적 착법의 지극한 요법이다.

(부법)

일주가 신약 시에 扶(부)하는 법

생조법과 봉조법이 있다.

(생조법) – 인수 용신

壬　甲　己　壬

申　辰　卯　申

• 신약하고 살왕한데 인성으로 通關(통관)시켜 상생시키는 법

丙　癸　乙　庚

辰　酉　辰　酉

• 신약 설多(상관 상진) 하는 것
인수로 상식을 극제하고 일주를 생조한다.

甲　丙　乙　庚

午　申　酉　辰

병약용신법

상관·겁재·편관·편인이 제화되지 않고 흉신으로 작용할 때, 이것을
병이라 하여 제화하는 용신법이 있다. 무병칙 불시기요 유병이면 방위귀
라 사주에 병이 없으면 평인의 명이다. 병이 중하여 약을 얻으면 대귀하
게 된다. 만일 병이 중한데 약을 얻지 못하면 빈천객이고 단명한다. 격중
에 병이 있는데 다시 중한 병운으로 들어가면 사망할 것이요, 병을 투약
하여 깨끗이 나으면 복록이 풍만하다.

병약용신 원리
- 사주에서 중화를 해치는 오행이고 곧 병이라 사주多者(다자)가 병으
로 본다.
- 그 병을 제거하는 것이 곧 약(=용신)이다. 병을 극하는 오행.

- 병약용신이 중요하다. 신약사주로서 인수에 의존하는 경우에 그 인수를 해치는 재성이 병이다.
- 사주 내에 병도 있고 약이 있으면 중화를 유지하여 건전하게 발전할 수 있다.
- 병이 있을 때 약이 없다면 가난하고 환난이 있으며 약을 구할 때까지 천신만고를 겪는다.
- 그 병을 극하는 오행이 곧 용신이다.
- 큰 병자는 대귀하며 무병자는 평상인이다.
- 재성이 병일 때 재성을 제거하는 비견 겁재가 곧 용신이다.
- 병이 있을 때 약이 있으면 중화를 유지하여 건강하게 발전할 수 있다.
- 병이 있을 때 약이 없다면 가난하고 질병이 올 것이다.

시	일	월	년	乾(건: 남자)
丁 식신	乙	己	丁 식신	- 화용신
丑	巳	丑	酉	
	三合		金 국=병	화극금

- 병약용신은 일간의 신강 신약을 따지지 않고 먼저 병을 본다.
- 많은 오행을 극하는 것이 용신이다.

　　방합: 申 酉 戌

　　삼합: 巳 酉 丑

　　병이 있고 약이 있으면 언젠가는 크게 된다.

병일 때

① 일주지병

주중다자가 병이다.

乙 甲 甲 丙
卯 申 午 午 - 병
　 *

② 용신지병

용신을 극선하는 자.

③ 행운지병

대운에서 용신을 극해하는 자.

약일 때

① 일주지약

주중다자를 극제하여 주는 자.

　 *
乙 戊 辛 己 - 병
卯 午 未 丑

② 용신의 약

용신지병을 극제하는 자.

③ 행운의 약

용신지병, 일주지병을 극.

병약론

 - 병중유구칙(病重有救則) 빈천객이요.
 - 병중유구칙(病重有救則) 대부귀한다.

조후용신법

월지를 기준하여 사주의 한, 열, 조, 습에 의하여 용신을 정하는 법이다.
 - 일간의 신간 신약을 떠나서 사주 한열 기후로써 운명을 조절하는 것이 조후용신법이다.
 - 사주가 추동절에 태어나서 金水가 많으면 먼저 火로 용신을 잡으면 숨을 돌리고 꽃을 피울 수도 있다.
 - 만사형통하고 목적을 달성한다.
 - 재차 金水운이 오면 모든 것이 폐허가 되어 아무것도 남지 않는다.
 - 사주가 더운 여름, 봄여름에 태어나서 조열하고 木火가 많으면 시원하게 水로 먼저 갈증을 해소해야만 사주가 잘 류통이 된다.
 - 조후용신은 계절 기후와의 관계를 제일로 한다.
 - 木火가 많아서 조열할 때 대운 세운에서 재차 木·火운이 오면 모든 것이 실패한다.

燥(조: 조화·조절) 候(후: 기후·절후)
조후 : 한난 조습(기세를 조화시킨다)
한난 : 한난하니 만물이 발육하기 어렵다.

秋(추) : 寒(한) = 庚 辛 申 酉 亥 子 丑 = 火 用神

夏(하) : 燥(조) = 丙 丁 巳 午 未 戌 戌 = 水 用神

春(춘) : 煖(난) = 甲 乙 丙 丁 寅 卯 巳 午 未 戌 = 水 用神

冬(동) : 濕(열) = 壬 癸 亥 丑 辰 (水국) = 火 用神

　　냉한-온난　　　온난-냉한

　　조열-조습　　　조습-조열

　　　　*　　　　　　*　　　　　*
　甲庚丙己　　戊庚丙甲　　乙甲甲丙
　申辰子酉　　寅辰子申　　亥申午午

통관용신법

– 사주 내에 오로지 2개 오행만 있어야 한다.

– 양신성상격: 2개 오행으로 이루어져 있다.

– 사주팔자의 오행이 4대4의 2기로 양분된 사주다.

– 金木상극: 水가 통관용신.

– 水土상극: 金이 용신.

– 木土상극: 火가 용신.

– 水火상극: 木이 용신.

– 火金상극: 土가 용신.

– 통관용신이 합하면 통관불능 합신을 충할 때 발복한다.

- 通官神(통관신)을 타신이 충·파할 때는 행운에서 충·파神(신)을 합화 時에 발복한다.
- 통관신이 위치가 멀어 통관에 작용력이 약할 때, 행운에서 통관신을 만날 때 발복한다.

辛丁癸戊　　丙丁甲癸　　甲丙己丁
亥未亥寅　　午卯子酉　　午午酉酉

전왕(專旺) 용신원리

- 사주가 어느 한 가지 오행으로 독점하였을 때 극왕한 노력을 건드릴 수 없어 노력을 따라 그대로 요인을 정하는 경우. 종격, 전왕격.
- 종강(인성多) 인성이 용신
- 종왕(비견 겁재多) 비겁이 용신.
- 종재(재성용신)
- 종살(관살용신)
- 종아(식상용신)
- 왕의극 불의요 설기 대의라.
- 왕자는 충할 때 기발한다.
- 종자는 순세면 백사대길이요 호설정영을 대선한다.

丙乙丙戊　　　己壬戊壬
戌未辰戌　　　酉子申申
土 용신　　　　火土 대기

乙癸丁甲　　　戊庚壬壬
卯卯卯寅　　　寅寅寅寅
종아木용신　　　木용신

간명요법

– 천간은 경하고 지지는 중요하다.

– 생은 측을 쇠하고 생을 받는 측은 강하다.

– 순행은 길이 후하고 연행은 복이 박하다.

– 왕강은 설기하면 길, 쇠약은 생부하면 길하고, 조열은 한하고, 한냉은 온하다.

– 곤명은 관, 천월이덕, 식신, 천을귀인이면 귀명하다.

– 건명은 관, 재, 신강, 천을귀인이면 귀명하다.

– 사주는 중화가 최고 아름답다.

– 난잡은 부자를 박하고, 천하게 본다.

– 사주팔자는 선천명이고, 세운·대운은 후천명이다.

– 생시는 중요하게 간명한다. 결실이고 자손의 운명을 예측한다.

– 노년의 운은 생·왕·운을 꺼리고, 소년·청년운은 사·절·극운을 꺼린다.

대운 설정법

- 대운은 생년의 천간에 의하여 순행·역행을 정한다. 양남 음녀는 순행, 음남 양녀는 역행이다.
- 사주 명학은 기후 변화와 오행의 생·극 조화를 판단하기 때문에 절후는 대단히 중요하다.
- 기, 중기, 정기에 따라 어느 달에 태어났느냐에 따라서 인간사가 작용한다.

월별 입절법

1	2	3	4	5	6	7	8	9	10	11	12
月	月	月	月	月	月	月	月	月	月	月	月
입춘	경칩	청명	입하	망종	소서	입추	백로	한로	입동	대설	소한

- 운로를 보는 데는 대운과 세운을 중심으로 본다.
- 월기는 식물이 파종발아, 성장, 개화, 결실에 이르는 그 遇程(우정)이 각 계절에 적합하지 않으면 안 된다.
- 천하만상은 모두 이와 같이 각각천시를 득하여 성장·발전한다. 木기는 춘, 火기는 하, 土기는 각 계절을 주관한다. 金기는 추, 水기는 동 계절을 말한다.
- 음양은 한난의 기를 주사한다.
- 오행은 四時(사시) 기후의 기를 지배한다.

– 위대한 인간은 만물의 靈長(령장)임과 동시일개의 小天地(소천지)이다.

월분득

오행	목기	화기	토기	금기	수기
득	춘	하	장하	추	동
부득	추	동	동	춘	하

기묘한 지혜를 뽐낸다 하여도, 월기의 명의 지배에서 벗어날 수 없는 존재이다.

대운을 정하는 법

인간은 태어남과 동시에 우주운동의 일원으로서 우주운동에 참여하여 살아가는데, 이 살아가는 행로가 어떠한 진로인가를 밝히는 것이 대운법이다. 년·월·일·시의 간지는 그 사람의 타고난 숙명이 어떠한 것인가를 아는 기준이 되나, 그 숙명이 시기에 따라 어떻게 변화되는가는 대운·세운·월운을 통하여 알 수 있다.

대운은 생월의 간지를 기준으로 정한다. 대운은 생년을 기준으로 하여 양남 음녀는 순행하고, 음남 양녀는 역행한다고 한다. 즉, 년간이 양간인 남자와 년간이 음간인 여자의 대운은 순행하고, 년간이 음간 남자와 양간인 여자의 대운은 역행한다는 것이다. 대운 간지 일주가 10년을 관장한다고 한다. 대운은 순행·역행하여 십 년마다 변하는데 몇 살 때마다 변하는가는 대운 수에 의한다. 그러면 대운은 왜 월주를 기준하여 설정하며 일주가 10년을 관장하는 것일까?

• 대운 설정법

– 順(순)운은 생일에서 다음 節入(절입)일까지 日數(일수)를 알고 이를 三除(삼제)하여 3일 일간을 1년 운으로 하고 1년에서 1년에 이르는 방법을 취한다.

– 역운은 생일에서 前(전)의 節入(절입) 당일까지 역으로 日數(일수)를 계산하여 대운이 何年(가년)에 해당하는가를 정한다.

– 일수가 많고 적음을 막론하고 반드시 三除(삼제)하여 대운수를 정한다.

– 36각(일년) 24각(입개월).

① 월령을 기준으로 해야 하는 원리

지구가 태양계에 속하게 되고 월은 지구의 행성이 되니 이 삼자는 우주 운동의 한 단위체로 태양과 지구는 종적 경선 관계에 놓이고, 달과 지구의 상호 인력 관계는 횡적 緯線(위선)에 해당한다.

지구는 이같이 태양과 달의 종횡 인력 관계를 유지하면서 자기 순환 궤도의 질서를 정확하게 지켜 나가는 것이다. 이 같은 운동과정에 지구와 달과의 인력관계는 66.5도의 경사도가 이루어져 사시 四季節(사계절)의 변화가 이루어지고 지구상의 온갖 변화 작용이 이루어지는 것이다.

기상학의 변화 요인이 태양에도 있음이 틀림없지만, 지구가 태양을 1년 만에 1회 공전하는 동안 사계절의 변화 등 온갖 변화 현상을 일으키는 것은 월의 작용에 더욱 크게 기인하기 때문에 달을 기준한 월령의 변화에 따라 대운을 설정하여 그 사람의 자전궤도로 한 것이다.

② 1개월이 10년을 관장하는 이유

인간이 우주운동을 1회전하는 데는 120년이 소요된다. 이 120년을 1년으로 축소하면 1년은 추하추동의 사계절이 있고 12개월로 나누어지는데, 12개월은 24節侯(절후)로 다시 세분된다. 1년을 12개월로 나눈 것이 한 달에 해당하고 120년을 12로 등분하면 10년이 되고 10년이 곧 한 달이 되는 것이다. 이렇게 하여 대운 일주는 인간 운명의 10년을 관장하는 自轉(자전)궤도가 되는 것이다.

③ 대운 설정법

대운은 생년의 간지에 의하여 출생월을 기준하여 정해지는 것이다. 양남음녀는 월주 후 一위로 순행하고 음남양녀는 월주 전 一위로 역행한다. 여기서 양남음녀 또는 음남양녀라 함은 생년의 천간이 양간인가 음간인가를 말한다. 甲, 丙, 戊, 庚, 壬은 양간년이고 乙, 丁, 己, 辛, 癸년은 음간년이다.

앞의 예 사주에서 년주 癸亥(계해), 월주 甲寅(갑인), 일주 壬午(임오), 시주 壬寅(임인)이라고 하면 이 사주의 주인공이 남자라고 하면 음남이 되고 대운은 역행한다.

時	日	月	年
壬	壬	甲	癸
寅	午	寅	亥

• 역행대운

癸	壬	辛	庚	己	戊
丑	子	亥	戌	酉	申

운이 되고 각 일주가 10년 동안 운명을 관장한다. 만약 위의 사주에 주인공이 여자라고 하면 음녀에 해당하고 음녀의 대운은 순행하는 것이다.

• 순행대운

乙	丙	丁	戊	己	庚
卯	辰	巳	午	未	申

등이 된다.

④ 行運歲數(행운세수) 결정법

행운세수란 양남음녀는 순행 미래절로 대운을 설정하고 음남양녀는 역행 과거절로 대운을 설정하였는데, 이 설정된 대운이 몇 세부터 몇 세까지에 해당하는가를 정하는 것이 행운세수 결정법이다.

• 양년생 남자와 음년생 여자의 대운의 행운세수 산출 방법

생일 곧 태어난 날부터 다음 달 절입 날짜까지의 일자를 계산하여 나오는 날짜를 3으로 나누어 2가 남을 때는 1을 더하고 1이 남을 때는 계산에 넣지 않는다. 예컨대 앞의 사주가 여자라 하면 양남음녀에 속하고 행운세수는 태어난 날부터 다음 달 절입일까지 계산하여 3으로 나눈다. 태어난 날은 정월 11일에 해당하고 2월달 절입일은 경칩에 해당한다. 경칩까지

날수는 경칩이 정월 22일이기 때문에 11일에 해당한다. 11일을 3으로 나누면 4로 나누는데 1이 모자라고 3으로 하면은 2가 남기 때문에 행운세수는 4가 된다. 따라서 대운과 행운세수는 아래와 같다.

乙	丙	丁	戊	己	庚	辛
卯	辰	巳	午	未	申	酉
4	14	24	34	44	54	64

곧 乙卯는 5세부터 14세까지가 되고 丙辰은 15세부터 24세가 된다. 여기에서 계산한 행운세수에서 1을 더하는 것은 태어나면 모두 1세가 아닌 2세라 하기 때문이다. 이 행운세수를 월까지 정확하게 계산해 보면 1년이 3이 되기 때문에 1년은 12달이고 1은 4개월이 된다.

앞의 경우에 행운세수가 4가 되기에는 1이 모자란 것이다. 그러면 행운세수 4개월이 더 주어졌다는 뜻이 된다. 따라서 태어난달 정월에서 4개월을 빼면 9월이 된다. 정확한 행운세수로 乙卯운은 4세 되는 9월달부터 시작하여 14세 8월 말로 끝난다는 계산이 된다.

丙辰은 14세 9월부터 시작하여 24세 8월 말로 끝난다. 모두 이와 같이 계산하면 되는 것이다.

• 음년생 남자와 양년생 여자의 대운의 행운세수 결정 방법

태어난 날부터 그달의 절입 날짜까지를 계산하여 나오는 날짜를 3으로 나누어 구하는 것이다. 그러면 앞의 예주로 든 사주가 남자라면 음남양녀에 해당한다. 음남은 태어난 날부터 그달의 절입 날짜를 계산하여야 하기

때문에 태어난 날은 정월 11일이고 정월 입절인 입춘은 전년 12월 22일 해당하기 때문에 19일간이 된다. 19를 3으로 나누면 6이다.

남자는 1세 丙寅, 2세 丁卯, 3세 戊辰, 4세 己巳, 5세 庚午, 5세 辛未, 7세 壬申, 8세 癸酉, 9세 甲戌, 10세 乙亥 등 이와 같이 순행하고, 여자는 1세 壬申, 2세 辛未, 3세 庚午, 4세 己巳, 5세 戊辰, 6세 丁卯, 7세 丙寅, 8세 乙丑, 9세 甲子 등으로 역행한다고 한다.

세운법(歲運法)·소운법(小運法)

세운법

운로를 보는 데는 사주 추명학에서는 어디까지나 대운 중심으로 생각하게 된다. 그러나 행운세수에서 대운이 9나 8과 같이 나왔을 때는 그전의 어린 시절의 운명을 감정할 수 없다. 이같이 초년의 운명을 알기 위하여 사용하는 것이 소운법이다.

대운은 월건에서 순행 또는 역행하는 데 반하여 소운은 시주를 표준하여 양남음녀는 순행하고 음남양녀는 역행한다. 위의 예주에서 남자라고 하면 음남에 속하고 대운은 7세부터 일어나기 때문에 6세까지의 소운을 계산하면 시주에서 역행하게 된다. 시주는 壬寅이기 때문에 辛丑 1세, 庚子 2세, 己亥 3세, 戊戌 4세, 丁酉 5세, 丙申 6세가 된다.

또 위의 예주에서 여자라고 하면 음녀에 해당한다. 대운이 5세부터 시작하기 때문에 소운을 계산하면 시주에서 순행하면 된다. 시주는 壬寅이기 때문에 癸卯 1세, 甲辰 2세, 乙卯 3세, 丙午 4세가 된다. 모든 소운법은 이같이 계산하면 되는 것이다.

소운법

이것이 되고 1이 남기 때문에 6으로 한다. 따라서 대운과 행운세주는
아래와 같다.

癸	壬	辛	庚	己	戊
丑	子	亥	戌	酉	申
6	16	26	36	46	56

癸丑은 7세부터 16세까지가 되고 壬子는 17세부터 26세까지가 된다. 월
까지 정확하게 계산하면 6하고 1이 남기 때문에 태어난 달 정월에서 4개
월을 더하면 5월이 된다. 따라서 癸丑은 7세 5월부터 17세 4월까지이고,
壬子는 17세 5월부터 27세 4월까지가 된다.

대운 간지의 작용력

대운·세운의 작용에 관하여는 뒤에서 상세하게 설명하기 때문에 여기
에 간략히 이야기하면, 대운은 지지가 더욱 중요한 역할을 하는 것이며
干(간)이 5년, 支(지)가 5년이라고 하는데 干을 판단할 때도 支의 작용력을
30% 가산하여 판단하여야 하며 支를 판단할 때도 干의 작용력을 30% 가
산하여 동일하게 작용하는 것으로 干支(간지) 각기 10년씩 동참하는 것으
로 판단하여야 한다. 그러나 간지가 상생하느냐, 상극하느냐, 천지동이
냐에 따라서 동일할 수는 없다.

12개월의 입절일

月別 (월별)	正月	2월	3월	4월	5월	6월	7월	8월	9월	10월	11월	12월
立節 (입절)	입춘	경칩	청명	입하	망종	소서	입추	백로	한로	입동	대설	소한

간명요법

- 감정할 때는 사심을 가져서는 안 된다.
- 사주가 貧賤凶夭(빈천흉요)한 것을 부귀 장수한다고 판정하는 것은 그 사람의 생애를 그르치게 한다.
- 我(아)신이 강건하고 장수하면 기쁘다.
- 약하고 쇠약했을 때 길신, 길성을 띄어도 발복은 크지 않다.
- 길흉화복도 대귀명과 보통명이 다르다.
- 대귀의 명은 스스로 귀명이므로 格(격) 吉(길)이 오지 않아도 발복한다.
- 보통명은 원래 命局(명국)이 귀하지 않으므로 극길 운이 오지 않으면 발복을 못 한다.
- 상류층의 사주에서 수명의 생사는 行運(행운)이 다르다.
- 대귀상류의 명은 극길운에 거의 사망하고 또는 기세가 다할 때 사망한다.
- 보통 인명은 극, 합 운에 사망하거나 또는 기세가 성한 때에 사망한다.
- 호명격은 체용일원이 되어 강세이고 성격이 적당하므로 일견호명 귀격으로 판단한다.
- 평범한 명격은 길흉신 혼잡하고 제화 不良(불근)하고 독하면, 부귀 永續(영속)치 못하고 종말에는 빈천하다.

– 길신은 생왕을 기뻐한다.

– 흉신은 강을 두려워하고 약은 휴, 수는 흉해가 경미하다.

– 행운에서 길신을 기뻐하고 흉신은 꺼린다.

– 같은 사주 중에 동일 흉신이 오면 길은 速發(속발)한다.

– 사주 중에 동일 흉신이 들어오면 반드시 흉의 작용이 대발한다.

– 四길신이 생하는 것이 있으면 힘이 강하며 사주가 양호하고 반대로 극하는 신이 있으면 길신의 작용력이 떨어져 운명도 악화한다.

– 四흉신은 극하는 것이 길하며 흉세가 약화되어 흉명이 양호하게 변한다. 반대로 생하면 흉세가 강왕하여 운명이 악화된다.

대운과 간합착법

– 대운은 지지를 중요시하고 세운은 천간을 중요시하고 월운은 지지를 중요하게 생각한다.

– 길신격은 간합운을 만나 운중 파격이 된다.

– 흉신운은 간합운을 만나 운중 성격이 된다.

– 길신격은 사주중 간합이 되어도 파격이 되고 재차 대운에서 간합운이 파격이 된다.

– 일간과 대운 세운의 간합은 독신자는 혼기도래 기혼자 사회생활에서 융합, 화합 혹 연정 관계사가 있다.

– 사주가 보기가 복잡하면 생활狀熊(상웅)도 복잡하다.

일주 대운 착법

- 甲(갑)일주는 춘하 丙癸, 추동 庚丁.
- 乙(을)일주는 대운이 춘하절로 통하면 길명.
- 丙(병)일주는 대운이 춘하절로 통하면 길명.
- 丁(정)일주는 오로지 추동절로 통하면 길하다.
- 戊(무)일주는 춘하추동. 甲 丙 癸를 쓴다. 무슨 일주이든 동절에는 戊土가 나와야 겨울에 추위를 막아 준다.
- 己(기)일주는 오로지 춘하절을 기뻐한다.
- 庚(경)일주는 추동절로 통하면 길하다.
- 辛(신)일주는 춘하절로 대운이 통하면 길하다.
- 壬(임)일주는 춘하절로 대운이 통하면 길하다.
- 癸(계)일주는 춘하절로 대운이 통하면 길하다.
- 남녀 간 관성이 흉신이면 공부하지 못한다.
- 천간은 작용을 하고 지지는 결과를 본다.

사주의 길흉

귀명(貴命)·부명(富命)

貴命(귀명)

- 재로 관을 논하고 관살로 귀를 말한다.

- 정관이 왕하고 신왕하며 인수가 있어 관살을 지키면 귀명이 된다.

- 비견 겁재가 기신·구신이 되어도 관이 와서 능히 비·겁의 기신을 제거하면 귀명이 된다.

- 재신이 왕한데 정관을 보면 관이 역량을 얻어 부귀의 명이다.

- 高官(고관)이 많은 사람이 두령이 되고 名振四海(명쟁사해)하려면 일주가 왕건하고 관성을 취용하는 사주라야 한다.

- 관성이 지지에 통근·통기하면 재성이 있어 생관하며 대운이 재·관 방향으로 행하면 가히 벼슬길로 이른다.

- 명중 관성을 보지 않으면 暗神官格(암시관격)으로 귀명이 된다.

- 신왕하고 관이 표한데 재가 있어 관을 생하면 호운이 와서 부귀가 된다.

– 재관인 3기가 구비하면 자기와 자손이 다 융성하다. 식신 상관이 있어 재를 생하여 부·재·관·식이 완비하면 현귀의 명·편재가 있고 편관이 있으면 귀명·정관·장생에 임하고 재왕하면 부귀한다.

– 관인이 모두 나타나고 또 겸해서 인에 화하는 격은 호명 귀격이다.

– 정관을 용신으로 하고 상관·비겁에 봉하지 않으면 귀명이다.

– 신살이 兩停(양정)하면 호명, 귀명, 권위가 있다.

富命(부명)

– 재물을 쌓는 부자 사주로, 신왕재왕하여 일주가 재를 용신으로 취하고 대운이 재왕하는 곳으로 행함을 요한다.

– 재성이 비견, 겁에 있지 않고 만약에 있다면 식신, 상관에 생하거나 식신생재하면 길하다.

– 정재와 재고가 있어야 하고 편재는 탈재되기 쉽다.

– 재고가 없으면 쌓아 둘 곳이 없어 손에 들고 있는 격이라 손재하는 緣故(연고)이다.

– 何知具入富(하지구입부) 財氣通門戶(재기통문호)라 하였는바, 집안에 財氣(재기)가 가득한 부자라는 뜻이다. 관은 월간지를 뜻하고 戶(호)는 년간지를 뜻한다.

– 재는 천간보다는 지지를 중하게 본다.

– 명중에 재성이 없고 암신 재격이면 거부의 명이다.

빈명(貧命)·천명(賤命)·흉명(凶命)

貧命(빈명)

- 재성이 기신이 되거나 재성이 용신이 되어도 재성에 근이 없고, 혹 비견·겁에 동주하면 운이 신왕지나 비견·겁재운으로 행하는 것.
- 재를 파하고 재신이 근을 갖지 못하면 빈명이다.
- 신약하고 상관이 겹쳐 있어 인수가 무력하면 빈명이다.
- 재성이 경하고 비견·겁이 겹쳐 있고, 식신 상관이 없으면 빈명이다.
- 인수격에 재다하고 인을 파하면 빈명이고 인격이 떨어진다.
- 재다 신약하면 부옥 빈인이 된다.
- 재가 있어도 충·극·공망하고 신약하여 재를 이기지 못하면 빈하게 된다.
- 신왕하고 빈에 넘어서 용신이 의지할 데가 없으면 빈하고 단명한다.

賤命(천명)

- 정관이 경하고 신왕, 인왕하면 천명이다.
- 정관·편관이 혼잡되고 구함이 없고 도리어 扶助(부조)하면 천명이다.
- 재는 경한데 비견·겁이 겹쳐 있고 관살이 없으면 행동이 탁하여 천명이다.
- 관살이 혼잡하여 인이 없으면 천명이다.
- 群劫(군겁)이 재를 탈하고 양인이 중중하면 천명이다.
- 충·극·형·해·탁이 되면 천명이다.
- 재관이 모두 없고 인성이 많으면 빈한하다.

- 子 午 卯 酉가 많고 형·합하면 천명이다.
- 생일 심약하고 관성을 보고 묘고에 거하면 고생이 많다.
- 도식이 왕하고 식신에 봉하면 빈하고 자녀를 극한다.
- 명중 財神(재신)이 없으면 자립 생활을 구한다.

凶命(흉명)

- 평생 명운이 파란만장, 분주다망한 사주를 말한다.
- 재다신약, 평생 無安(무안), 貨物過積(화물과적), 위험곡예가 따른다.
- 신약살왕, 무인무식, 풍전등화, 질병재난 등 항시 손재가 많다.
- 신왕패관, 식왕무재, 다재무용, 시비쟁론, 하극상 충·호·색·손, 근하무인, 도처다산, 일생 풍파.
- 신왕관약, 무재인왕: 교양이 미비하고 자제력이 부족하여 행패를 부리고 식객왕성 빈천지객이다.
- 비견겁왕 관이 없으면, 교양무체, 법률외면, 자기본위행동, 빈천지명, 풍설연속.
- 신왕호고, 파료식상: 호사다마하여 의외의 사고를 겪는다.
- 신약살강 재다무겁: 일생질병, 시비살상.
- 관살혼잡 무재불거: 다재다능하나, 유시무종, 도중하차, 재물분산이 많다. 신체가 허약해 질병·재난에 시달리며 동분서주한다.

歲運(세운)

- 희신운에는 만사가 형통하고 귀인과 지원자를 얻어 만사 순조롭게 성취된다.

– 기신운에는 만사불성으로 방해, 중상모략, 불화, 시비, 쟁송, 질병, 재난이 발생한다.

– 대운·년운에 충합이면 배의 선장끼리 불화 반목 또는 색정에 빠지는 격으로 만사 침체되고 부진하며 의외의 재난을 당한다.

– 충은 반목, 불화, 시비, 쟁송, 손재, 신인, 재난을 초래한다.

– 합은 색정, 유혹, 불의의 재난과 방해, 신부 족상 등을 초래한다.

天地同(천지동)

– 일주가 甲寅일 경우 甲寅운이면 천지동이다. 나와 동일한 자가 출현하니 주인이 둘이 되는 격이다.

– 구설, 누명, 시비분분, 반목쟁송, 사기가 발생한다.

– 이동, 이사, 전직, 유혹, 손재를 당한다.

– 부친에 불리하고 처액이 있거나 처에게 애정 문제가 발생한다.

– 견겁용신자는 길하나 중봉됨을 꺼린다,

– 신부상이니 대인관계에 유념하라.

五忌(오기)

사주명식은 중화를 최대 길신으로 하므로 목표에 위반하는 것을 최고로 꺼린다.

① 기신을 구신으로 보는 것

기신을 보면 파격, 구신을 보면 파격은 안 되지만 격식은 저하한다.

② 형, 충을 帶(대)하는 것

월지와 일지와의 형, 충은 파격이 된다.

③ 제강한 것

체용 어느 것에 대하여서도 制神(제신)이 강하면 복명이 안 된다.

④ 化(화)가 지나치게 강한 것

体用(체용) 어느 것에 대하여도 제신강하면 발달의 명이 안 된다.

⑤ 死(사), 絶(절)이 봉한 것

사주 지지가 사·절에 봉하면 복분이 박하고, 행이 死絶(사절)에 돌아오면 운세는 쇠하고 사운이 된다.

장수지명(長壽之命) · 단명(短命)

長壽之命(장수지명)

- 명중 오행 구전하여 중화되고 不逢(불봉) 파·충된 사주.
- 충자는 기신이고 합화신이 희신이 된 사주.
- 신강이 재자약살하거나 일주가 왕하나 태과하지 않은 명.
- 대운이 길하고 신약자 인성이 있는 사주.
- 신왕호설하거나 식신생재 사주.
- 사주가 주류무체하여 생생불식하는 사주.

- 성격하여 無破(무파)하며 흉대운이라도 扶遙則上(부요칙상)하고 유정
한 사주는 장수한다.

短命(단명=天命)

- 역마양인이 있고 기신이면 객사.

- 칠살 태왕하거나 양인 태왕자.

- 월지 상관 충, 극된 자.

- 양인과 칠살이 상관 동주한 자(장간).

- 충, 형, 多逢者(다봉자).

- 신약사주가 無印者(무인자).

- 신태왕자가 무상식이거나 파료된 자.

- 신왕무관살 자.

- 신약자가 재살중설자이면 허약 체질에 중병으로 신음한다.

- 월·시와 년·일이 상충된 자.

- 용신 희신이 약하고 기신이 왕성한 자.

- 초·중년 대운이 약용신 파·극자.

- 신약사주 상관, 식신중봉자.

- 조열, 냉한 사주가 불조후한 자.

- 신약 용인하는데 재가 많은 자.

- 水多木浮(수다목부)하고 制水(제수) 불능자.

- 태왕 기신, 무구사주, 기신발병, 의약무효사주다.

- 体用(체용)이 충·극되거나 무정하고 통관시키지 못하면 단명한다.

질병론(疾病論)

- 사주에 오행이 유정하게 조화되면 평생 건강하나, 오행이 편고되거나 부조화되면 질병으로 신음한다.

- 조화라 함은 무조건 생하고 不逢形(불봉형) 충극함이 없는 것을 말하는 것이 아니라, 생할 것은 생하고 극할 것은 극하며 충할 것은 충하고 합할 것은 합하여 생·극·제화 형·충, 회·합이 원만 無碍(무애)하게 相逢(상봉)함을 뜻하니 착오 없기를 바란다.

- 천간은 신체의 외피에 속하고 六經(육경)에 속한다.

- 지지는 신체의 내부에 속하고 지지장간은 내부臟腑(장부)이다.

- 생일 천간은 제외하고 년·월·시·천간이 弱地(약지)에 거하고 재차 대운·세운·일운 등에서 剋戰(극전)에 逢(봉)하면 사망한다.

- 병의 원인이 내부에 속하면 급속 치료하기 어렵다.

- 외부에 속하는 질병은 經(경)하다고 본다.

- 일간에서 설기, 태과는 발병가 혹은 재앙을 만난다.

- 남자가 식신, 상관이 있을 때 재차, 운에서 만나면 반드시 재앙이 온다.

- 옛날에도 편관칠살 상관을 만나면 病魔呻吟(병마신음)한다.

- 도식에도 盛則(성칙) 대개는 비, 위, 병환이 있다.

疾病 推理(질병추리)

- 木이 태과하거나 태약 또는 金이 충극이 되면 간, 중풍, 手足(수족) 상해, 간담, 간경화의 병이 발생한다.

– 火가 태과하거나 태약 또는 水의 충극이면 심장, 동통, 지랄병, 말더듬, 발양, 눈의 실명 등이 온다. 면상홍적, 소양질환이 발생한다.

– 土가 태과하거나 태약 또는 木의 파극이 있으면 비, 위, 허약, 설사, 편식, 위염, 위산과다의 위험이 있다.

– 金이 태과하거나 태약 또는 火의 충극이면 치질, 해소, 천식, 폐염, 폐병에 걸린다.

– 水가 태과하거나 태약 또는 土의 충극이면 신기(콩팥)부족, 월경불순, 꼽추, 당뇨가 발생한다.

– 木의 태金으로 발생한 병은 針(침)에 의한 치료는 불리하고 灸(뜸구)나 탕제가 좋다. 남방이나 북방에서 치료하면 잘 낫는다.

– 火에 의한 병은 뜸에 의한 치료가 불리하니 煎劑(달일전 제)가 유리하며 북방이 길하다.

– 土에 의한 병은 환약, 치료가 불리하며 동북방이 길하다. 水기 부족으로 인한 병은 침 치료가 좋고 환약 치료가 유리하다.

– 金에 의한 병은 灸(뜸구)의 치료가 유리하다.

오행 신체 해당 부위

• 甲: 胆(단)　　頭(두)　　　　• 乙: 肝頸(간경)　項(항)

• 丙: 小陽(소양)　肩(견)　　　• 丁: 心臟(심장)　脯(포)

• 戊: 胃(위)　　脅(협)　　　　• 己: 脾臟(비장)　腸(장)

• 庚: 大腸(대장)　膀輪(방윤)　　• 辛: 肺(폐)　　股(고)

• 壬: 膀胱三焦(방광삼초)(정강이)　• 癸: 腎(신)　　足(족)

행운의 질병

- 木기신 급흉재 발생 비교적 경.

- 火기신 사물 滿後(만후) 재해 발생.

- 土기신 遲綏(지수) 흉재 발생.

- 金기신 용신지 충, 극, 재해 발생.

- 水기신 水운 후 재해 발생.

애정·결혼 길흉론

貞節(정절)

- 재·관이 모두 없고 命惑(명혹)이 청하며 상관이 있더라도 貞節婦(정절부)다.

- 명중 비견, 겁재가 많으면 節婦(절귀)가 아니다. 혹은 夫(부)에게서 버림을 받거나 애정을 缺(결)한다.

- 아신이 관왕하면 부권을 빼앗고, 자립 생활을 도모한다.

- 편관이 양인에 봉하면 정직하고 악의가 없고 절부이다.

- 관성이 형·충되면 부부 불화한다.

淫蕩(음탕)

- 관살이 난잡하고 합이 많으면 음탕하다.

- 정·편관이 혼잡되고 정관은 약하고 편관이 강하면 음탕하고 정부를 업신여기며 女干夫(여간부)를 만든다.

- 월지 편관이 있고 지지와 암합하면 자유연애를 한다.

- 金水 상관격이 정관을 보면 미인이다.

- 상관이 정관을 보고 구하는 것이 없으면 부를 극하는 것이 심하다.

- 칠살이 지지암장과 합하면 私情(사정)이 있고 음명이다.

부부 애정 길흉론

- 여명의 관살이 부군이요 남명의 재성이 처다.

- 부부는 만유의 근원이다.

- 음양이란 성상이 형상화된 최고의 인격체이다.

- 무부부도는 무음양도요 무지지도다.

- 우주의 급합체가 부부이니 곧 한빛이요 창조주다.

- 가정의 단위는 만법치도의 으뜸이니 수신제가 치국평천하라.

① 처관(관명)

- 악처 인연(독부)이다.

- 재다신약인데 시상에 재살이 있는 자.

② 因妻呻吟(인처신음)

- 재다신약자. 인수 용신인데 재가 壤印(양인) 형, 충, 극하는 자.

- 관살기신을 생조하는 사주는 인처 신음한다.

③ 年上(년상) 여난(인연)

- 년지 도화 놓은 자.

– 신왕 財태약자: 년지 도화 놓은 자, 신왕재태약자, 일지 인수 도화 놓은 자.

④ 처첩 신병
– 처첩이 잔병으로 고생하는 사주.
– 재성 형, 충, 자.
– 재성에 급각 斷橋關殺(단교관살)이 해당하는 자.
– 재성에 相穿(상천)이 監(감)한 자.
– 재성에 탕화가 가중한 자.

⑤ 의처증 팔자
– 처첩이 부정하기 쉽다.
– 비겁이 재성과 합이 많은 사주.
– 재성이 滯劫(체겁)한 자.

⑥ 풍류호색
– 신왕자가 재성과 합이 많은 자(암합 포함)
– 일지재성과 타주재성이 합이 많은 자.
– 도화, 홍염, 목욕을 놓고 재성 혼잡된 자(관살가중).
– 신왕 재 태약자.
– 土일생 조열한 자.
– 神授(신수)생일 신왕에 냉한 자.

⑦ 처첩과 쟁다한 명

- 일시 원진 놓은 자.

- 일시 형·충된 자.

- 일시 공망인 자.

- 상관·식신이 혼잡인 자.

- 재성과 일주가 형·충된 자.

⑧ 因妻(인처) 성공

- 재성으로 용신이 되고 유기한 자.

- 재록 도화 놓은 자.

- 재성이 희신(관용신) 藥神(신왕호설)으로 통관된 자.

- 신왕지명이 명관 제마인 자(명예증진).

⑨ 처첩 비명 흉사

- 재성이 다봉극제되고 형충 相穿(상천)백호가 감한 자.

- 水土일생이 신왕에 子未 상천인 자(산액망).

- 재성이 태왕하고 형충된 자.

- 재성 무근인데 견겁에 다봉 극상된 자.

⑩ 小室作妻(소실작처)四柱

- 재성이 좌우합신 命.

- 戊일주 寅午戌 火국인 命.

- 비견겁多, 홍염, 도화 중중할 때.

- 재다신약 사주.
- 무재, 신강, 도화, 홍염이 있는 者.

⑪ 소실득자(후처득자)
- 관살심약에 상, 식 태왕자.
- 관살 중중재망극 본처무자.
- 관살이 좌우에서 합신자.
- 관살혼잡이 되면 동서득자(본처득자)

⑫ 미인 득처
- 재성에 도화가 감한 자.
- 상식 재관 중화자.

⑬ 본처 이혼 사주
- 년일의 재성이 입묘하고 일시에 유재인 자.
- 정재, 편재, 혼잡인 명.
- 일시가 동시 공망인 자.
- 재성이 공망인자.
- 원국에 무재인 자.
- 일시 재고 놓은 자.
- 겁재 양인 중중재성 심약한 자.
- 정재가 불리하고 편재가 유리한 자.

⑭ 무자 팔자

 - 일시에 관살이 入墓(입묘)하고 주중관살피상.

 - 시, 공망에 상관, 식상태왕無財(무재)인 사람.

 - 過於(과어) 조열.

⑮ 剋妻 詩訣(극처시결)

 - 천간에 비견, 겁이 많이 투출하였고 재성은 절기되며 일령에 또 신왕
지를 얻었다면 초년에 상처를 당한다.

 - 사주에 재성이 있고 양인이 있는 충·극·형 됨이 있으며 세운에서 다
시 재성이 극·파되는 경우.

 - 정 편재가 번잡하게 있고 신약하면 불구하니 상처수가 중중한 명조
이다.

⑯ 夫緣好惡의 看法(부연호악의 간법)

 - 정관, 편관, 하나만 있으면 부연 吉(길)하다.

 - 정관 또는 편관이 祿(록) 천을귀인에 봉하면 남편은 만수하고 인격적
이다.

 - 부성이 쇠약하고 사·묘·득할 시에 남편을 극한다.

 - 부성 또는 일지를 충하면, 남편의 신상에 변동이 있다.

 - 정관, 편관이 같이 있으면 색난이 있다.

 - 편관격이 제문은 화하면 남편이 어질고 부명이 원만, 부귀명이다.

 - 정관이 태왕이면 상관으로 제하고 편관이 왕하면 식신으로 제하며 길
하다.

- 일지에 약하고 관살이 왕하면 남편의 덕이 없거나 고질병이 있다.

- 정관이 일지합이 되면 부부 애정이 깊다.

- 생일에 상관이 있고 또 상관 왕하면 사별, 상관이 약하면 생별, 상관 대운 또는 비견겁,재운에 주의한다. 재격일 때는 피해 나간다.

- 일지 비견이면 남편 극, 원만하지 못하다. 관살 또는 식신 상관격은 괜찮다.

- 일지 정재면 남편 잘 섬기고 시부모에게 잘한다.

- 일지 인수면 총명하고 현양하다. 편, 정재격일 때는 처덕과 남편 덕이 없어 일생을 고생한다.

- 부성이 삼합하여 왕하면 사회 신망이 두텁고 사업·창설한다.

- 편관이 있는데 또 정관이 있으면 편관이 강, 왕하면 남편을 돌보지 않고 밀부를 둔다.

- 신왕의 명인데 인수가 있어서 과강하면 남편을 극하고 청춘과부다.

- 종살격은 명문가의 남편과 인연이 있다.

- 명중에 부성이 많고 합이 있고, 감지 沐冱(목후)가 있으면 색정으로 형벌을 받게 된다.

⑰ 妻緣好惡(처연호악)

- 상문조객과 처궁에 동궁이면 처를 형·극한다.

- 고신과숙과 동궁이면 육친골육 의지할 데 없는 여자와 인연이 있다.

- 양인, 겁재가 있으면 불처·불화목하다.

- 정, 편재 많으면 양인이 있어야 현처가 있고 내조를 잘하는 처를 얻는다.

– 일간이 강하고 비견, 겁재, 양인이 있으면 처를 극하고, 재혼하거나 재물을 파한다.

– 身(신)이 태강하고 재약하면 더욱 그렇다.

– 정관 용신인 사주가 일지에 상관이 있으면 처로 인하여 운명이 쇠하거나 재해가 생긴다.

– 명중 비견, 겁이 많으면 처를 극하고 가정을 파괴하든지 만혼의 명이 된다.

– 사주 중에 인수가 많으면 가정이 원만하지 못하다. 재혼명.

– 재성이 합하여 別象(별상)이 되었는데 일간이 약하면 처첩이 사통한다.

가족의 길흉

여명의 길흉

– 정관 상관은 부성.

– 재·관·인수 삼자가 여명에 있으면 부가 왕·영할 것이다.

– 여명에 관살 혼잡이 대기한다. 천격의 여명이다.

– 여명에 합은 있고 대성이 없으면 주부가 되기 어렵다.

– 여명에 상관이 많으면 이별수가 있든지 살아도 고독을 면하지 못한다.

– 상관이 중중하고 합이 되면 그 흉함은 말할 수 없다.

– 관성이 있는데 도화가 있으면 남편과 관계가 더욱 유정한 길신으로 화한다.

– 관성이 없는데 도화를 범함은 불가하다.

- 도화가 있고 편관이 있으면 정상적인 주부가 되기 어렵다.

- 합이 많은데 도화가 겸유함은 절기한다.

- 비견 겁이 많거나 도화가 겹쳐 있어도 불량한 여자다.

- 일지에 상관이 있고 의생화가 없으면 출가하여 곧 남편과 이별, 중하면 사별, 재가한다.

- 관성이 약하고 상관이 중하고 일주가 강하면 남편을 극하고 이별 혹은 형, 해, 질병이 있다.

- 정인, 편인이 많으면 자녀를 극하고 부부 배반한다.

- 관살 혼잡에 재운이 오면 색정의 일이 생긴다.

- 여명에 식신, 상관이 많으면 남편을 극하고 재가한다.

- 남명에 비견, 겁재, 양인이 많으면 처 인연이 변한다.

처의 길흉

- 재가 희신에 해당하면 처는 미인이고 부귀하다.

- 재왕 신왕하면 부귀하고 처첩연이 길하다.

- 일지가 재성일 때 상극 충전하지 않고 명국이 기신이 아니면 처는 내조를 잘한다.

- 재성이 희신이 되고 재를 파하는 신이 없으면 처덕을 얻는다.

- 잡기격이 충, 극하여 재를 적출하면 처가 현명하다.

- 재성이 설기하는 것이 많으면 처덕 무, 재성이 있는데 관살이 많으면 재의 설기가 심하다.

- 신왕하고 재성이 없으면 해로 못 한다.

- 재성이 약하고 비견 겁이 많으면 극처하고 연분이 변한다.

- 재다 신약하며 비견 겁이 없으면 처를 극한다.
- 식신 상관이 있어도 도식을 보면(식신을 파하면) 처는 흉재를 당한다.
- 일지에 기신이 있으면 처덕 무, 또 처로 인하여 禍災(화재)가 발생한다.
- 일지를 충파하면 부부 불화한다.
- 겁재 양인이 왕하고 재성이 없고 식신, 상관이 있으면 처를 상처 않는다.
- 일지에 재가 있고 재성이 투합하면 질투의 분쟁으로 이혼·이별수가 있다.

남편의 길흉
- 신왕 정관왕이면 夫子(부자)같이 번영한다.
- 정관이 태왕 시 상관이 구하면 남편이 영달한다.
- 정관이 약해도 재성관이 영달한다.
- 정관 편관이 충, 극, 공망되면 사랑받지 못하고 부부 배반한다.
- 정관 또 편관이 강하고 인수를 생부하면(관인상생하면) 남편에게 사랑받고 부부 영달한다.
- 상관이 왕하고 일주가 약하면 인수를 구해야 흉변위길로 된다.
- 관살이 혼잡할 때 관살 어느 하나를 제거하면 흉변길이 된다.
- 일주가 강하고 관성이 약하며 상관이 겹쳐 있으면 남편을 극하고 재가한다.
- 관성이 약하고 재성이 없고 신왕할 때 혹은 인수가 많을 때 남편을 극한다.
- 비견겁이 많고 관성이 없으면 남편을 극하거나 이별 혹은 애정 缺(결).

– 인수가 왕하고 비견 겁이 없으면 부권박부 운을 파한다.

– 식신 상관多(다) 혹 재성태과 혹 비견 겁 인성태과 하면 모두 남편을 극한다.

부모의 길흉

– 년·월에서 관인이 생하고 일시에 상관이 있어 관인을 극하지 않으면 부모의 비호를 받는다.

– 년·월에 길신이 있고 파가 없으면 조상이 청고하다.

– 재성이 있고 파가 없으면 조상은 재산이 있었다.

– 식신은 자산가·武士(무사)·양반의 가문이다.

– 인수는 사업가 또는 조상이 興隆(흥융)한 가문이다.

– 년·월·일에 재·관·인의 三貴神(삼귀신)이 구비하면 출신이 부귀한 집이고, 또 후계까지 번영한다. 단 기신이 되고 또 파·상·충·형이 되면 중도에서 파산한 집안이다.

– 년월에 인수 정관이 있고 형·충·공망이 없으면 부모 榮顯(영현)하다.

– 년월에 길신이 있는데 일, 시에서 파, 상하면 부모를 극한다. 선부후 빈이다.

– 년월에 기신이 봉하면 부모 혜택이 없다.

– 인수 편재가 충·극이 되면 부모는 완전치 못하다.

– 인수를 파하면 부모를 극하고 인성이 자신의명에 기신이 되면 그 부모는 재난을 많이 당한다.

– 인수나 편재가 약하거나 혹 극을 당하거나 공망, 형, 충, 파, 극, 절, 사, 묘가 되면 부와 일찍 생사별했다.

여자의 길흉

- 일주 왕 자손 왕이면 자녀가 많다.
- 일시가 길성이 있으면 자녀는 효도한다. 생시에 희신이 있으면 자녀가 잘된다.
- 생시에 재관이 있고 파되지 않으면 자식은 필히 영달한다.
- 일주가 왕한데 인성태과하면 자식이 없거나 있어도 있으나마나다.
- 일주가 약인데 인수가 있고 재성을 보면 자손은 박하다.
- 자손이 많고, 자식이 있으나 없는 것과 같다. 일간 왕하고 자녀가 많다.
- 신약 자식 왕하면 자식이 있어도 무용지물이다.
- 남명에 관성이 사, 절이면 타인의 자식을 양육한다.
- 자식을 극하는 신이 많으면 자식과의 인연이 없거나 타인의 자식을 양육한다.
- 자손을 생부하는 것이 태과하면 자식이 방만하든가 그렇지 않으면 곤고하다.
- 시상에서 용신 또는 희신을 파·극하면 자녀의 힘을 不得(불득).
- 자식이 약하면 그 자녀가 현명하지 못하고 영달하기 어렵다.
- 여명 식신, 상관, 남명은 정관, 편관이 심약하든가 심강하든가, 형·충·파·해·공망·사·절·묘가 되면 자손이 있어도 무자와 같다.
- 여명이 인수 또는 도식이 많으면 만년이 되어도 자식이 무, 혹은 자식을 상한다.
- 남명이 상관이 많으면 자식을 손하고, 여명이 부를 극함이 심하면 재가를 면하기 힘들다.

- 시에 양인, 상관이 같이 있으면 만년에 자녀와 이별한다.

- 여명이 도식이 많으면 자신의 자식은 반드시 절한다.

- 관성이 강하고 재왕하면 자손이 번영한다.

- 여명이 식신이 많으면 관성이 경하면 부쇠 자영한다.

- 생시에 화개가 있으면 고독하거나 자손을 극한다.

- 사주에 자식이 없으면 자손이 왕하는 운에 자식 인연이 있다.

- 자식이 휴, 수, 쇠, 절, 운에는 자식을 해한다.

형제 길흉

- 사주 중에 비견, 겁재가 많으면 형제·자매가 많다.

- 일주가 약하고 비견·겁이 없어도 인수가 왕하고, 생월에 비견·겁이 있으면 형제는 많다.

- 사주 중에 정·편관이 많으면 형제가 없든가 있어도 덕이 없다.

- 형제 합화 불합을 보려면 형, 충, 강, 약에 의한다.

- 형제가 생, 왕, 록, 귀인지에 있으면 형제는 발달 개운한다. 약, 형, 충, 양, 인, 사, 절, 쇠 패지에 있으면 형제 덕이 없다.

- 형제가 별상이 되면 형제는 화목하지 못하다[丁日生(정일생), 壬未丁(임미정).

격국론

격국(格局)

격국은 일간의 신강·신약과는 관계없이 월지를 기준으로 성립되는 것으로 대외적 입장에서 일간과의 관계를 설정하는 것이다. 격국은 사람의 몸과 같고 용신은 사람의 정신과 같다. 생활습성으로 격국을 모르고서는 운명을 판단하기 어렵다. 격국이 음이면 용신은 양이다.

일주만으로 파악되지 않는 세부적인 나에 대해서 알려면 격국으로 알 수 있다. 모든 사주에는 사람마다 다른 격이 있다. 내가 어떤 사람이며 어떤 적성이 맞는지, 또 상대편 격과 나의 격을 비교해서 성격적인 궁합 등을 어느 정도 유추할 수 있다. 모든 활동은 靜(정)에서 動(동)으로 진행되듯이 정지된 상태에서는 용신론보다 격국론이 우세하고 활동 분야에서는 격국보다 용신론이 우세하다. '일주론에서 보았던 성격 + 격국 성격' 이렇게 둘을 더해 보면 좋다. 또 세운이나 대운에서 어떤 육친이 들어오느냐에 따라 운세의 기복을 어느 정도 유추할 수 있다고 본다.

격국의 종류는 내격과 외격으로 나뉜다. 정통 격국론은 8정격(식신격,

정재격, 편재격, 정관격, 편관격, 정인격, 편인격)에 록겁격을 합하여 10정격을 기본으로 하고, 이외 나머지 외격은 '특수격'이라 한다.

格局論(격국론)

– 격국을 보는 데는 월지를 중점으로 하고 시는 그다음으로 본다.

– 여러 가지로 격에 해당되면 월지 중에서 격을 취하는 것이 강하다.

– 월지에 격을 잡기 어려우면 타격으로 격국을 정한다.

– 격국이란 사주 조직을 종결하는 명칭이다.

– 길성격은 생부하는 것이 있으면 성공·출세할 수 있다. 若(약) 극제하는 것이 있으면 길성이 되더라도 下(하)격으로 간명한다.

– 흉성격은 극제하는 것이 있으면 흉성격이라도 상격이라 하고 극제하는 것이 없고 오히려 생부하는 것이 있으면 하격, 천격이라 한다.

– 격을 정하지 않으면 운명을 추구할 수 없다.

– 어느 격이라도 정해지면 성격과 파격으로 판정하여야 한다.

格局(격국)의 大意(대의)

격국의 취용 법칙은 일간을 月支(월지)에 대조하여 격을 정하는 것을 원칙으로 한다. 일간과 월지를 대조하여 비견, 겁재가 될 때에는 격으로 취용하지 않고 단, 양인, 건록이 될 때에는 양인격, 건록격이라 한다. 이렇게 하여 정하여진 격을 '內格(내격)'이라 하는데 내격에는 팔정격이 성립한다. 八正格(팔정격)이란 정관격, 편관격, 정재격, 식신격, 상관격, 정인격, 편인격을 말한다. 여기에 건록격, 양인격을 합하면 십격이 된다. 사주 전체의 70%가 여기에 해당하며 내격을 정하는 원칙은 아래와 같다.

① 일간을 월지에 대조한 십신이 내격이 된다.

② 辰戌丑未는 월지중 透干者(투간자)로 격을 정한다. 두 개 이상 투간했을 때는 정기로 격을 정한다. 월지 암장 중 투간이 없을 때는 정기로 격을 정한다.

③ 寅申巳亥는 절기 深淺(심천: 깊고 얕은)을 중요시하여 장. 생. 관을 격으로 취용할 수 있다. 이때에는 격과 용신이 일치한다. 정기로 격을 설정한다.

④ 子午卯酉는 정기로 격을 설정한다.

내격에 속하지 않는 것으로 외격과 종격이 있는데 외격으로는 전왕격, 종격, 화격이 있다. 전왕격에는 일간의 비견, 겁재로 사주가 구성되어 있는 종왕격과 인성 과다한 종강격이 있다. 종격에는 식신, 상관 위주로 사주가 구성된 종아격, 정재, 편재 위주로 구성된 종재격이 있다. 化격은 천간합을 말하는 것으로 甲己合土, 戊癸合火, 乙庚合金, 丙申合水, 丁壬合木의 化격을 말한다. 종격이란 내격과 외격에 속하지 않은 모든 격을 말한다.

격을 정함에도 용신을 채택할 때처럼 어느 하나도 고정할 수 없음과 같이 내격과 외격은 二重(이중)으로 혼합될 수 있기 때문에 이같이 두 개의 격을 갖추고 있을 때는 이 두 격의 각 흉吉(희기)를 정확히 판단하므로 그 사람의 본래의 象(상)을 정확히 이해할 수 있는 것이다. 먼저 격을 정확하게 이해하는 것이 사주를 올바르게 이해하는 지름길이 된다.

內格(내격): 10개

正官格	正印格	正財格	食神格	偏財格	偏官格	偏印格	傷官格	建祿格	羊刃格

[특수격] 外格(외격): 変易看法(변역간법)

二氣相生格	二氣相剋格	福德秀氣格	合貴格	從格	一行得氣格

* 成格(성격): 크게 될 사람, 破格(파격): 더디게 될 사람
* 四柱内(사주내) 氣(기)가 집중된 것을 가지고 格(격)을 잡는다.

時	日	月	年
戊(정인)	辛	癸(식신)	己(편인)
戌(정인)	未(편인)	酉(비겁)	巳(편관)

* 격이 많을수록 출세한다. 편인격, 양인제살[시지의 戌(양인), 년지의 巳], 식신제살격이다.
* 용신: 天干-출세, 地支-더디다, 暗藏(암장)-출세가 적다, 行運(행운)-기복이 많다.

내격(內格)

정관격

월령에 정관이 됨을 정관격이라 하는데 이는 나를 剋(극)하는 것으로서 음양이 다르므로 나를 상하게 하지 않고 天道之常(천도지상)으로 合(합)을 이루거나 음양배합이 된다. 남자는 법이나 국가기관과 같고, 여자는 남편과 같이 나의 행동의 기준과 예도의 역할을 한다. 정관을 월령에서 채택하지 않고 타처에서 격을 정하였을 때를 假官格(가상관)이라 한다.

- 월지에 정관이 있거나 사주 내 정관이 많을 때 정관격이라 한다.
- 귀는 본래 질이 아니고 기라고 한다.
- 신강에 정관격은 권위와 권리를 가지고 반드시 착실하게 발달하여 공명을 얻는다. 관록으로 출세한다.
- 평소 복분이 후하고 의식주가 부자유함이 없으며 명예로 지대하게 출세한다.
- 여명은 현량한 남편에게 출가하고 백년해로를 할 것이다.
- 당당한 품격을 가졌으며 온후독실하고 반드시 일방의 旗手(기수)가 되며 귀격이 된다.
- 법도를 잘 지키려고 한다. 정직하고 자존심이 강하며 성실하여 형액을 범하는 것을 절기한다.
- 여명은 재색을 겸비한 최고에 부와 인연을 맺는다.
- 신용을 소중히 생각하며 책임감이 강하다.
- 명예와 직위를 소중히 여긴다.

- 월지, 천간, 지지, 정관이 있으면 일생 길운을 기대한다. 인도를 준수하고 인의를 수호한다.

- 부모나 부부, 가족을 보호 수호하려고 노력한다.

- 정관격이 정인이 있으면 장구히 일대 성공·번영할 것이며 정치계 국회의원으로 명리 상승한다(관인상생격).

- 정관격이 정재가 생부하면 상업으로 대출세하며 사장 회장 고위직에 오른다. 변호사, 건축업, 의사로 성공한다(재관쌍미격).

- 정관격이라도 간합 충 공망이 되면 부부 정은 좋으나 부가 크게 발달하기는 어렵다. 하직위를 가질 것이다.

- 정관격이 상관을 봉하면 명예로 추락하며 퇴직 무직이 될 때가 있다.

- 사주 중 월지일위의 정관이 있는 것을 가장 좋은 것으로 한다. 시상에 재성이 겸하면 진귀인이라 한다. 정관이 많으면 칠살로 보고 관살 혼잡되는 것을 크게 꺼린다.

- 정관격은 형충파해, 상관, 편관, 겁재, 합등이 있는 것을 꺼린다. 단, 합은 일간과 정관이 합되는 것은 就我(취아)라 하여 무관하다. 예컨대 甲日 酉月生은 卯는 충이되고 酉는 자형, 子는 파, 戌은 해, 丁은 상관, 乙은 겁재, 庚은 편관, 丙은 간합이 된다. 이상의 것이 있는 것을 크게 꺼린다. 거류법에 의하여 去하여도 순수하지 않다. 정관격은 순수함을 요한다.

- 신왕 정관격은 재관운에 대부대귀하고, 신약 정관격은 인비운을 만나 대부대귀 한다. 정관격은 인수운을 좋아한다. 정관격에 인수가 없으면 칠살로 본다.

- 상관운이 오면 背祿運(배록운)이 되고, 비견 겁재운이 오면 逐馬運(수마운)이 된다. 배록수마운이 오면 모든 일이 因窮(인궁)하다. 편관운이 오

면 관살 혼잡이 되고 편관묘운이 오면 관성이라 하여 생명이 위태하다.

　– 정관격이 일이나 시에 재를 만나면 顯達(현달)하고 정관격에 인수를 만나고 형충파해가 없으면 부귀의 명이다. 정관격이 정관에 간합운이 오면 실직하기 쉽고 겁재운이 오면 비방과 원성이 따른다.

• 신강
정재, 편재, 식신 – 용신

• 신약
정인, 편인, 비견, 겁재 – 용신

• 성격
– 신강이 되어야 한다.
– 정인 정재가 있어야 직위와 명예로 출세한다.

日	月		日	月
丙			丁	
	亥(정관)			子(정관도화)
	壬 癸(상관)			壬 癸

• 파격
– 신약이 되면 정관격이라도 출세를 할 수 없다.
– 상관이 있으면 출세·발달하기 어렵다.

• 子 午 卯 酉 정관(정관도화)

진귀격이 최고로 강하다. 남편 자식에게 애정을 많이 받는다.

• 寅 申 巳 亥 정관

발달도 빠르고, 쇠약해지는 것도 빠르다. 타국·타향에 있는 사람과 인연을 맺는다.

• 辰 戌 丑 未 정관

명예와 권력으로 발달하며 남편·자식의 신체가 허약하다.

時	日	月	年	坤(곤: 여자)
丙(상관)	乙	甲(겁재)	乙(비겁)	성격이다
子(정인)	卯(비견)	申(정관)	(편인)	① 신강
		정관격		② 정인

* 정관과 상관이 멀리 떨어져 있기 때문에 영향을 덜 받는다.

• 天干正官(천간정관)

천사의 혜택이 있으며 남편과 자식을 받들고 살며 발달이 빠르다.

• 地支正官(지지정관)

자신의 노력으로 명예와 직위를 얻으며 더디다.

• 暗藏正官(암장정관)

암장에만 있을 때 남편 자식이 발달하는 것이 약하다.

– 천간과 암장에도 같이 있을 때: 애인

– 천간에도 없고 지지암장에만 있으면: 본남편

[예1] 관격: 육군장 예편

時	日	月	年						
甲	辛	丙	壬	丁	戊	己	庚	辛	壬
午	酉	午	戌	未	申	酉	戌	亥	子
병	록	병	대						

辛金이 五월에 태어나 丙화가 투출하니 官格(관격)이다. 관왕 신왕하고
辛금이 壬수를 만나 지혜 출하며 명지휘관으로 통솔력이 된다, 육군장으
로 壬子운에 예편했다. 이는 壬子운에 상관 양인이 격충하기 때문이다.

[예2]

時	日	月	年						
丙	甲	己	壬	庚	辛	壬	癸	甲	乙
寅	辰	酉	戌	戌	亥	子	丑	寅	卯
록	쇠	태	양	2	12	22	32	42	52

八月달 甲木이 時에 록을 얻고 辰에 뿌리를 박고 壬水의 수원을 얻었으
니 丙火가 조후하니 만물이 생의가 있다. 甲己 辰酉를 합하여 재와 관이
就我(취아)하니 귀명이라 할 수 있으나 정관은 순수해야 하는데 酉戌亥,
寅酉 원진하니 귀격에 결점이 된다. 金운이 최길하고 水운도 좋으나 寅卯

운은 관운과 극, 충이 되며 절지가 되니 불길하다. 癸丑운까지 관에 영예가 있었다.

[예3]

時	日	月	年		여자, 작가				
丁	庚	乙	甲		甲	癸	壬	辛	庚	己
丑	申	亥	寅		戌	酉	申	未	午	巳
묘	록	병	절		8	18	28	38	48	58

10월에 태어난 庚金이 득록하고 시지 丑이 천을귀인으로 생조하니 약하지 않다. 한금을 따뜻하게 하는 丁火가 용신이 된다. 따라서 40세 이후 명성을 얻고 의식의 풍부한 복을 받는다. 만고 일찍 결혼한다면 남편과 이별하게 되고 30세 이후에 결혼한다면 남편과 자식이 귀하게 된다.

편관격

편관격은 일간을 극하는 흉신인고로 일주가 강건함을 요한다. 일주가 강하고 편관이 제복되면 권위와 명예의 신으로 변한다. 일간의 강약에 따라 편관은 忠臣도 되고 역신도 되는 것이다. 역사에 길이 남는 유명 인재는 편관격에 해당하는 사람이 많다.

- 월지에 편관이 있거나 사주 내 편관이 많이 있을 때 편관격이라고 한다.
- 편관격은 신강해야 하며 식신, 상관, 정인, 양인을 만나면 영화로우며 직위나 현달, 발달하는 것이 현적하다.
- 월지에 편관이 있는 것을 편관격이라 하는데, 일주가 강건하고 인수가 있어야 살인상생하여 살은 권이 되고 인은 문이 되어 호명이 된다.

– 편관이 정인이 있을 때는 교수·학문·예술·전문직·기술로 출세가 높다. 편관은 신강하고 정인·식신·상관·양인을 만나면 출세한다.

– 신강살약하면서 재성이 있으면 호명이 되고 신약살왕하면서 재성이 있으면 가난해지거나 단명한다. 칠살이 왕한데 형·충·해·공망·괴강이 있으면 흉명이고 살운에 재난과 가난과 질병이 겹치든지 사망한다.

– 편관이 일위가 있고 제복이 거듭 있으며 살왕운이 좋고 재차 제복운으로 행하면 제복이 심하다. 편관이 있는데 정관이 있으면 관살혼잡이라 하여 꺼리며 정관운도 꺼린다.

– 편관격이 식신이 있을 때 공무원, 권력지인, 군인, 무관, 경찰, 법관으로 출세·발달한다.

– 편관이 왕하면 식신제살, 살인상생, 양인, 합살 중 한 가지를 택하여 칠살을 제복하여야 귀명이 된다. 제복귀명이 되면 법관, 무관이 되거나 권력기관에 종사한다.

– 편관격이 상관이 있으면 예술, 전문직, 높은 직으로 출세할 수 있다. 상관이 정관을 극하면 무직이다.

– 식신을 용신으로 할 때 편인운을 크게 꺼리고 인성을 용신으로 할 때 정재운을 크게 꺼린다. 이 같은 운을 만나면 가난하지 않은데 형액, 질병, 단명한다.

– 편관격이 양인이 있으며 정치가, 국회의원, 장관, 고위직으로 발달한다.

– 정관 편관이 혼잡되면 봉급생활, 노동 건설업에 직업을 갖는다.

– 일주가 쇠약하고 칠살이 태왕하거나 일주가 과왕하고 편관이 극약하면 의술·복술·기술 계통에 종사하게 된다.

– 편관격 성품: 권위의식이 매우 강하고 과감하게 혁신적인 것을 잘하

며 모험을 좋아하며 빈부 양면을 가지고 있다.

- 편관을 용신으로 하는 경우 관살 혼잡이 되면 상관이 정관을 극제해 주어야 하고, 관성을 용신으로 하는 경우 식신이 편관을 제살해 주어야 귀명이 된다.

- 독약(=백호, 칠살)은 사용 여하에 따라서 출세와 권위를 높게도 할 수 있으며 추락하여 한가하게 천직을 가질 수도 있다.

- 월지 양인이 시상 칠살을 합하면 대귀격이 되고 자손이 창성한다. 시상일위편관이 청하면 늦게 부귀하고 귀한 늦은 자식을 얻는다.

- 칠살이 유기하고 청하면 만인지상 일인지하 首上位(수상위)에 나아간다. 칠살을 용신으로 하는 경우 지지에 감추어 있거나 제복해 주어야 귀발한다.

- 시상 편관이 庫(고)에 거하면 편관 명고살이라 한다. 고는 辰戌丑未시에 천간에 편관이 있음을 요한다. 예컨대 乙일생이 申丑과 같은 것으로 형·충·파·해를 희하고 제복운에 신왕을 겸하면 공명을 이루고 발달·개운한다.

- 天元座殺(천원좌살): 일좌에 편관이 있는 것을 천원좌살이라 한다. 일간이 왕함을 요한다. 살이 왕한데 살운이나 재운을 만나면 안면에 흉터가 있거나 흉포한 성격이 된다. 일주가 생왕하고 인수의 도움이 있고 制(제)가 있으면 문장이 능하고 귀가 발달한다. 천원좌살은 성격이 陰驗(음험)하고 살왕하면 심독이 있고 위모를 하며 냉혹하다.

① 시상일위귀격

- 시상에 일위의 편관만이 있어야 하고 신왕해야 하고 제복되어야 한

다. 시상 편관은 형·충을 꺼리지 않는다.

– 신쇠한데 재향, 칠살운으로 행하면 재앙과 질병이 있고 무자하게 된다. 재성이 살당을 생조하면 동년에 단명한다.

– 化殺(화살)하는 신위가 약하고 제살하는 신위가 강왕하면 타인에게 은덕을 베풀고 원한을 사며, 化神(화신)이 왕하고 제신이 쇠약하면 사물을 처리하는 데 절도와 금제하는 능력이 약하다.

② 관살거류잡격

– 사주 중에 관살이 혼잡하고 교차하였을 경우 거관하고 유살하였다면 편관으로 볼 것이고, 거살하고 유관하였다면 정관으로 볼 것이다.

– 천간에 투간한 자는 극하거나, 제거하기가 용역하고 월지에 소장된 자는 제거하기가 어렵다.

– 관성은 칠살운을 꺼리고 칠살은 관성운을 꺼린다. 유관거살에 칠살운을 만나면 불길하고 유살거관에 관성운을 꺼린다.

– 관성을 합함은 귀함이 될 수 없고 칠살을 합하면 흉하지 않다.

③ 신강 편관격 용신

양인, 식신, 편관, 용신, 大권력으로 출세한다.

[예1]

時	日	月	年	남자					
癸	癸	己	乙	戊	丁	丙	乙	甲	辛
丑	卯	丑	卯	子	亥	戌	酉	申	未
대	생	대	생						

일주癸水가 丑에 유근하고 己土 편관이 丑에 유근하여 신왕 살왕하다. 식신 乙木卯木이 제살하여 귀명이 되었는데 관법, 변호사, 법무부, 차관 등을 역임하였다.

[예2]

時	日	月	年	남자							
丁	庚	丙	丁	乙	甲	癸	壬	辛	庚	己	戊
丑	寅	午	丑	巳	辰	卯	寅	丑	子	亥	戌
묘	절	욕	묘	9	19	29	39	49	59	69	79

庚金이 火木절에 태어나 관살이 혼잡하여 관을 기신으로 한다. 년·시 丑土는 인성, 귀인, 습土가 되어 丑土에 불멸의 귀기가 서린다. 丑은 金 고가 되니 관의 길을 버리고 은행계에 투신하여 귀인의 령식이 되었다. 寅卯 동방운은 壬癸 개두가 있어 무관하고 辛丑운에 辛은 丙(편관=칠살)은 합살 유관하여 대발하게 되리라. 亥子운은 용신丑을 생조하게 되어 평안 함이 있고 戌운은 용신 丑을 형하며 기신 관살을 생조하니 불길하리라.

[예3]

時	日	月	年	남자							
丁	丁	庚	丙	乙	甲	癸	壬	辛	庚	己	戊
未	卯	子	戌	巳	辰	卯	寅	丑	子	亥	戌
대	병	절	양	9	19	29	39	49	59	69	79

11월의 丁火가 비견 겁재를 얻어 도우고 卯未합하여 인성으로 하니 약 이 변하여 강하게 되었다. 戌土와 未土는 극水하는 病神(병신)이 되니 卯

木이 약이 된다. 이 命은 癸水가 용신이고 金木이 희신이 된다. 土는 丑土
辰土는 희신이 되고 戌未남자 조土는 기신이 된다. 巳午운은 용신의 사절
지가 되고 건조土를 생조하고 약신 卯木을 무력하게 하니 기신운이 된다.

[예4]

時	日	月	年	남자
甲	壬	丁	癸	丙 乙 甲 癸 壬 辛 庚
辰	寅	巳	卯	辰 卯 寅 丑 子 亥 戌
묘	병	절	사	

壬水가 4월에 태어나니 절지가 되고 좌한 寅은 설기 병지가 되어 극약한
데 년상 겁재 시기에 辰고를 얻어 일주가 유기하게 되었다. 巳中戊를 편
관으로 하는데 寅巳형하고 木火기가 왕하니 水가 용신이 되고 金이 희신
이 된다. 이도 丑土辰土는 희한 것이다. 초년 寅卯 동방운에 생활의 어려
움을 겪었을 것이나 癸丑운부터 대발하여 나라의 중직을 맡았다. 戌운은
건조土가 되고 水고 辰土를 파괴하고 寅戌, 卯戌합火, 巳戌원진하며 칠살
戊土를 생조하므로 사망하였다.

[예5]

時	日	月	年		남자
壬	癸	丁	辛	丙	乙 甲 癸 壬 辛
戌	亥	丑	丑	子	亥 戌 酉 申 未
쇠	왕	대	대	6	16 26 36 46 56

12월에 癸水가 월간 丁火를 보니 土寒(한) 水冷(냉)한데 한 가닥 모닥불

로 만경을 따뜻하게 하려니 생의가 미약하다. 해운에 관살이 혼잡하고 형을 하니 火를 투출하는 것이 불길하여 20세인 壬戌年 庚戌月 庚戌日 丙戌時에 총기 오발사로 요절하였다. 이는 土한水냉한 사주에 약화가 비견을 보는 것이 결점이 되고, 편관격이 겁재운을 만나 관살 혼잡하면서 형하는 것이 불길하여 비명 요절한 것이다.

정재격

정재격은 일간이 극할 수 있는 관계로 부부배합의 천도지상이라 한다. 재는 양명의 근원이 되고 일상생활의 소중한 재산을 관장하는 신이다. 재는 내가 가지는 것이므로 신약을 꺼리고 신왕을 반긴다.

– 정재격은 월지에 정재가 있는 것을 말하고 정편재가 함께 있지 않아야 한다. 관성과 재성의 상함이 없고 식신이 있어 재를 생하고 인수의 도움이 있어 일주 건왕하면 부귀쌍전 한다.

– 정재격에 인격하면 재산의 혜택이 있고 처덕이 있으며 성격은 성실·정직·근검·절약한다. 단정하고 투기성이 없는 군자의 성품이다.

– 재성이 태과 불급하면 복을 받지 못한다. 신약재왕이면 비견 겁재를 용신으로 하고 신강재약이면 식신, 상관을 용신으로 한다. 재왕신약한데 관운이 오면 화환이 중첩한다.

– 재왕 신약한 사주는 처가 남자의 권리를 빼앗아 공처가가 된다. 신왕재약한데 비견, 겁재운을 만나면 처첩의 재난, 친부의 유고, 재산의 실패, 손해 등의 일이 있다.

– 파격이 되면 고향을 떠나고 조업을 계승하지 못한다. 정재격은 겁재를 가장 두려워 하고 겁재운에 재난·액난·손명 등의 어려움을 겪는다.

– 정재격은 신약·겁재·비견·양인·공망·절·충·합은 좋지 않고 신왕·인수·식신·정관을 만나면 좋다. 정재가 공망이 되면 실격이 되어 빈한하게 된다.

[예1]

時	日	月	年
乙	甲	辛	甲
亥	寅	未	午
생	록	묘	사

壬	癸	甲	乙	丙	丁
申	酉	戌	亥	子	丑
9	19	29	39	49	59

6월 대서전에 출생하였으므로 甲木의 사묘지가 된다. 寅에 건록하고 亥에 장생하여 약변 강으로 신왕하다. 관성 辛은 寅午가 천을귀인이 되고 甲은 未가 천을귀인이 된다. 년상 午상관은 午未합, 寅午합하여 왕세를 얻으므로 천하를 호령하는 大政(대정)객의 통소력이 분명하다. 월에 재고를 만나니 주명이 건조한 것이 병이다. 따라서 시지亥를 용신으로 한다. 亥운에 상해임시정부요직을 역임하고 子운에 야당영수 국회의장직을 지냈다. 丁丑운에 월주 제병강격을 충하니 대통령 당선을 목전에 두고 갑자기 서거하였다.

[예2]

時	日	月	年
庚	戊	癸	壬
申	子	丑	午
병	태	양	왕

남자

甲	乙	丙	丁	戊	己
寅	卯	辰	巳	午	未

12월 정기 己土운에 태어나고 년지 午가 양인이 되어 신약하다 할 수 없으나 水왕절에 金水가 왕하여 강변 약이 되고 조후인 火가 부신과 선동을 하여 용신이 된다. 戊癸합火 자는 만혼한다. 그러므로 30세 이후에 결혼이 가능하고 신왕하니 가중에서는 처가 주권 행사를 하게 될 것이다. 辰운은 水왕하여 운세 불길하며 丁巳운부터 남방운에 발전하리라. 양인 비인은 기술직 종업이다.

[예3]

時	日	月	年		여자			
庚	辛	壬	丁		癸	甲	乙	丙
寅	未	寅	酉		卯	辰	巳	午
태	쇠	태	록					

정월 정기 甲木세에 태어나니 정재격이 된다. 辛金이 상관 壬水를 만나고 귀인 정재니 두뇌영민하며 자색이 우수하고 근검, 절약하며 자존심이 강하다. 辛이 巳운에 死地(사지)가 되고 정재를 寅巳형하고 壬丙·정관·상관·상극하고 寅酉원진이 있으니 횡액이 발동하여 癸亥년의 丁巳월 丁酉일 乙巳시에 사무실 복도에서 넘어져 10일후 己巳일 己酉시에 비명 요절하였다. 이는 겁살 원진이 중첩한데 형·정·편관·상관이 상극함에서 오는 단명조이다.

[예4]

時	日	月	年		여자			
戊	戊	甲	戊		癸	壬	辛	庚	己
午	戌	子	寅		亥	戌	酉	申	未
왕	묘	태	생					

본명은 월령 정재이나 일주 괴강이고 시지 양인이니 사리분명하고 자성이 영민하다. 火왕 土왕하여 재성의 파극이 극심하다. 甲木이 건록하여 제어하고 북서운이라 왕土己를 설기하여 생재하니 辛酉 庚운에 여자로서 철재업을 경영하여 가세를 일으켜 세웠다. 신운 庚申년 申子합하여 사업에 의욕을 내다 寅申충 子년충하니 거래처로부터 큰 부도를 당하고 이를 헤어나지 못하여 壬戌년에 가산을 탕진하고 정신이상자가 되었다. 이는 양인 괴강격이 충을 만나서 일어난 횡화다.

편재격

편재는 일간이 극할 수 있는 것 중 양이 양을 만나고, 음이 음을 만난 경우를 말하는 것으로 일간이 왕함을 요한다.

- 편재격은 월지 또는 월간에 편재를 만나는 것을 말하는 것으로 일주가 왕하고 재왕하면 부호의 명이 된다.

- 편재격은 의협심이 많고 투기성이 있으며 호색하고 남과 사귀기를 잘하며 좋은 인상을 준다. 유정하고 다사하며 인색하지 않다.

- 편재는 타향의 재물이라 하여 고향을 떠나고 타향에서 성공한다.

- 편재는 중인의 재로 비견을 가장 두려워하고 공망을 꺼린다. 비견이 있으면 편관이 있어 비견을 제어하여야 부명이 된다. 또 형·충·파·해·겁재를 꺼린다.

- 신왕하면 시사하고 희사하는 호기가 있으며 횡재로 성재한다.

- 정재 편재는 신왕하고 인수 있음을 좋아하고 편인과 신약함을 꺼리고 비견 겁재를 꺼린다.

- 일주 쇠약하고 편재가 지나치게 왕한데 살을 생하면 조선을 파하고

재로 인하여 고난을 겪는다.

[예1]
時	日	月	年	남자
乙	辛	癸	丙	甲 乙 丙 丁 戊 己 庚
未	丑	巳	子	午 未 申 酉 戌 亥 子
쇠	양	사	생	

辛金이 巳월에 태어났는데 丙火가 년간에 투출하여 합을 이루고 재화를 시켜 주는 癸水가 년지에 건록을 하였으니 아버지는 이름 있는 사업가이나 모궁의 현덕은 어렵다. 시간 乙木이 부성인데 자고재고에 앉았으니 대부일 것이다. 월간 癸水를 용신으로 식신 생재하니 사업을 할 명이다. 기신은 火와 건조 土이다. 일생중 戊戌운은 戊土가 용신 癸水를 합하여 기신 火로 변하고 戌土 조토가 丑戌未 삼형하고 巳戌 원진하니 사업의 실패 또는 관공 문제가 발생할 것이다. 己운도 용신을 충극하고 乙木과 상충하니 별로 발전할 수 없을 것이나 지지 亥가 용신의 왕지이니 년운이 좋으면 발복한다. 亥운 이후 말년에 편안함이 있을 것이다.

[예2]
時	日	月	年	남자
乙	庚	乙	己	甲 癸 壬 辛 庚 己
酉	戌	亥	卯	戌 酉 申 未 午 巳
왕	쇠	병	태	

월간 년간이 상충하니 부친은 할아버지의 가업을 계승하지 못하고 부친을 낳고 조부대의 가세가 기울어진다. 이 명은 괴강에 양인격이고 재왕하니 10월의 한金을 따뜻하게 하고 왕木을 설기하는 火운에 발복한다. 괴강은 신왕을 호하니 壬申 辛運(신운)에 발전한다. 酉운은 양인이 거듭 양인을 만나고 戌괴강을 해하니 장애가 있다. 말운은 괴강을 형하여 좋지 않다. 庚午운은 괴강을 합하여 크게 대발하고 문화사업, 정부, 권력기관에 진출하든지 유관관계로 크게 발전한다. 巳운은 양인을 합하고 괴강을 원진하며 월지를 충하니 발전 중 有禍(유화)하리라.

[예3]

	時	日	月	年	여자					
	癸	戊	癸	壬		壬	辛	庚	己	戊	丁
	亥	子	丑	午		子	亥	戌	酉	申	未
	절	태	양	왕							

이 사주는 소한 후 24일에 태어난 쌍둥이 여자명으로 재다 신약명이다. 戊土 12월에 태어나 득령하고 午양인을 얻었으니 약하다고 할 수 없으나 지지에 亥 子 丑 水왕절을 만나서 천간에 壬癸水를 봉하니 水왕한데 운로 金水운이니 水왕 한냉하여 생의가 약하다. 동생은 3번 결혼하고 아들 하나, 딸 둘에 두 사람 자식이고 현재 남편은 영화 필름을 가지고 시골에 다닌다. 언니는 두 번 결혼하고 현재 독신이며 청소인부로 일한다. 자식은 딸 하나, 아들 셋인데 이도 두 사람의 자식이다. 이는 한냉한데 남편성寅木이 물에 뜨기 때문이다.

• 時上偏財(시상편재)

– 시상 편재는 생시에 일위의 편재가 있는 것을 말한다. 시 천간에 있으면 더욱 묘하다.

– 정관인수를 기뻐하고 비견을 꺼리며 정재 편재가 있는 것도 꺼린다.

– 년 월의 충파를 꺼리고 일간이 쇠함을 꺼린다.

– 비견 겁재운을 만나면 전재산이 파산되고 빈명 되어 처를 상하는 치욕을 당한다.

– 시상 편재는 시상 편관과 같이 신왕 재왕하여 성격하면 대길명이 된다.

乙　辛　癸　丙　　　丁　戊　壬　己
未　丑　巳　子　　　巳　辰　申　亥
　　　대부자,　　　　　　　사업가 사주

식신격

식신격은 일간이 왕하고 식신이 有氣(유기)하면 현명하고, 부귀 장수하고, 식신을 잘 먹고 인물이 풍만하다. 식신은 칠살을 제어하므로 일생 동안 흉재가 없고 길신이 많다. 일생 동안 의식주가 풍족하고 유복하고 도량이 넓다. 식신이 생왕하면 勝(승)재관이라 한다.

– 월지에 식신이 있는 것을 식신격이라 한다. 일주·식신이 생왕하고 길성이 상부하면 재복과 식록이 풍부하고 식신상왕운에 대발복한다. 식신은 일위가 좋고 많으면 상관으로 본다.

– 식신격에 편인의 파가 있으면 유시무종하고 인격·용모가 외소하고 욕심이 많아도 성공하지 못하고 빈한하지 않으면 단명한다. 식신이 충·

파·공망을 만나면 파격이 되어 주거 변동이 심하고 의식주의 어려움을 받게 되어 용모가 초췌하다. 식신이 공망인데 관살이 있으면 종교·역술·예술·의사의 명이 된다.

– 식신이 파가 되고 공망이 되고 사, 절, 편인운에는 재난·질병·사업 실패 등으로 의식주의 심한 고통을 받게 된다. 편인, 정인이 많으면 극빈하고 양인이 겹쳐 있으면 항상 고생이고 형·충·파 되면 동분서주의 명이다.

– 식신이 제살한다. 하여도 살과 가까이 있으면 災(재)가 일어나기 쉽고 생시에 정관 또는 편관일위가 있으면 좋은 명이다. 월지 식신을 천주라 하여 신왕을 좋아하고 재운이 좋고 신약편인은 불길하다.

[예1]

時	日	月	年	남자
壬	壬	戊	庚	己 庚 辛 壬 癸 甲
子	寅	子	辰	丑 寅 卯 辰 巳 午
왕	병	왕	묘	

壬水가 11월에 태어나니 水왕한 양인격이다. 왕水가 戊土로 제방하고 일지 寅으로 설수하니 귀명이다. 천간에는 戊土를 파극하는 甲을 꺼리고 지지에는 寅을 충하는 申을 꺼린다고 할 것이다. 또 양인은 충을 꺼리고 午운이 흉운이 된다. 초년에 어려운 역경을 이겨 내고(이는 戊土가 편관이 되기 때문) 30세 이후 寅 식신에 정기가 취집하였으니 결혼을 하여 현처를 얻고 대학교수로 안정된 가정을 이루고 득의하리라. 전공과목 미대 교수로서 실내 장식 분야를 전공하게 되는 것은 寅이 식신이면서 木火가 되기

때문이다. 壬辰운은 비견과 戊土의 묘지가 되니 더욱 큰 호수가 되어 활동 무대가 넓어져 동분서주하게 될 것이고, 癸巳운은 戊土 제방의 건록지가 용신인의 형지가 되니 더욱 든든한 호수가 되어 명예와 재로써 크게 성공할 것이다. 그러나 甲午운에는 격을 파하게 되니 불길하리라.

[예2]
時	日	月	年	남자					
丁	乙	甲	午	乙	丙	丁	戊	己	庚
亥	亥	午	戌	未	申	酉	戌	亥	子
사	사	생	묘	3	13	23	33	43	53

乙木이 5월 정기에 태어났으니 식신격이나 식신 상관이 혼잡하니 상관격이 된다. 火왕 水王하니 수화旣濟(기제)로서 두뇌가 특출하고 명민하다. 辛酉운은 상관 견관운이 되고 戊土의 기운을 설기하여 재산과는 인연이 적고 식상이 관살을 보면 의술·역술·종교계에 일한다고 하였으니 침술계에 투신하였다. 戊戌운은 왕水를 제방하고 상관이 재운에 대발한다고 하였으니 침술계에서 1인자가 되고 재산과 명예를 함께 얻고 많은 저술을 하였다. 庚子운은 상관이 견관하고 격을 충하여 크게 흉하다.

[예3]
時	日	月	年	여자					
甲	辛	甲	癸	乙	丙	丁	戊	己	庚
午	酉	子	酉	丑	寅	卯	辰	巳	午
병	록	생	록						

辛金이 11월 정기에 태어나 식신격이 된다. 일주가 약하지 않고 金한水냉이 병이니 부성인 午火를 용신으로 한다. 水왕 木왕하니 木火대운에 재산의 혜택을 받을 것이나 용신이 丁火가 절지 子月에 태어나 충을 봉하였다. 寅卯戌운에 남편이 대령으로 명예와 재산을 일으켰으나 辰운에 습土가 火기를 설기하니 별을 얻지 못하고 子辰합하여 火의 설기가 극심한데, 子午 충하니 갑자기 심장판막증으로 남편과 사별하였다. 이는 지지가 四패지이고 용신인 부성이 충을 봉할 연고이다. 또 辛酉 일주는 백호로 반드시 근친을 해친다고 하였다.

[예4]

時	日	月	年	남자					
丁	戊	戊	丁	丁	丙	乙	甲	癸	壬
巳	申	申	未	未	午	巳	辰	卯	寅
록	병	병	쇠	5	15	25	35	45	55

7월 庚金 정기에 태어난 식신격이다. 식신이 월령을 얻고 일좌하여 왕기를 얻는 데 신왕하고 壬水 편재가 兩申(양신)에 장생하고 巳申합수를 이루어 대재를 이룰 것이 한눈에 일견된다. 乙巳운 이후 壬운까지 국내 재계에서 이름을 높이고 寅운에 격용을 충하니 巳酉년 丙子월에 사망하였다.

[예5]

時	日	月	年	남자					
丙	己	癸	辛	壬	辛	庚	己	戊	丁
寅	丑	巳	酉	辰	卯	寅	丑	子	亥
사	묘	왕	생	7	17	27	37	47	57

己土가 득령 득지하고 시상에 丙火의 도움을 받아 신왕하다. 년상에 식신이 건록하고 巳酉축 삼합하여 사업 활동을 의미한다. 월간 癸水는 편재가 되는데 지지에 재의 천을귀인이 있고, 천을귀인과 식신이 巳酉합을 이루어 생재하니 재로써 대성할 것이 명약하다. 巳酉丑 삼합은 철을 재련하는 업종이나 열기구가 된다. 생산 종목으로는 전기제품인 건전지를 주 종목으로 한다.

상관격

상관이 왕하면 영달하고 재성을 만나면 대발한다. 상관이 왕하고 재가 없으면 부부가 원만하지 못하고 해로하기 어렵고 일생 빈명이다. 상관은 흉신이므로 인수 또는 化生(화생)하는 재성을 요한다. 재를 보면 재화가 풍족하고 직위가 높고 공명 영달한다. 일간이 왕하고 상관 상진일 때 다예다능하고 심성은 영준하고 뜻이 크다. 상관이 많고 신왕하면 종교가 또는 예술가가 된다. 신약하면 일생 파란곡절이 많다.

– 월지에 상관을 만나는 것을 상관격이라 한다. 충·파가 없고 상관이 없거나 월지에 상관이 있고 생시에 재성이 있고 정관이 없거나 관성을 인성이 제거하였거나 상관이 있고 재성이 있어 상관이 재성관 하여 관성을 파극하지 않을 때를 상관상진이라 한다.

– 신왕하면 재성을 원하고 신약하면 인수를 원한다. 인수를 용하고 재를 거하면 발복하고, 재를 용하고 인을 거하면 발복한다. 재운이 제일 좋고 인수, 신왕운은 다음가고 관운은 좋지 않다.

– 상관격은 관성이 있어 상진 되지 않고 행운에 관성이 와서 왕하고 형·충·파·해·양인·칠살이 있으면 奔流(분류)의 명이다. 구조가 있다 해

도 잔병은 면하기 어렵다. 정관이 없고 칠살이 있고 대운·세운에 겹쳐 관운이 오면 안병에 걸리고 不然(불여)이면 재해가 일어난다.

– 명에 재성이 있고 재운이 오면 발달한다. 관살운이 오고 재성이 衰敗(쇠패)사절운에는 만사가 실패하기 쉽고 관재, 구설, 불행한 일 등이 발생한다.

– 생일이 건왕하면 상관운에 발달하고 신약하면 상관운에 빈하든가 생명이 위태하고 묘를 入(입)하면 적시 생명이 위험하다.

– 상관격은 기풍이 높고 교만하며 자만심이 많고 불평이 많으며 타인을 무시하는 경향이 있다. 여명은 고집이 세고 남편 덕이 없으며 의협심이 없으며 재복도 좋다. 여명에 상관을 꺼리나 무관성이면 무난하다.

– 남명은 관성으로서 자식으로 삼는데 상관이 관성을 파극한다면 극자하게 된다. 재성이 관성을 暗生(암생)해 주어야 자식이 있다. 상관 무재면 재주는 있어도 가난하다.

– 火土 상관은 상진됨이 마땅하고 金水 상관은 관성을 기뻐하고, 木火 상관은 관성이 왕함을 요하고, 土金 상관은 관을 꺼리며, 水木 상간은 재관을 다 기뻐한다.

– 여명 상관격은 大忌(대기)하나 재왕하고 印生(인생)하는 경우 夫榮子貴(부영자귀)한다.

① 가상관격

월지에 상관 아닌 비견, 겁재 또는 인수로 신왕하고 상관으로 용신을 할 경우 가 상관격이라 한다. 상관 파료됨을 크게 꺼리고 인수운이면 파산, 재난, 질병, 사망한다. 상관운에 발복한다.

② 상관십론

- 甲 일주가 상관이 있고 寅午가 있으면 火명 木秀(목수)한 상관격이니 명리가 다 좋고 대운이 재관 왕향으로 행함을 기하는바 대운이 戌지에 일러 수명이 손상한다.

- 乙일 상관이 火가 강해야 하는바 관살운을 만나서 도리어 양호하고 水多하고 상관이 부진함을 꺼리니 일생에 명리가 뜻과 같지 못하다.

- 丙일 상관격이 조土가 거듭 있으며 대운이 재왕을 향에 행할 때 복이 훌륭할 것이며 水운을 만나서는 모든 일이 헛되고 喪滅(상멸)한다.

- 丁火 상관격이 火가 유약하면 당주가 교만하고 위태로운 꽤가 있으며 인수운을 만나고 관살운을 만나서는 힘을 내고 분발하여 자수성가한다.

- 戊일 상관격은 木을 가장 꺼리고 주중에 木이 침범해 옴을 더욱 두려워한다.

- 己일 상관격은 金이 왕함을 요하는바 金이 약하고 土가 유하다면 재향을 좋아한다. 대운이 관살향을 만난다면 종신토록 과만 많다.

- 庚일 상관격은 관성을 기뻐하는데 관살운을 만나서는 귀발할 것인바 왕金이 火를 만나므로 단련되기 때문에 소년에 입신양명한다.

- 辛일 상관격은 申子辰이 있으면 상관이 상진된 것이니 재성을 좋아한다. 동남방 火향으로 순행함에 好發(호발)한다.

- 壬일 상관격은 木부함을 꺼리는바 재왕지로 행하여 생관하는 경우에 發身(발신)한다.

- 癸일 상관격은 관성을 꺼리고 戊己土가 천간에 투출함을 가장 꺼리며 재왕하고 생관하는 운지에서는 사사에 노고가 많고 화환이 크게 일어난다.

	時	日	月	年	남자					
	庚	壬	癸	癸	壬 辛 庚 己 戊 丁
	子	午	亥	卯	戌 酉 申 未 午 巳
	왕	태	록	사	9 19 29 39 49 59

亥와 卯가 합을 이루어 水왕한데 상관 卯에 왕한 水기를 설하여 정기가 모였다. 水木상관은 재관을 기뻐하고 특히 財운이 좋다고 한다. 戌운에 午戌합 卯戌합하여 상관은 목소리 다손 재능이라 하니, 미팔군 전속멤버가 되고 K.B.S 멤버로 활약한다. 27세, 28세 己巳 庚午년은 子午卯酉 四忠(사충) 全備(전편)하니 필시 액난이 있을 것이니 조심하고 庚申운은 10년간 큰 발전이 없다. 己未 戊午 財官(재관)운에 이름과 재산을 얻을 것이다.

[예2]

	時	日	月	年	남자
	丙	乙	庚	丙	辛 壬 癸 甲 乙 丙
	戌	亥	子	子	丑 寅 卯 辰 巳 午
	묘	사	병	병	6 16 26 36 46 56

乙목이 11월 癸水 정기에 태어났으니 편인격이라 할 수 있으나, 水왕한 寒木(한목)이 년시에 상관을 차니 상관인 丙火의 위용이 천하를 호령하는 격이니 상관생재격으로 보아 火土를 희용으로 함이 옳다. 이를 가상관격이라 한다. 편인 지략과 상관 통솔 설득력이 군가 압복하니 한 시대 재계의 신화를 창조할 수 있는 힘이 역력하다. 현역업으로 대양을 누비며 천하의 일인자로서 긍지와 자빈과 지략 상술을 겸비하였으나 덕과 명예는

부족하다 할 것이다. 이는 정관 庚金이 水에 설기함이 지나친 연고이다. 여자도 부친처럼 영특하지는 못할 것이다. 그러나 시주에 용신이니 가업을 승계하리라.

인수격

인수는 일간을 생하는 것으로 음양이 다른 것을 말한다. 인수는 생왕한 것을 원하고 체와 용이 같을 때 더욱 좋은 명이 된다. 인수는 정재에 의하여 제극되는데 인수가 파극되지 않으면 지혜가 명민하고 조선과 부모와 유산의 덕을 받으며 공무원, 군인, 교수 등은 명리를 얻는다. 인수와 천월 두 개의 덕이 동궁하고 관인상생하면 더욱 복과 수를 누린다.

 - 월지에 한 개의 인수가 있고 파가 되지 않으면 인수격이라 하는데, 인수격은 관인상생하여 주고 정재가 파극하지 않아야 성격한다.

 - 인수격에 편인이 있으면 정편인이 혼잡하다고 하여 하격이라 한다. 인수가 過(과) 왕하면 오히려 재운에 발복한다.

 - 인수의 지지가 칠충, 지형, 자형하면 인수의 秀氣(수기)를 깨트림으로 파격이 된다.

 - 인수가 간합을 하면 합을 貪(빈)하여 일간을 생할 수 없으므로 인수의 귀기와 역량이 약화하여 파격이 된다.

 - 인수는 정관을 보면 관인쌍전하여 일생 복분이 풍족하고 중년까지 발달하고 만년에 명리 통달한다.

 - 편관을 보면 살을 印에 化함으로 언론이 바르고 중용을 지키는 인격자이고 이름을 높이 떨친다.

 - 인수격은 정인, 편인을 나누지 않고 함께 인수격으로 보면 성격, 파

격을 더욱 중요시한다. 인수격이 정재로 인하여 파격이 될 때 겁재가 있어 구조를 해 주면 성격한다.

 – 인수격에 관살의 생조가 지나치면 인수가 독하여지므로 식신 상관으로 관살을 제거하여야 인수가 청등하여진다.

 – 인수격에 지지가 대운·년운과 三合(삼합)하여 인수격이 他局(타국)으로 변하면 운명에 일대 변화가 일어난다. 이변사가 발생하는 것으로 양격은 흉운이 되고, 흉격은 의외로 길운이 되기도 한다.

 – 인수격이 삼합하여 흉격으로 바뀔 때에는 삼합 상왕의 지지가 충하여 삼합을 깨면 오히려 흉이 길로 바뀐다. 장생지와 묘지의 충되는 지지는 삼합을 파양하지 못하기 때문에 흉이 길로 바뀌지 않는다.

[예1]

時	日	月	年	남자					
壬	丁	丙	己	乙	甲	癸	壬	辛	庚
寅	未	寅	巳	丑	子	亥	戌	酉	辛
사	대	사	왕	9	19	29	39	49	59

월지 정기가 甲이니 인수격으로 볼 것이데 寅이 공망이 되고 寅巳 형하여 성격하지 못하고 파격으로 본다. 그리하여 일찍 부모를 여의고 유산의 혜택을 받지 못하고 누나 집에서 성장하였다. 그러나 천성은 어질다. 木火가 왕하니 시지 壬水를 용신으로 하는데, 용신 정관도 공망 위에 좌하고 金이 없으므로 용신이 약하여 亥子 壬水운에 발복하였으나 그도 미약하였으며 戌운에 戌未형·巳戌원진·寅戌합하여 용신水를 파극하니 이때 전 재산을 다 털었다. 辛운부터 금은방을 하여 다시 성가하나 酉운 壬戌

년에 寅酉원진·巳戌원진·戌未형 등 액이 겹쳐 칠월(경술) 壬辰일 戌時에 장자가 비명에 가니, 이는 명에 관이 지극히 약하고 공망 위에 좌한 연고라 할 것이다.

[예2]

時	日	月	年	남자
壬	甲	己	丙	庚 申 壬 癸 辛 乙 丙
申	辰	亥	子	子 丑 寅 卯 辰 巳 午
절	쇠	생	욕	6 16 26 36 46 56 66

甲木이 十月에 태어나 申子辰 水局하니 모왕 자쇠격이다. 년간 丙火를 용신으로 하고 甲乙 木을 희신으로 한다. 癸卯운 이후 발전할 것이나 특히 甲운은 대길하다. 甲辰은 君臣慶會(군거광해)하여 대발할 것이나, 辰운은 辰辰 자형하고 왕한 水고가 되니 내적으로는 어려움이 있을 것이다. 乙巳 운에는 巳중 戊土가 왕水를 제방하고 기신의 힘을 약화시키니 재산 문제는 발복하나 건강을 조심해야 한다. 丙午운은 일생 중 가장 대발운이다.

[예3]

時	日	月	年	여자
癸	戊	庚	己	辛 壬 癸 甲 乙 丙
亥	申	午	巳	未 申 酉 戌 亥 子
절	병	왕	록	2 22 32 42 52 62

월지 양인에 일지 식신이 월간에 건록하니 子星(자성)은 극왕하고 남편성이 극히 미약하다. 식신, 상관이 왕하고 남편성이 투출하지 않은 사주

는 관성을 볼 때 화를 당한다. 甲戌대운에 남편과 사별하였다. 자식은 3형제를 두었는데 이러한 명주를 자식을 얻고 남편과 사별하는 사주라 한다.

편인격

정인격과 편인격은 부모가 나를 생조해 주는 점에서 동일하나, 인수격은 심성이 어질고 학문을 좋아하고 유산과 윗사람으로부터 크게 사랑을 받으나, 편인격은 고독성으로 구류의 성이라고도 하며 요령과 눈치가 빠르고 선견의 명이 있고 기략과 技藝(기예)의 재질이 있다.

　－ 월지에 편인이 있는 것을 편인격이라 하고, 월지에 비견이나 겁재가 있고 명중 편인이 강해도 편인격이라 한다. 생월에 체신과 동일 오행이면 타주에 강한 것으로 격을 정한다. 편인이 투간하든가 두 개 이상 있으면 편인격으로 간명한다.

　－ 편인은 흉신이므로 간합하여 선화하거나 편재에 의하여 制御(제어)되었으면 성격한다. 편인은 관살을 만나면 더욱 생부되어 흉의가 커진다. 편인은 관살 보는 것을 꺼린다.

　－ 편인이 태과하면 남녀 모두 흉해가 크다. 반드시 제어되어야 한다. 편인을 편재가 제어하고 있는 명에 비견을 만나면 그 橫禍(횡화)가 크게 되는 것이다. 이같이 되면 파격이 되고 빈명이 된다.

　－ 편인은 기신이므로 충·형·공망되는 것이 좋으나 편인이 격인 동시에 용신이 될 때 충·형·공망하면 파격이 된다.

　－ 편인을 간합하여 제어하므로 성격하였는데 타의 간 또는 지가 합을 파하면 다시 흉으로 돌아간다.

　－ 편인은 인수를 보면 희하나 인수는 편인을 보면 악에 물들어 편인의

힘이 더욱 커지는 것이 되어 흉이 강해진다.

- 일간이 약하고 편인이 강하면 제어되지 않으며 큰 흉해가 있고, 일간도 약하고 편인도 약하면 편인의 흉해는 더욱 크다. 일간이 왕하면 편인의 화는 적은 것이다.

- 편인이 투간하거나 관살을 보아 편인이 강하게 되면 편재로 제어 하든가 식신 상관으로 제어하여야 길명이 된다.

일시에 편인이 있는데 다시 편인을 만나면 재산과 자식과 처에 흉해가 있다.

- 세·월·시에 편인이 있는데 대운·세운에 다시 편인을 만나면 재난과 수명에 재앙이 있다.

- 편인을 용신으로 하는 경우, 대부가 된다.

[예1]

時	日	月	年		남자					
甲	丁	壬	丁		辛	庚	己	戊	丁	丙
辰	卯	寅	丑		丑	子	亥	戌	酉	申
쇠	병	사	묘		2	12	22	32	42	52

丁火가 정월에 태어나 지지에 寅卯辰을 얻고 시에 甲辰시를 얻었으니 丁壬합木 化격으로 성격하였다. 이는 신왕으로 보아 壬水를 용신으로 할 것 같으나 丁壬 化격이므로 水木火운에 발복하고 土金운이 흉하다. 戊戌운까지 45세 전에 크게 명성을 얻고 酉운 이후 발전이 없다. 戌운은 卯戌합化, 寅戌합 化하여 무관할 것이나 酉운, 申운에는 풍파가 다단할 것이다.

[예2]

時	日	月	年	여자					
丙	己	戊	癸	己	庚	辛	壬	癸	甲
寅	酉	午	未	未	申	酉	戌	亥	子
사	생	록	대	6	16	26	36	46	56

己土가 5월 丁火 正氣(정기)에 태어났으니 편인격이라 하겠는데, 寅, 午 합을 하여 시간에 정인이 투출하였으니 정인의 힘도 왕성하고 丙에 월덕성이 있어 부친이 학교교장을 하고 본인도 학교 교직 생활을 했다. 이는 丙과 일좌 酉가 식신이며 문창, 학당이 되기 때문이다. 그러나 월주가 편인, 겁재가 되고 신왕명이니 부모·형제 덕을 기대할 수 없다. 시지 寅이 정관 남편성인데 寅酉 원진하고 火土己가 왕하고 癸水는 戊와 합하여 火로 돌아가니 甲木의 기운이 극약하다. 庚申 辛酉운에 金왕하고 관약하니 결혼을 할 수 없다.

이분은 편인의 기운도 왕성한 탓으로 한약, 침술, 역학까지 공부하였으니 이것이 명이다. 壬운에 財氣(재기)가 생기고 재생관하여 재산을 얻고 남자가 생겼는데, 戌운이 되니 겁재가 남편을 火로 바꾸어 남자 곁을 떠나 또 혼자 산다. 癸亥운부터 다시 가정과 재산의 풍성함이 있을 것이다. 그러나 남편궁과 자식궁이 원진이니 이 문제는 본인이 인력으로 어쩔 수 없는 괴로움이 될 것이다. 현재까지는 자녀가 없으니 없어서 괴로움을 받거나 가정을 가질 때 전처 자식으로 인한 고통이 될 것이다.

[예3]

時	日	月	年	여자
壬	甲	丁	甲	丙 乙 甲 癸 壬 辛
申	午	丑	戌	子 亥 戌 酉 申 未
절	사	대	양	4　14　24　34　44　54

12월의 甲木이 한하니 상관을 용하여 土운에 財가 發(발)하고 木운도 희하다. 재산에 귀인이 붙고 상관생재인데 상관을 용하니 말을 잘하고 눈치가 빠르며 40세까지 금은보석상을 하여서 10억 이상의 재산가가 되었다. 酉운에 酉戌 害(해)하고 丑午 元嗔(원진)이 합세하여 남편과 이혼하고 사업도 부진하였다.

壬申운 庚申년에 부동산하는 남자와 재혼하고 壬戌년에 전 재산을 기업에 투자하였는데 火木은 좋다고 하나 金은 기신이 된다. 대운 申기신운 壬戌년에 전 재산을 투자한 것은 申은 남자가 되고 壬은 좋을 때는 나의 지략이 되지만 기신운이면 상대 남자의 지략에 넘어간 것이고 나로 보면 사기가 된다. 丑戌刑, 午戌 合하여 기신이 되니 이 투자는 크게 실패한 투자가 될 것이다. 상관이 편인과 합하였으니 자녀는 딸만 셋인데 본명에 시지 絕(절)이 되고 丙火 식신으로 時支 病이 되니 자녀는 기대할 바 못된다. 丑午 원진 丑戌 형하고 편인의 기운이 왕성하니 인덕이 부족하고 일상생활에 애로가 많을 것이다.

[예4]

時	日	月	年	남자
丙	己	壬	丙	癸 甲 乙 丙 丁 戊 己

寅	亥	辰	辰		巳	午	未	申	酉	戌	亥
사	태	쇠	쇠		2	12	22	32	42	52	62

3월에 태어난 己土가 壬水가 월간에 투출하여 일지에 건록하니 재왕 신왕한 정재격이다. 丙火 印星(인성)을 용신으로 하여 습土를 건조하고 木운이 좋고 戌未 乾(건) 燥土(조토)가 좋은 것이다. 丙운까지 은행의 요직을 두루 역임하고 申운에 地殺(지살)이 역마 寅을 충동하여 한국일보를 창간하였다. 戊戌운에 겁재가 습土를 완전 제거하고 戌亥 천문, 寅戌합을 하니 부총리, 국회의원, 일간스포츠창간, I·O·C위원, 남북조절위원 등 명성을 얻고 대발하였다. 己운으로 바뀌는 丁巳년에 사망하였다.

建祿格(건록격)

月支에 日干의 록지를 만나는 경우를 말한다. 甲日이 寅月에 생하고 乙日이 卯月에 生하고 丙일이 巳月에 생함과 같다.

甲-寅	乙-卯	丙-巳	丁-午	戊-巳
己-午	庚-申	辛-酉	壬-亥	癸-子

- 건록이 月支에 있을 때 건록격이라 한다.
- 자립정신이 왕성하다.
- 자수성가를 해야 한다.
- 적극적이며 책임감이 강하다.
- 모든 것을 자신이 주체한다.

- 인덕은 없으며 고독하다.
- 조상 덕이 없으며 유산을 받더라도 유지하기가 어렵다.
- 형제는 많아도 형제 덕이 없다.
- 재물복은 부족하다. 축적하기가 어렵다.
- 질병은 적고 장수한다.
- 건록격이 정재, 편재가 있으면 부귀장수한다.
- 사주 내에 재성이 없으면 허무하다.
- 건록격은 아버지 조업의 유업을 받지 못하고 자수성가한다. 유산이 있더라도 패가한 후에 자수성가한다. 건강하고 장수한다.
- 건록격은 식신, 상관이 있고 재성이 유기하며 재성에 재산을 일으킨다. 또 재성이 있고 관성이 유기하면 재관운에 부귀하게 된다.
- 시지에 재고를 만나면 만년에 대부가 된다. 원명에 재관이 없으면 재관운에 헛수고에 불과하고 비견운에는 가난하게 된다.
- 원명에 재성만 있고 식신, 상관, 관성이 없으면 비견, 겁재, 인성운에는 평생 되는 일이 없고 객사·아사하거나 승려 또는 천한 일에 종사한다.
- 건록격에 재성만 있으면 비겁, 쟁재가 되는바 재성운을 만나면 대화가 발생하여 처첩이나 재물로 인한 화가 일어난다.
- 丁日 五月生은 金敗水絶(금패수절)이 되므로 순운은 처를 극하고 역운은 三妻(삼처)를 극한다. 사주 중 巳酉丑, 庚 辛 壬 癸 亥 申 子 辰이 있어 재관이 되면 財官旺運(재관왕운)에는 발달한다.
- 己日 午月生은 壬수가 정재가 된다. 年月의 壬은 囚가 되므로 일찍 재가 없고 처자를 극한다. 年時(년시)에 甲 또는 寅이 있으면 정관이 되는

데 甲은 午에서 死(사)가 된다. 亥卯未 木局(목국)을 보면 좋고, 관살 또는 편재를 보면 좋은 명이 된다.

- 作用(작용)
  - 건록(건록)이란 日干에 근이 되며 일간의 세력을 강화시키는 작용을 한다.
  - 신약사주에서는 건록이 매우 길하고 발달이 빠르다.
  - 신강사주에서 건록은 불길하여 아무런 도움을 주지 못한다.
  - 건록이 있고 정재 편재가 있으면 언제고 재물로 부명이 되거나 거부가 될 때가 있다.
  - 건록만 있고 정재 편재가 없으면, 평생 육친 덕이 없다. 매사 인덕이 없으며 타인과 화친하기가 어렵다. 평생 재물을 벌어도 타인을 위하여 봉사만 하고 자신을 위해서는 쓸 수가 없다.

- 性品(성품)
  - 주체의식이 강하며 열심히 노력한다.
  - 성패가 많으며 集散(집산)이 많다.
  - 시종일관 성실한 성품이 있다.
  - 고집은 태강하나 자신의 소임은 다한다.
  - 자수성가를 하는 것이 길하다.
  - 평생 노고·고통·고생이 허다하다.

[예1]

時	日	月	年
戊	辛	癸食神	己
戌	未	酉	巳
		건록	

남자

높은 직위 경찰 사주. 먹고사는 것은 걱정 없다.

재가 없는 건록격 사주다. 그러나 직위는 높다.

건록이 日支에 있을 때 日祿格(일록격)이다. 건록이 月支에 있으면 건록격이다. 건록이 時에 있을 때 귀록격이다.

[예2]

時	日	月	年
甲	甲	戊	庚
午	辰	寅	戌
사	쇠	록	양

남자

乙	丙	丁	戊	己	庚
卯	辰	巳	午	未	申
8	18	28	38	48	58

甲木이 正月에 태어나 건록격이 되었는데 좌하에 辰土라 印과 財가 아름답고 庚金이 辰土의 도움을 받아 유근하니 辰운에 고시에 합격하고 己未庚운까지 조土가 생金하고 甲戊庚의 귀인인 未를 만나 두루 요직을 역임하다가 申운에

寅申 충하여 건록격을 충하고 천간 甲庚이 상극하니 관직에서 물러났다. 이는 형보다 본인이 더욱 발전하는 명조이다.

[예3]

時	日	月	年
辛	丁	戊	乙

여자

己	庚	辛	壬	癸	甲

亥	巳	午	巳		未	申	酉	戌	亥	子
태	왕	록	왕		1	11	21	31	41	51

午월에 태어난 丁火이니 건록하였으나 丁巳일이. 火왕하니 亥수 정관을 용신으로 한다. 30세 전에 결혼하였다면 戌운에 재산 탕진과 남편과의 생별 사별문제 있다. 40세 이후 다시 발전할 것이나 사주가 火왕하고 용신이 약하며 충되어 크게 발복은 할 수 없는 사주다.

[예4]

時	日	月	年	남자					
甲	癸	戊	乙	丁	丙	乙	甲	癸	壬
子	亥	子	亥	亥	戌	酉	申	未	午
록	왕	록	왕	2	12	22	32	42	52

11월 癸水가 건록격으로 볼 수 있으나 지지에 水 일색이니 종왕격으로 보는 것이다. 종왕격에 戊土가 病(병)이 된다. 어려서 丙戌운은 지극히 불행하였을 것이고 乙酉운 이후 癸운까지는 발복하였으나 未운은 왕한水가 未土와 상충하여 매사 되는 것이 없고 어려움을 겪을 것이다. 亥未 합하여 흉이 감한다. 午운은 왕水를 충하여 불길하다.

[예5]

時	日	月	年	남자					
甲	丁	甲	丙	乙	丙	丁	戊	己	庚	辛
辰	卯	午	子	未	申	酉	戌	亥	子	丑
쇠	병	록	절	8	18	28	38	48	58	68

丁火가 五月에 태어나니 건록격에 용신은 子辰水이다. 身(신)왕 印(인)왕한 사주나 년시에 子辰이 있으니 종왕격으로 볼 수 없고 子辰합한 水를 용신으로 한다. 木火통명하니 두뇌가 출중하다. 부성, 재성이 없고 정인이 월간에 있어 왕기를 얻었으니 어머니가 아버지를 대신하고 어머니는 여군창설단장, 국회위원 등을 역임하였다. 申酉운에 발전하나 원명에 재가 없으므로 대발이 어렵고 戌운에 火왕한데 용신을 충하여 가산을 탕진하고 사업에 실패하였다. 己亥운부터 다시 발전한다.

① 日祿格(일록격)

甲寅일주, 乙卯일주, 辛酉일주, 庚申일주.

- 건록이 일지에 있고 정재, 편재가 있으면 부명이 될 때가 있다.
- 의지가 강하며 부부 불화목하다.
- 일간이 평생 건강, 장수하는 사주다.
- 일록만 있고 정재, 편재가 없으면 복록이 약하다.
- 평생 노고가 많아 고생하며 인덕이 없다.
- 성품이 강고하며 타인과 화친하기 어렵다.

② 日刃格(일인격)

일지지지 밑에 양인이 있는 것.

日	日	日	日	日	日
戊	丙	壬	丁	癸	己
午	午	子	未	丑	未

• 작용

– 남녀 부부를 극한다.

– 성품이 냉정하다.

– 남명은 처, 여명은 부를 극한다.

– 부부 불화가 있으며, 색난과 이성으로 난관을 겪어 본다.

– 흉폭하고 내정한 성품이 있다.

– 자기 본인을 상해한다.

– 양인살에 흉신이 가임이 되면 부부 이별·생별한다.

– 양인이 있고 상관이 있으면 공명입신하며 용신운에 대발달한다.

– 정관·상관이 혼잡되거나 양인을 합충 복음이 되는 것을 최고 꺼린다 (운에서도 같다).

時	日	月	年
壬	丙	丙	丁
申	午(양인)	寅	丑

* 운에서 만나도 흉작용: 未 子 午
　　　　　　　　　　　　합　충　복음

③ 時(시) 귀격(=귀록격)

– 건록이 시지에 있는 것.

– 귀록격은 형·충·파·해·공망·겁재·편인이 있으면 그 재해가 강하다. 생명이 위험하다.

– 귀록격이 정재, 편재가 사주 내에 있으면 대부·대귀명이 된다.

– 사주 내에 정재, 편재가 있으면 靑雲得路格(청운득로격)으로 매우 귀명이 된다.

– 귀록격이라도 천간에 정인이 있으면 귀명이 된다.

– 귀록격이 편관 식신이 있으면 군인·공직·명예로 높은 직위에 오른다.

羊刃格(양인격)

內格(내격)에는 八格(8격)만 인정하고 비견, 겁재격이 없는데 월지 비견이 일간의 록이 되므로 건록격이라 하고 祿前一位(록전일위)를 12운성으로 왕이라 한다. 양간이 왕지를 만났을 때 록전일위로 왕이 지나쳐 흉으로 변한다는 신이 된다. 음간에는 양인을 인정하지 않고 양간에만 양인을 인정한다고 하여 양인이라 하기도 한다. 생일이 약할 때는 양인이 좋고 신왕하면 왕이 태과하여 흉으로 변한다.

– 월지에 양인이 있을 때 양인격이라고 한다.

– 부모 인연이나 덕은 없다.

– 재물·부부·자식을 극해한다.

– 소실·애첩·화류계와 인연을 맺는다.

– 육친·자매의 덕은 없다.

– 양인살이 화계가 되면 재혼하는 사람과 인연을 맺는다.

– 성품은 조급하고 흉폭하며 재물을 분산할 때가 있다.

– 양인살에 편관이 있으면 균형(양인1 : 편관1)이 맞으며 대번창한다.

– 양인격이라도 편관이 없으면 현달하기 어렵다.

– 양인이 사주 내에 없을 때 대운·세운에서 양인을 만날 때 대발달을

한다.

- 년지양인: 초년에 풍파가 많으며 조상과 인연이 약하다.
- 월지양인: 타향살이를 하거나 육친 덕이 없으며 평생 풍파 다단하다.
- 일지양인: 성품이 강폭하고 무정하며 고독하고 부부 화목하지 못하다.
- 시지양인: 노년에 자식이 있더라도 무자같이 살며 질병으로 신음한다.
- 관성이 양인: 관재구설이 자주 발생하며 신체가 허약하다.
- 식신 상관양인: 타인으로 인해서 피해를 보며 손재·탈재를 당한다.
- 재성이 양인: 처·여자·재물로 인해서 재앙을 당하며 손재·탈재가 발생한다.
- 비견 겁재양인: 형제로 인해서 피해를 보며 덕이 없고 화친하기 어렵다.
- 인수양인: 부모에게 의지하기 어려우며 학교 운이 약하다.

• 작용
- 양간이 월지에 왕지를 만나면 성격하고 양인은 천상의 흉성으로서 인간에게는 악산이 된다고 한다.
- 양인은 편관을 좋아하고 인수를 기뻐한다. 편관은 刃(인)과 명암 干合(간합)하여 상호 흉해를 전거하기 때문이며 정인은 극왕한 흉성을 사랑으로 교화하기 때문이다.
- 양인은 반음(沖=충), 복음(양인을 거듭 만나는 것), 괴강, 삼합, 간합을 꺼린다.
- 양인이 흉의 작용을 하면 처를 상하고 재물을 무너뜨린다. 命(명)에 양인과 충, 합이 있는데 행운에서 재차 충·합을 만나면 측량할 수 없는 재난이 발생한다.

– 양인이 있으면 눈이 크고 수염이 거칠고 측은지심이 없고 처를 상하고 부를 상하고 재를 파한다. 충을 꺼리고 정하면 해가 없고 재운을 꺼린다.

– 양인과 정재가 함께 있으면 형제가 불화하거나 떨어져 살게 되고 처를 극하며 평생 불안이 많다.

– 편관만 있고 양인이 없으면 현달하지 못하고, 양인이 있는데 편관이 없으면 위엄이 없다. 양인과 칠살이 구전하면 비상한 명주로 권력계에 진출하여 법관, 무관, 의사가 된다.

– 양인격이 칠살과 상관이 있으면 정관운에 흉하다. 관·살이 없고 식신·상관이 없는데 왕묘운에 入하면 흉화가 발생한다.

– 日刃格(일인격)의 여명은 夫(부)를 剋(극)하고 남명은 처를 剋(극)한다. 日刃(일인)은 戊午, 丙午, 壬子, 三日이다.

– 양인이 있고 살이 있어 천을귀인, 천덕, 월덕이 있으면 名利通達(명리통달)은 의심하지 않는다. 칠살과 양인이 제복되고 適宜(적의)하면 인격도 있고 부귀하고 번영한다.

– 양인이 三~四가 거듭 있으면 불구의 명이 아니면 관형을 범한다. 흉폭하고 자기를 傷(상)하지 않으면 남을 상하게 한다.

[예1]

時	日	月	年	남자
戊	戊	戊	庚	
午	午	子	子	
왕	왕	태	태	

己	庚	辛	壬	癸	甲	乙
丑	寅	卯	辰	巳	午	未
9	19	29	39	49	59	69

양인격은 충을 만나는 것을 꺼리는데, 이는 二子(이자) 二午(이오)가 子

午 쌍포격을 이루었으며 水火기제를 이루어 四海(사해)에 이름을 전하였다. 그러나 편안한 날이 적고 다사다난한 일생으로 영웅의 명조다. 冲中(충중) 戊土가 기신이므로 癸운에 戊癸합하여 49세에 초대 국무총리가 되었다. 巳운 이후는 발복이 없었다. 乙未운 73세 壬子년에 庚金을 합거하고 子午 재충하여 사망하였다.

[예2]

時	日	月	年		여자					
辛	壬	丙	丁		丁	戊	己	庚	辛	壬
亥	子	午	酉		未	申	酉	戌	亥	子
록	왕	태	욕		9	19	29	39	49	59

壬子 양인이 충을 만난 것이 흉하다. 未운은 子未 해하고 冲地(충지)가 합을 하니 가정 형편이 기울고 고향을 떠날 것이다. 양인에 함지를 만났고 양인이 간합을 이루었으니 30세 전에는 다방, 유흥가 등에 종사해야 한다. 양인은 괴강을 꺼리니 庚戌운에 남편과 가정에 어려운 문제가 있을 것이나, 辛亥운 이후에 발복하고 귀자를 둘 것이다. 이는 亥가 천복이 되고 亥中 甲목이 아들이 된다.

[예3]

時	日	月	年		남자					
癸	壬	壬	壬		癸	甲	乙	丙	丁	戊
卯	寅	子	辰		丑	寅	卯	辰	巳	午
사	병	왕	묘		9	19	29	39	49	59

11월 壬水가 양인이 된다. 양인은 형, 충, 합, 괴강을 꺼리고 칠살과 인성을 좋아하는데 인성은 없고 칠살이 양인과 합을 하였다. 명에 一점 재성이 없고 水木상생하여 寅卯辰이 全備(전비)하니 지혜롭고 총명하며 심성이 어질다. 처는 반드시 현처를 만날 것이고, 편관 戊土가 천간에 투출하였으면 官界(관계)에 진출할 것이나 子辰 합水하니 편관으로 역할을 하지 않는다. 대학교수, 계리사, 회계사 등이 적업이다. 戊午運은 양인을 충하니 불길하다.

[예4]

時	日	月	年	여자
辛	戊	庚	甲	己 戊 丁 丙 乙 甲
酉	午	午	午	巳 辰 卯 寅 丑 子
사	왕	왕	왕	8 18 28 38 48 58

년월일에 양인이니 성격이 급하고 부모관을 해쳤을 것이다. 양인이 상관을 용신으로 하니 기술, 기예인이다. 辰운이 일생 중 가장 좋고 卯운은 상관이 견관하니 남편과 생별·사별 문제나 횡액이 있다. 50세가 넘어야 다시 좋은 운이다.

[예5]

時	日	月	年	남자
丙	戊	癸	丙	甲 乙 丙 丁 戊 己 庚
辰	午	巳	子	午 未 申 酉 戌 亥 子
대	왕	록	태	1 11 21 31 41 51 61

이것도 日刃(일인)격인데 子午 충을 만나 대발이 어렵다. 乙未운에 정관운이 되고 양인이 왕한 편인의 도움으로 운동선수로 중·고등학교 다닐 때 널리 이름을 얻었다. 申酉운은 왕기를 설하여 무난하고 酉운은 양인이 상관을 만나니 노조간부로 취직을 하였다. 戊戌운은 양인이 괴강을 만나니 퇴직 또는 재산의 손실 등 일차 풍파가 있었을 것이고, 己亥운 이후 좋은 운이나 子운은 양인을 충하니 불길하다. 자식은 辰中乙木이라 수술하여 자식 한 명을 얻었다.

외격(外格)

一行氣得格(일행득기격)

日干	甲乙	丙丁	戊己	庚辛	壬癸
生日	亥卯未	寅午戌	巳午	巳酉丑	申子辰
生時	寅卯	巳午	辰戌丑未	申酉	亥子
三合	亥卯未	寅午戌	辰戌丑未	巳酉丑	申子辰
方合	寅卯辰	巳午未	巳午未	申酉戌	亥子丑

- 사주 전체가 오행 중 一行으로 구성되어 기세가 일방적으로 편왕한 것을 본다.
- 성격은 월령을 득해야 양격이다.
- 三合局(삼합국)이 되면(寅卯)월에 나와야 월령을 득한 것이다.
- 생시에 引從(인종)하여 생왕하면 길이 된다. 생시에 인종하여 사절격

혹은 저하된다.

 – 사주 중 극, 파, 공망이 없어야 한다. 일행득기격은 모두 貴(귀)와 高命(고명)이 된다.

曲直仁壽格(곡직인수격)　**炎上格** (염상격)　**稼穡格** (가세격)
從革格 (종혁격)　**潤下格** (윤하격)

專旺格(전왕격)

'종왕격'이라고도 하는데 비견, 겁재가 극왕하여 타 오행이 무력, 무기한 격국을 말한다. 일간과 동일한 비견, 겁재가 용신이 되고 정인, 편인, 식신, 상관이 희신이 되고 정재, 편재, 정관, 편관운은 왕세를 逆(역)하는 것이 되어 크게 꺼린다. 전왕격은 염상격, 윤하격, 종화격, 가색격, 곡직격 등으로 나눈다.

① 炎上格(염상격)

 – 丙丁일간출생자 지지에 寅午戌 巳午未 삼합 방합국이 성격된다. 오복을 겸비하고 복록장수인, 품위가 방정하여 중화 중용을 중히 여긴다. 자손이 대발달을 한다. 대운 세운 火土운은 형편목적을 달성한다. 水木운에 매사 막힘이 많으며 모든 재물을 손재·사기로 탕진한다.

 – 진격자는(水가 없을 때) 예도형(판사·검사)을 자행한다. 고관귀명(국회위원·장관)이 된다.

 – 수양금지절기 동방木火운대길(=대운·세운이 金水로 흘러가면 간절히 싫어하고 木·火 대길).

 – 정신적으로 명랑하고 비리를 분별하고 매사 예의가 있다. 부귀 존영

이 되거나 권력지인이 된다. 火土 용신운·金水 대운·세운에 신음한다.
일락천장으로 질병·사망한다.

　– 만약 충이 있으면 시주불리.

　– 庚申金이 있어 파격이라 壬子水운에 재앙을 일으킨다.

　– 관운에 생명이 위험하다(水).

　– 丙丁 일주가 월에 巳午未를 얻고 지지에 寅午戌이나 巳午未가 전부
있으면 성격한다.

　– 水왕지와 金왕지를 두려워하고 동방운과 남방운에 발전하고 土운을
기뻐한다.

　충을 꺼리고 신왕을 요하는바 대운과 세운이 동일하다.

　– 진격자는 예도, 형을 집행하는 고관 귀명이 된다.

[예1]

時	日	月	年	여자				
庚	丙	丁	戊	丙	乙	甲	癸	壬
寅	午	巳	戌	辰	卯	寅	丑	子
				3	13	23	33	43

　庚金(경금)이 있어 성격하지 못하였으며 壬子운이 흉운이 된다. 癸운은
戊癸合化火(무계합화화)하여 무관하며 丑운은 왕한 火기를 설土하여 좋다.
壬子운은 양인을 충하는 것이 안 될 뿐 아니라 왕한 火기를 충돌하는 것은
화를 불러일으킨다

[예2] 時 日 月 年   남자
　　　 甲 丙 辛 乙   庚 己 戊 丁 丙
　　　 午 午 巳 未   辰 卯 寅 丑 子

丙일주가 巳午未 전하고 巳월 火왕절에 생하니 재화가 도도한 염상격이다. 월상 辛金이 병이 되는데 寅卯 동방운과 丙丁 火운에 丙辛을 파극하고 초년에 대발하여 태보 벼슬을 지낸 귀인이라 한다.

② 潤下格(윤하격)

– 壬癸水일간 출생자지지에 申子辰. 亥子丑. 방합 지합이 완전 구비한 사주(亥子丑, 申子辰 3자구비).

– 壬癸水일간은 물이 많이 있을수록 좋다.

• 성품

도량이 넓고 지혜가 많으며 총명하고 복수도 활인이다.

• 직업

상업가·무역업으로 금전 투기, 증권으로 거금을 취득한다.

• 대운, 세운

– 대운·세운에서 金水운(1水·2金·3木 용신)에는 일약 대발달로 성공·번창한다.

– 대운·세운에는 火 土 기신운에는 모든 것이 파멸하여 추락하며 사망

혹은 환난, 부도, 불행하게 될 것이다.

– 壬癸水 일간이 득령하고 申子辰 또는 亥子丑이 전부 있으면 성격한다.

– 戌未 戊己 土운을 꺼리고 火운이 흉하다. 서방운과 북방운에 발전하고 木운 동방운도 발전한다.

– 충극을 꺼리고 신왕을 기뻐하는바 대운·세운이 동일하다.

– 眞格者(진격자)는 지혜 출중하고 국민을 직접 상대하는 목민관이나 농수산부의 고관 귀명이 된다.

[예1]

時	日	月	年	남자					
辛	壬	庚	庚		辛	壬	癸	甲	乙	丙
亥	申	辰	子		巳	午	未	申	酉	戌

중국 만진인의 사주로 일점 파도 없는 진격으로 午未운까지는 불길하였을 것이나 申酉운에 간추만대에 이름을 전하는 귀인의 이름을 얻었다. 이는 윤하격으로 완전히 성격한 때문이며, 三月의 물이 만물을 생육시킬 수 있기 때문이다.

[예2]

時	日	月	年	남자					
戊	壬	辛	壬		壬	癸	甲	乙	丙	丁
申	辰	亥	子		子	丑	寅	卯	辰	巳
					9	19	29	39	49	59

이는 윤하격에서 戊土가 병이 되어 있는 사주이다. 자유당 말기 경찰국

장, 치안국장을 역임하였는데 丙운 庚子년에 4·19혁명이 일어나 관직에서 퇴출되었으니 대운 丙火가 왕세를 거역하기 때문이다.

③ 從革格(종혁격)

인정에 후하고 의리를 중히 여기며 仁義(인의)를 겸비하고 매사에 책임감이 강하며 명망의 달인이다.

- 庚申金일출생자 지지巳酉丑 辛酉戌. 삼합·방합·金국을 구비한 자로, 반드시 당조재상지관이 된다.
- 사주帶(체) 丙丁巳午 正官(정관) 편관 또는 冲時(충시) 예술가.
- 金기일행이 왕한 것.
- 丙丁巳午 행운에 장해가 많다.
- 甲乙寅卯木운 주 불리 재화.
- 종혁격은 권위지식. 庚申 일간이 득령하고 지지에 巳酉丑이나 申子辰이 구전하므로 성격한다. 동방운, 남방운을 꺼리고 형충되고 고파됨을 싫어하고 土金왕운을 좋아하고 水운에 발복한다. 대운·세운이 동일하다. 진격자는 의리가 있는 군인·법관·경찰관 등으로 고관 귀명이 된다.

[예1]

時	日	月	年		남자
辛	庚	戊	辛		丁 丙 乙 甲 癸 壬
巳	申	戌	酉		酉 申 未 午 巳 辰

지지에 申酉戌巳 가 있고 戊土가 생金하니 성격하였다. 대운이 甲乙 巳午라 무과에 급제하였으나 크게 발전하지 못하였으니, 이는 운세가 돌보아 주지 않은 때문이다.

④ 曲直格(곡직격)

원래 보시하는 것을 좋아한다(유덕인).

– 甲乙일간이 득령하고 지지에 寅卯辰이나 亥卯未 木국이 전부 있음을 말한다. 삼합 방합이 있고 金기의 극이 없는 것이 성립된다.

– 장수한다. 인자하고 자비심 있고 애쓰지 않아도 번영하는 기질이 있고 수명은 장수한다.

– 동방운인 木이 용신이 되고 水운·火운이 희신운이 된다.

– 남방火운(丙丁巳午 木도 좋지만 火운도 좋다).

– 인심이 후하다. 火운에 木火통명하여 대발한다.

– 西방金운을 크게 꺼리고 土운을 싫어한다. 형 충운을 꺼리고 신왕을 기뻐하는바 대운 세운이 동일하며 卯운은 불길하다. 인품이 어질고 문교, 교육, 자선 등에서 고귀한 귀인이 된다.

• 직업
교수, 교육자, 학문, 박사.

• 질병
土金운은 질병, 암, 수술로 신음한다.

[예1]

時	日	月	年	남자
戊	乙	甲	戊	
寅	亥	寅	寅	

乙	丙	丁	戊	己	庚
卯	辰	巳	午	未	申
8	18	28	38	48	58

곡직격으로 년 시간의 戊土가 병이다. 남방 火운에 木火통명하여 지혜 대발하고 동학교도로서 손병희 선생을 도와 33인 중 한 사람이 된다. 그러나 己未운에 변절자가 되고 庚운에 왕세를 역하여 해방이 되자 친일파로 지목되어 감옥에 있던 중 6·25 동란으로 사망하였을 것이다.

[예2]

時	日	月	年	남자					
癸	乙	己	庚	庚	辛	壬	癸	甲	乙
未	亥	卯	戌	辰	巳	午	未	申	酉

乙木이 2월에 태어나 亥卯未 3합하여 癸水가 생조하여 곡직격이 되어 있으나 己土 庚金이 있어 파격이 되었다. 庚辰, 辛巳 대운에 고액이 많았고 壬午 癸운에 발전하였으나 지방유지에 불과하였음은 성격하지 못한 연고이다. 未운에 왕木이 入墓(입묘)하여 재산을 실패하고 식병으로 고생하다가 申운에 사망하였다.

⑤ 嫁勢格(가세격)

 - 戊己 일간출생자가 지지(辰戌丑未)를 완전 구비(四庫=사고)한 것.

 - 四庫(사고)에 土神이 완전하고 본기의 극이 없는 것을 가세격이라 한다.

 - 甲乙寅卯 木극이 없으면 성립된다.

 - 충후온화하고 품행방정하며 중화중용을 중히 하고 오복을 구비하고 복록장수인이다. 이재에 才能之惠(재능지혜)가 있다.

 - 南방 火운(火生土)운 西방 金운(土生金).

 - 동방木운(극土) 북방운(土克水)주흥재파.

– 가세격에서는 木극土 土극水는 大凶이다. 대운, 세운 사주에서 만나면 안 된다.

– 戊己 일간이 辰戌丑未월에 생하고 일점 木기가 없으면 성격한다.

– 사월 오월에 생하여도 전국이 土로되면 성격하고 火土金운이 길하고 木운을 크게 꺼리며 水운도 불길하다.

– 삼월 청명절중과 6월 소서절중에 생한 가세격은 木기가 있으므로 운명의 경로가 불순하다.

– 성품이 믿음이 많고 중후하고 예비하며 법령가나 재산으로 고귀한 귀인이 된다.

– 전왕격은 모두 입묘운이 불길하다.

[예1]
時	日	月	年	남자
癸	戊	己	戊	庚 辛 壬 癸 甲 乙 丙 丁
丑	辰	未	戌	申 酉 戌 亥 子 丑 寅 卯

戊土 일간이 지지에 辰戌丑未로 구성되고 시에 癸水가 파가 된다. 하나 戊癸합化하여 성격하였다. 일지화개이고 공망 과숙이 있어 종교인의 명조가 되었으며 진리 탐구와 수도 생활에 盡力(진력)하여 진인이 되어 이름을 후세에 전하였다.

[예2]
時	日	月	年	남자
辛	己	丙	戊	丁 戊 己 庚 辛 壬
未	巳	辰	辰	巳 午 未 申 酉 戌

3월에 태어난 己土가 지지 중 辰中 乙木과 未中乙木이 있으나 辛金이 제어하므로 가색격의 진격이 되었다. 巳午未운에 대부가 되고 庚申 辛酉운에 왕土가 설기 순세하여 명예와 재물로 크게 성공하였다.

從格(종격)

從格(종격)은 旺神(왕신)의 입묘운에 사망한다[火旺從(화왕종): 戌入墓운, 木왕종: 未, 土왕종: 辰, 金왕종: 丑, 水왕종: 辰].

 - 종격은 일간이 무근이어야 성격하고 일간이 有根하고 부득이 종하는 것을 假(가)종이라고 하고 근자를 귀물 또는 병이라고 한다.

 - 종자는 국과 방을 이루고 투출하여야 하는데 종자를 용신으로 하고 종자를 生하여 주거나 설기하는 신을 희신으로 한다.

 - 종자와 상극되는 신이나 대운을 기신이라 하고, 병신과 귀물을 제거하는 자를 약신이라고 한다.

 - 종자에는 종살격, 종재격, 종아격, 종강격이 있다. 전왕격 또는 종왕격은 비견, 겁재가 왕한 것을 말하는데 종강격은 인성이 왕한 것을 말한다.

 - 음일간은 유하므로 종하기 쉽다(乙 丁 己 辛 癸).

 - 양일간은 강하므로 종하기 어렵다(甲 丙 戊 庚 壬).

 - 사주팔자 내에 의지할 곳이 없으면 종하게 된다(정인, 편인, 비견, 겁재).

 - 일간이 무근이라 부득이 종하는 것을 말한다.

 - 성격: 일간을 生扶(생부)하거나 일간에 한이 되는 것은 鬼物(귀물) 또는 병이나 흉이 된다.

 - 병신과 귀물을 제거하는 자를 약신이 된다(병약용신법).

– 종자를 상극되는 신이 대운에서 오는 것을 기신이라 한다.

• 成格(성격)

대발달 영창한다.

– 종자는 국과 방향을 이루고 투출하여야 한다.

– 종자를 용신으로 종자를 생하여 주거나 지기하는 신을 희신으로 한다.

• 파격(가종)

– 일간 종에 근이 조금이라도 있고 부득이 종하는 것을 가종격이라 한다.

– 대발달은 못 한다.

　종강격: 사주 내에 인수가 多.

　종왕격: 사주 내에 비견 겁재로 구성.

　종살격: 사주 내에 정관 편관이 多.

　종재격: 사주 내에 정재 편재가 多.

　종아격: 사주 내에 식신 편관이 多.

① 종강격

– 일간이 태약한데 정인 편인이 많아서 인수에 종하는 것.

– 삼합국이 인수가 되는 것.

– 인수운이 길, 비견겁재운으로 길.

– 인수를 생하는 관살운으로 길하다.

– 왕한 인수를 지기하는 비견겁재운으로 최길하다.

– 재운 식신 상관운을 봉하는 것을 최고로 꺼린다.

– 일간이 태약한데 인성이 삼합국이 되고 方이 되는 것을 종강격이라
한다.

 – 인성을 생하는 관살운이 길하고 인성이 직접으로 왕하는 운이 길하며
왕한 인성이 지세하는 비견 겁재운이 길하다.

 – 재성운은 왕한 인성을 충극하므로 크게 꺼리고 식신 상관운은 상극되
므로 불길하다.

 – 종격은 왕신의 입묘운에 흉하다.

 – 음 일간은 유하므로 종하기 쉬우며, 양일간은 강하므로 종하기 어렵
고 만국에 의지할 곳이 없으면 종하게 된다.

[예1]　**時　日　月　年**　　　남자

　　　甲　丁　甲　癸　　**癸　壬　辛　庚　己　戊　丁　丙**

　　　辰　卯　寅　卯　　**丑　子　亥　戌　酉　申　未　午**

木多(목다) 火식으로 모자멸자지상이며 종강격이 된다. 癸丑운에 戊申
운까지 별로 되는 일이 없다가 丁未丙午 20년에 대발하여 큰 부자가 되었
다. 丁未운에 취처·득자하고 다시 만석을 일으켰다.

② 종왕격
 – 비견 겁재가 열력이 왕성한 것에 종하는 것.
 – 비견 겁재가 태강할 때 종한다.
 – 삼합이 되어 비견겁재가 될 때.
 – 식신 상관운이 최고 길하다.

- 비견겁재운에도 길하다.
- 관운 재운에 재화가 발생한다.

• 성격(진격)
- 대발달하고 권력지인이 된다.
- 종왕격이 대발하면 재부자가 된다.

• 파격(가격)
- 평생 노동으로 기복이 많으며 고생이 많다.
- 종자를 극하는 운에는 재앙이 백단이다.

③ 종살격
- 월지에 정관 편관이 있고 일주가 무근할 때.
- 재성이 있든가 재운이 오면 더욱 길하다.
- 관살이 용신이 되고 관을 지기하는 인수운이 희신이다.
- 식신 상관운에는 관살을 극제하므로 크게 꺼린다.
- 비견 겁재운에도 불길한 징조다.

• 성격(진격)
- 정관 편관국을 이루고 식신상관이 없으면 성격이 된다.
- 완전한 상태의 종살격은 대귀명이다.

• 파격(가격)

사주 내에 관살국이 되더라도 식신상관이 있든가 비견 겁재가 근이 있으면 가격이 된다. 일점이라도 조건에 맞지 않으면 극빈이 되거나 단명한다.

- 월지에 관살을 만나고 일주가 무근하여 비겁이 없고 관살국을 이루고 식신이나 상관을 만나지 않으면 성격한다.

- 재성이 있으면 더욱 길한 것으로 재관이 왕한 운에 길한 것으로 관살이 용신이 되고 관살을 생하여 주는 재운과 관살의 기운을 설기하는 인성운이 희신이 된다. 대운·세운이 동일하다.

- 식신 상관운은 관살을 극제하므로 크게 꺼리고 비견 겁재운도 관살과 상극이 되므로 불길하다.

[예1]

時	日	月	年	남자
乙	乙	辛	辛	
酉	酉	丑	巳	

庚	己	戊	丁	丙	乙
子	亥	戌	酉	申	未
6	16	26	36	46	56

지지에 巳酉丑 삼합하고 천간에 辛金이 투출하여 종살격이 되었다. 戊戌운에 과거에 급제하고 서방운에 공명 현달하였다. 서방 金운에 개두丙丁이라 발전에는 일정한 제한이 있다.

[예2]

時	日	月	年	남자
乙	甲	乙	庚	
丑	申	酉	午	

丙	丁	戊	己	庚	辛
戌	亥	子	丑	寅	卯
3	13	23	33	43	53

甲木이 팔월에 태어나고 申酉丑이 지지에 있고 庚金이 투출하였으니 종

살로 볼 것이나 월과 시에 乙木이 있어 가세하고 년에 午상관이 있어 귀물이 되었다. 戊子운에 子午충하여 귀물을 제거하니 일생 중 좋은 시기가 되었다. 己운에 군에서 퇴직하여 처남들과 동업 사업하다가 가산을 탕진하였다. 이는 乙木이 己土와 충돌한 때문이다. 丑운은 역시 己土라도 새로이 사업을 하여 성가하였으니 지지에는 충이 없는 연고라 할 것이다. 庚운까지 중소기업을 착실히 일으켜 세웠으나 寅운에 도산하였으니 甲木이 뿌리를 얻어 왕金을 충돌하니 약한 일간이 뿌리를 얻는 것이 병이 됨이다.

④ 종재격
- 월지에 재성이 있고 일간이 무근한 것.
- 삼합, 방합하여 재성국이 되는 것.
- 재성을 용신으로 하고 식신 상관을 희신으로 한다.
- 정관, 편관은 왕한 재성이 池氣順勢(지기순세)하여 길하다(자립정신을 없게 함).
- 비견, 겁재운은 왕세를 역세하므로 크게 꺼린다.
- 인수운에 왕한 재성이 극이 되므로 불길하다.

• 성격(진격)
- 비견 겁재나 정인 편인이 없으면 성격이 된다.
- 巨財(거재: 큰 재물)가 아니면 귀격으로 부명 발달한다.

• 파격(가격)
일점이라도 비견·겁재·인수에 근이 있으면 가격이다. 재물로 인하여 재앙이 생기며 我(아)자신은 빈궁명이 된다. 처로 인해서 풍파가 있다.

 – 월지에 재성을 만나고 일간이 무근하고, 재성이 국과 방을 이루고 비견, 겁재, 정인, 편인이 없으면 성격한다.

 – 재성을 용신으로 하고 식신, 상관을 희신으로 하고 정관, 편관운은 왕한 재성이 지기, 순세하여 길하다.

 – 비견, 겁재운은 왕기를 역세하므로 크게꺼리며, 인수운도 왕한 재운과 극되므로 불길하다.

[예1]

時	日	月	年	남자
戊	庚	壬	壬	
寅	寅	寅	寅	

癸	甲	乙	丙	丁	戊
卯	辰	巳	午	未	申

庚 일간이 지지 寅을 봉하고 戊土가 丙이나 남방 火운에 왕기를 순설하여 대발하고 申운에 왕기를 충하므로 왕기를 역세하여 사망하였다.

[예2]

時	日	月	年	여자
丙	壬	戊	戊	
午	寅	午	午	

丁	丙	乙	甲	癸	壬
巳	辰	卯	寅	丑	子

壬 일간이 火왕절에 태어나 丙辛이 없으니 진격이 되었다. 종재격이 되었으니 木火운에 부귀하고 壬子운에 불길, 사망할 것이다.

⑤ 종아격

월지에 식신, 상관이 있고 천간에 투출된 것.

– 삼합, 방합하여 식신, 편관국을 이룬 것.

– 정인, 편인를 만나지 않아야 한다.

– 식신, 상관이 용신이며 재성은 희신이다. 비견, 겁재 희신이다.

– 정관, 편관, 정인, 편인운을 크게 꺼린다. 재화가 백단이다.

• 성격

– 정인, 편인을 만나지 아니하면 성격이 된다.

– 식신, 상관에 종하는 것.

– 대재물로 거부가 된다.

• 파격

– 정인, 편인이 일점이라도 있으면 파격이 된다.

– 식신, 상관이 충이 되어도 파격이 된다. 자손으로 인해서 풍파가 많으며 빈한命으로 재물이 부족한 생활을 지낸다. 월지에 식신 상관이 있고 식신상관이 方(방)과 局(국)을 이루고 식신 상관이 투출하고 인성을 만나지 않으면 성격한다. 식신, 상관이 용신이 되고 재운과 비견, 겁재운이 희신이 되고 관살운과 인성운을 크게 꺼린다.

[예1]

時	日	月	年	남자
丙	甲	丁	丁	丙 乙 甲 癸 壬 辛 庚
寅	午	未	巳	午 巳 辰 卯 寅 丑 子

甲日干이 6월에 태어나 寅午 火局(화국)하고 巳午未 火方이 전비하니 종 아격으로 성격하였다. 그러나 未가 건조하고 비견, 겁재운으로 가니 재산은 크지 않다. 壬운은 왕火가 충돌하여 불길하고, 子운에 旺火(왕화)를 충·극하여 사망하였다.

[예2]

時	日	月	年	남자				
甲	癸	丁	甲	戊	己	庚	辛	壬	癸
寅	卯	卯	寅	辰	巳	午	未	申	酉

일간이 2월에 태어나 木왕하니 종아격이 되었다. 왕한 木氣(목기)를 설기하여 巳午未 남방운에 대발하였으나 개두가 庚申이므로 발전이 왕성 하지 못하고 壬申운부터 왕기를 역하여 不吉(불길)하였다.

兩神成象格(양신성상격＝ 통관용신)
사주팔자의 오행이 4대4로 이기로 양분된 사주다.

① 생생오극
氣(기)가 상생되는 것을 말한다.
- 木火상생격 − 木火광운
- 火土상생격 − 火土내잡
- 土金상생격 − 土金육계
- 金水상생격 − 金水수청
- 水木상생격 − 水木청제

② 상극오국

- 木土상성격 – 윤하
- 土水상성격 – 土水윤하격
- 水火상성격 – 기제격
- 火金철인격 – 기물격
- 金木상성격 – 金木성곡

③ 사대사로 균등할 때

生日生(생일생)으로 오행의 水木이 四對四(4대4)로 균등하여야 한다.

時	日	月	年
乙(겁재)	甲	甲	甲(비견)
巳(상관)	午	午	午(식신) 〈2개의 오행만 이루어진 사주〉

– 二氣(2기)상생은 모두 일간에서 보아 상생하는 것으로 식신상관이다.

– 二氣(2기)상생격이 秀氣發露(수기발로)가 이상하고 재능이 샘과 같이 용출하여 반드시 한 가지 업으로 이름이 나고 귀명이 된다.

– 원래 식신상관은 학문·기술·예능의 신으로 三개 중 하나가 발굴되어 재능이 비상하다.

– 후에 대지대업을 성취하고 중인의 두상이 되는 천흥의 자격이 있다.

– 통관용신법을 쓴다.

④ 日干에 신강형통 신약 신강운이 올 때까지 기다릴 것

– 二氣(이기) 상극격은 모두 재성, 관성이 된다.

– 일간오행이 극하는 것이다.

– 先子(선자)의 재복은 극히 후하고 무정의 극은 상업 유통의 업무로 거부를 이룬다. 재성, 관살이 된다.

– 유정의 극은 견실한 업무로 착실한 성과를 거둔다.

– 水극한 관살격은 대귀의 命(명)으로 명예와 존경을 받는다. 二氣(이기)사주는 약한 쪽을 도와야 한다. 약한 쪽이 용신이다.

– 관직 공무원(관공서, 대기업사장, 관리자, 경영자)이 적업이다.

– 一代(일대) 부귀영화를 누리며 번창한다.

化格(화격)

• 化格의 眞假(화격의 진가)

– 眞(진)격: 化神(화신)이 득령하고, 不逢(불봉)관살일 때

– 假(가)격: 화신이 失令(실령), 충, 극逢見(봉견)

– 격이 파되는 대운은 大忌(대기)로 불리하며 흉액사 속출한다.

– 진화격자는 왕후공향의 대귀격으로 조화무쌍한 용으로서 때를 만나면 비용재천으로 대발하거나 시를 잃은 화격자는 (파격 이진성가) 물속에 있는 이무기와 같이 쓸모가 없으며 잘못하면 수지를 약용하여 사회적 지탄을 받는 인물이 될 수 있는 것이다. 가화자는 때를 기다려 수신제가함이 중요하다.

• 작용

- 化格(화격)은 천간 相合(상합)으로 甲己合化土, 乙庚合化金, 丙辛合化水, 丁壬合化木, 戊癸合化 火 五格(오격)이 있다.

- 화격은 일간을 중심으로 시간, 월간이 合(합)이 되어야 하고 쟁합이나 투합이면 合이 불성립한다.

- 화격은 득령하고 지지가 化의 오행으로 구성되고, 상극하는 오행이 없고 時令(시령)을 얻으면 眞格(진격)이 된다.

- 眞化格(진화격)은 王侯公卿(왕후공경)의 대귀격이며 化格이 때를 얻지 못하면 용이 되지 못한 물속의 이무기와 같고 한평생 노고가 많으며 사회적 지탄을 받는 인물이 된다.

- 격을 파하는 대운·세운을 크게 꺼리고 흉액사가 속출하고 손명한다.

① 甲己合化 土격
- 甲이나 乙 일간이 甲乙寅卯를 보지 않고 亥未會局(해미회국)도 없으며 戊丙丁은 무방하고 辰戌丑未나 巳午로 地支(지지)가 형성되면 파격한다.

- 천간에 乙木이나 庚金이 있으면 合(합)을 冲(충)하여 파격이 되며 쟁합·투합도 파격이 된다.

- 時(시)에 戊辰時를 얻으면 더욱 격을 높여 眞(진)격이 된다.

- 火土운이 용신으로 吉(길)하고 金운은 旺(왕)한 土氣(토기)를 설하므로 吉하다.

- 水木운은 불길하다. 천간은 庚金운은 파격이 되어 불길하다.

- 甲己 化土格(화토격)이 춘절로서 化氣(화기)를 극파면 평생 되는 일이 없고 大才(대재: 큰 재주)가 보람 없는 생애를 보내게 된다.

[예1] 時 日 月 年　　　남자

己 甲 戊 己　　　丁 丙 乙 甲 癸 壬

巳 戌 辰 丑　　　卯 寅 丑 子 亥 戌

甲 日干이 지지에 丑辰戌巳을 얻고 甲己合化土하여 眞格(진격)을 이루었다. 년간 己土는 戊가 있어 투합의 힘이 약한데 대운에서 동방에서 북방으로 흐르니 운이 조력하지 못한 고로 성격하고도 대성하지 못하였다

[예2] 時 日 月 年　　　남자

甲 己 丙 戊　　　丁 戊 己 庚 辛 壬

戌 丑 辰 辰　　　巳 午 未 申 酉 戌

천간 지지가 火土로 구성되고 甲己合化土 하여 성격하였다. 남방운은 土기를 생조하여 대길하고, 서방운은 왕한 土기를 설기하여 발전하였다. 庚金은 甲己合을 파극하므로 크게 꺼리는 운이 된다.

② 乙庚合化 金격

－ 乙이나 庚일간이 지지에 巳酉丑申字 등으로 구성되고 戊己字는 무방하고 寅亥卯甲丙丁午가 없으면 성격한다.

－ 천간에 辛金이나 丙火가 있으면 합을 충하여 파격이 되며, 쟁합·투합·파격이 된다.

－ 時(시)에 庚辰時를 얻으면 더욱 격을 높인다.

－ 용신은 金이 되고 서방운이 대길하며 水, 土가 희신되고 대운 또한

동일하다.

– 火災(화재)를 크게 꺼리고 火운, 남방운에 운세가 쇠하고 분주 노고하며 동방 木운도 불길하다.

[예1]　時　日　月　年　　　남자

　　　庚　庚　乙　庚　　　丙　丁　戊　己　庚　辛
　　　辰　辰　酉　申　　　戌　亥　子　丑　寅　卯

사주가 土金으로 구성되고 乙庚합하고 시에 庚辰시를 얻어 진격이 되었다. 년간庚金이 투합하여 귀기를 흐렸다. 亥子운에 상관 화신이 설水하여 음악을 전공하고 己丑운에 화신이 득왕한 고로 명진사주다. 寅卯운에 化神(화신)의 絶地(절지), 剋(극)운으로 명리하락하였다.

[예2]　時　日　月　年　　　남자

　　　乙　乙　庚　乙　　　乙　戊　丁　丙　乙　甲　癸
　　　酉　酉　辰　未　　　卯　寅　丑　子　亥　戌　酉

지지에 土金으로 구성하고 乙庚 합하여 성격하였다. 년간乙이 투합하여 결점이 되었다. 寅卯운에는 火氣(화기)와 반대되므로 독립운동등으로 어려움을 겪었을 것이며 丙火운은 乙庚합을 충하여 불길하였을 것이고, 이후 야당중진 재무장관등을 역임하였다. 酉운 壬운 교체하는 辛亥년에 辛금에 乙庚合을 충,파하므로 사망하였다.

③ 丙申合化 水격

 – 丙이나 辛일간이 지지에 申·子·辰·亥 등으로 구성되고 천간에 丁字
(자)가 없고 쟁합·투합이 없고 火土가 없으면 성격한다.

 – 時支(시지)에 壬辰을 만나면 時令(시령)을 얻어 더욱 격을 높인다.

 – 용신은 水가 되며 北方(북방)운이 좋고 西方金(서방금)운도 化氣(화기)
를 생조하므로 대길하며 동방운은 火기를 설水(수를 설기)하므로 길하다.

 – 壬水가 있으면 丙火를 충극하여 합을 파하므로 크게 꺼리며 南方火
(남방화)운 土운을 꺼린다.

[예1]
時	日	月	年	남자
甲	丙	辛	丁	庚 己 戊 丁 丙 乙 甲 癸
午	午	亥	亥	戌 酉 申 未 午 巳 辰 卯

6　16　26　36　46　56　66　76

년월에 亥亥水를 얻어 득령하고 丙辛合하였으나 연간 丁火이고 일시가
午火라 성격하지 못하였다. 申운에 3·1독립운동을 하다 옥고를 치르고
乙巳운 60세 후에 해방되었다. 이는 수화 기제의 명이고 양신을 통관하는
木운이 길하다고 할 것이다. 85세 되는 卯운, 辛酉년에 사망하였다.

[예2]
時	日	月	年	남자
甲	辛	丙	丁	乙 甲 癸 壬 辛 庚
午	卯	午	未	巳 辰 卯 寅 丑 子

辛金이 5月에 출생하였으나 천간에 甲·丙·丁이 천간에 출하고 지지에 午·未·卯가 모여 木火의 기가 극왕하다. 丙辛이 化水된다. 하나 化氣(화기)는 왕한 기운을 좋기 때문에 왕한 火를 좋하게 되는 것이다. 壬·癸 운에 왕세를 역하여 어렵게 살다가 寅·卯운에 크게 발복하여 학원을 설립하고 의기양양하게 발전하던 중 辛丑운에 사변에 가담하여 종적을 알 수 없으니 필시 사망이라 하였다. 이는 木火왕기에 金을 보는 것이 대흉하여서이다.

④ 丁壬合化 木격
 – 丁이나 壬水 일간이 지지에 寅·卯·辰·亥로 구성되고 간지에 庚辛申酉가 없으면 성격한다.
 – 시지에 甲辰시를 얻으면 시령을 얻어 진격이 된다.
 – 용신은 木이 되고 동방운이 대길하며 북방水운은 木을 생조하여 희신이 되며 남방火운은 火기를 水를 설기하여 대길한다.
 – 戊土나 癸水가 있으며 火氣(화기)를 충극하여 파가되어 대흉하고 쟁합, 투합을 꺼리며 서방金운 土운은 화신과 상극이 되므로 불길한 운이된다.

[예1]

時	日	月	年		남자				
甲	壬	丁	己		丙	乙	甲	癸	壬
辰	午	卯	卯		寅	丑	子	亥	戌

壬水가 2月에 태어나 丁壬合하고 甲辰時를 얻으니 진화격이 되었다. 소

년 등과하였으나 북방운에 化神(화신)이 水생이나 火氣(화기)극가 한체하여 큰 발전을 보지 못하였다.

[예2]

時	日	月	年	남자					
丙	壬	丁	甲	戊	己	庚	辛	壬	癸
辰	巳	卯	子	辰	巳	午	未	申	酉

壬水가 2월에 생하여 간지에 克池(극지)가 많으니 약한 壬水가 왕한 丁火와 합하여 종화가 되는바 丁壬 2字(자)가 본성을 버리고 合化木(합화목)하므로 木운이 길하고 金운은 불길하다. 50세 癸丑년 8월에 세상을 떠났다.

⑤ 戊癸合化 火격

– 戊癸 일주가 쟁투합이 없고 四五월에 생하고 寅午戌이나 火가 많고 水를 만나지 않으면 성격한다.

– 時에 丙辰時를 만나면 진격이 된다.

– 용신은 化神(화신)인 火가 되고 동방木운과 土가 길하다. 서방金운과 북방水운이 흉운이 된다.

– 甲木이 戊癸合(무계합)을 파하기 때문에 크게 꺼리며 기토도 합을 파하므로 흉하다.

[예1]

時	日	月	年	남자					
戊	戊	癸	戊	甲	乙	丙	丁	戊	己
午	辰	亥	寅	子	丑	寅	卯	辰	巳
				2	12	22	32	42	52

戊土가 10월에 태어나 戊癸合(합)하였으나 월령을 얻지 못하고 년간과 투합하여 化格(화격)을 불성하였다. 戊土가 寒(추울=한)하여 조후가 요망되고 왕한 土기를 제어하는 木이 있어야 격이 청하게 된다. 丙寅운에 사법고시에 합격하여 법조계에 상승일로 발전한다.

[예2]
時	日	月	年	남자
甲	癸	戊	丙	己 庚 辛 壬 癸 甲
寅	巳	戌	戌	亥 子 丑 寅 卯 辰

癸水가 9월에 태어나 지지에 寅·巳·戌하고 천간에 甲丙하므로 癸水가 무근하니 戊癸化의 진격을 이룬다. 초운 북방水 亥·子·丑이 되어 곤고하게 지내고 개두 壬癸는 불길하나 寅卯, 甲운은 대길하여 크게 발전하였다.

잡격(雜格)

잡격 성립의 의미

 - 잡격은 오행의 특수를 따라서 성립한다.

 - 잡격은 내격이나 편격에 해당하지만, 어느 경우에는 내격 편격과 상이한 특수성으로 짜임새를 이루어 간명에 잡격을 이해하여야 추리와 기국 대소의 가늠이 가능 할 수 있다.

 - 잡격은 대개 특수일진 특수시·특수월·특수상항, 즉 합·암·충·일·時(시) 관계 등으로 구성된다.

- 辰戌丑未 四墓(4묘)신의 어느 월생에 생하고 명중재관인의 어느 하나를 藏(장)하는 격식.
- 잡기제격[재복이 極厚(극후)하고 부유하다].
- 잡기정관격(정관을 격으로 하면 관계에 이름을 떨친다).
- 잡기인수격(인수를 격으로 하면 복수록이 후함).

○	甲	○	○		丙	甲	庚	丁
○	○	丑	○		寅	辰	戌	巳

정관격　　충　　편관격

- 잡기라 함은 辰戌丑未의 土성이다.
- 辰중에는 (乙癸戊) 장간이 있고 水고이다.
  戌중에는 (辛丁戊) 장간이 있고 火고이다.
  丑중에는 (癸辛己) 장간이 있고 金고이다.
  未중에는 (丁己乙) 장간이 있고 木고이다.
- 四고중 모두 3개의 장간이 있어 천지부정의 기를 가지고 있으므로 잡기라 한다.
- 辰戌丑未월에 생하여 생일간에서 재관인이 어느 천간에 있으면 비격이 된다.
- 관(복록신) 재(양명원천) 인수(신자원).
- 인명에 가장 중요한 것이다(재 관인). 辰戌丑未.

양기성상격
- 두 가지 오행의 세력이 서로 균형을 이루고 있을 때.

- 두 가지 오행을 똑같이 보호하여야 하며 어느 한쪽만 극상하면 불리하다.

- 주로 통관신이 용신이 된다.

戊甲甲戊   **庚辛乙辛**   **己己壬壬**

辰寅寅辰   **寅酉未卯**   **丑丑子子**

시묘격

- 생시에 진술축미가 있는 것을 말한다.

- 형, 충, 파, 해를 기뻐한다(다만 발달이 늦다).

- 사주에 壓伏(압복)이 없고 형·충·파·해운이 오면 고위에 오르고 사회에 이름이 난다.

- 시묘격은 귀빈을 불문하고 자기는 영왕해도 육친에 불리하며 자식을 얻기 곤란하고 얻어도 잘되기 어렵다.

- 미庫(고)는 동방으로 행하고, 술庫(고)는 남방으로 행하고, 진고는 북방으로, 축고는 서방으로 행하면 발복한다.

甲 丁 壬 戊

상관용 인수격   **辰 酉 戌 辰**

일록귀시격

- 일간에서 시지를 보아 건록이 되는 것을 말한다.

- 갑일간에 인시, 을일간이 묘시다.

- 사주 중에 관살을 보지 말아야 하고, 관살운이 나쁘고 신왕운과 식

신, 상관운을 좋아한다.

– 천을귀인 천덕, 월덕, 인수, 정재가 있으면 대부귀의 명이다.

– 신왕운을 기뻐하고 식신·상관·재운에 발복하고 충·파운을 꺼린다. 공망·사·절·파·해운도 꺼린다.

– 일록귀시하고 재를 보면 청고하고 부귀하고 여명이 상관이 중하고 귀록을 만났다면 최고 길하다.

己	乙	戊	戊
卯	亥	午	子

금신격

– 甲일, 己일생이 癸酉시, 己巳시, 己丑시에 金기·火기가 왕하면 금신격이 된다,

– 칠살, 양인을 띠면 진귀인이 된다. 파단명민의 재주가 있고 강건북곡의 정신이 있다.

– 남방火운에 대발달하고 북방水운에 발달하지 못하고 중하면 생명이 위험하다.

– 火가 있어도 火운이 오지 않으면 발달하지 못하고 財(재)를 보는 것이 좋고 財(재)운에 발달한다.

庚	己	庚	丁	
午	巳	戌	亥	남자
祿	旺	養	胎	

魁罡格(괴강격)

－ 생월 혹 생일주에 괴강이 있고 타주에 재차 괴강이 있는 것.

－ 월지에 있는 것이 최고중요하며 2개, 3개가 있으면 작용이 강하다.

－ 후천운(=대운·세운)에서 신강이라도 신강운이 와야만 발달하는 것이 강하며, 신약운이 오거나 충운이 올 때 비명횡사한다.

－ 괴강격이면 총명하고 엄격하고 예의를 중요시하고 권력으로 진출하며 정직한 성품으로 발달한다.

－ 의외로 인덕이 있고 재능이 있다.

－ 신왕이라도 신왕운이 와야만 대성공으로 長久(장구: 오래감)한다.

－ 극단에서 극단으로 변화·변동의 진폭이 매우 크다.

－ 대운·세운에서 신강운이 오거나 충·형운을 만날 때 일락천장으로 추락한다(신약운·충운·형운을 아주 싫어한다).

－ 평소에는 잔소리가 많고 예의를 중히 생각한다.

－ 괴강이 진격(충이 없거나 신강)이 되면 지도자적인 인물이 된다.

－ 사주가 신약이 되면 주색을 좋아하며 질병으로 중하고 패가한다.

－ 괴강이 일주·월주에 있고 다른 곳에 괴강이 중첩하면 대출세한다(이규붕 부통령사주).

－ 괴강격사주는 신강운이라도 신약운, 충운이 오면 사망한다.

| 庚 | 庚 | 辛 | 丙 |
| 辰 | 辰 | 丑 | 申 |

－ 壬辰, 庚辰, 壬戌, 庚戌의 4개 일생이 명주에 신왕하고 괴강을 중봉

하면 귀강격으로 귀명이 된다.

　- 형, 충, 관, 살을 꺼린다.

　- 庚戌, 庚辰일은 무관성에 괴강이 중첩하면 부귀와 영화를 누리고 중인을 제압·통솔한다고 한다.

　- 戊戌일은 無(무)이면 귀하지 아니하며 관성을 보는 것이 좋지 않고 괴강이 중중한 것이 부귀쌍전한다.

　- 壬辰일은 재관 보는 것을 꺼리고 인수·겁재를 크게 기뻐한다.

　- 괴강격은 순청하고 중첩으로 왕기를 받아야 발복·부귀한다.

　- 남명은 권력에 진출하고 청백한 성품으로 지도적 인물이다.

　- 여명은 총명하고 문장력이 있으나 고독하고 남자 같은 성품이다.

日貴格(일귀격)

　- 일좌 천을귀인에 해당하는 것으로 癸卯, 癸巳, 丁酉, 丁亥의 4개 일에 출생한 사람이 일귀격이다.

　- 이 격은 형, 충, 공망, 괴강을 꺼린다.

　- 형·충이 심하면 귀인이 노하는 격으로 반흉하다.

　- 성품이 인자하고 덕이 있고 여명은 미모가 좋고 인격자이다.

庚	丁	己	乙
子	亥	卯	亥

* 子, 午, 卯, 酉는 정기로 격을 설정한다.

시상일위귀격

- 시상에 일위의 편관만이 있어야 하고 신왕해야 하며 제복되어야 한다. 시상 편관은 형·충을 꺼리지 않는다.
- 身衰(신쇠)한데 재운·칠살운으로 행하면 재앙과 질병이 있고 무자하게 된다.
- 재성이 왕살을 생조하면 초년에 단명한다.

丁	庚	丙	丁	
丑	寅	午	丑	

관살혼잡 관이 기신
은행에 근무했다.

癸	癸	乙	乙	법관
丑	卯	丑	卯	변호사

신왕 재왕 제살하여
귀명이 되었다.

나에게도 하늘이 돕는
천을귀인이 있을까?

12신살(十二神殺)

　　12신살은 지지와 지지간의 관계를 설명한다. 지지는 자신의 의사와는 상관없이 현실에서 일어나는 일들을 나타낸다. 12신살의 기준은 삼합으로 한다. 방합이 가족 관계의 합이라면 삼합은 사회적 관계의 합이다. 그래서 좋지 않은 신살과 기신운이 함께 중첩될 때에는 사회적 활동을 하지 않거나 소극적으로 하는 것이 좋다.

　　12운성과 12신살은 같은 패턴을 이루는 짝이 있다. 12운성 암기법으로는 앞에서 언급했듯이 '절태양, 생욕관, 록왕쇠, 병사묘'로 외운다. 그리고 12신살은 '겁재천, 지년월, 망장반, 역육화'로 외운다. 12운성과 12신살의 암기 순서가 같은 글자끼리 깊은 연관성이 있음을 알게 된다.

　　삼합운동에 따라 다르게 변하지만 기본적인 성품은 절태양(겁재천)은 겨울·씨앗의 기운이고, 생욕관(지년월)은 봄·만물의 생장 기운이며, 록왕쇠(망장반)는 여름·열정·인생 최고조의 기운이고, 병사묘(역육화)는 가을·장년·결실의 기운이다.

12신살	겁살	재살	천살	지살	년살	월살	망신살	장성살	반안살	역마살	육해살	화계살
12운성	절	태	양	장생	목욕	관대	건록	왕	쇠	병	사	묘

① 劫殺(겁살)

불의의 탈재, 속패, 도난, 이별 등의 흉성으로 세운, 겁재년에도 적용하여 본다.

② 災殺(재살=一名(일명) 수옥살)

납치, 감금, 구속, 송사 등의 관재구설을 당해 본다는 살로 유년의 재살년이 되면 위와 같이 관재구설을 당하게 되는 것이다.

③ 天殺(천살)

조재, 수재, 화산, 낙뢰 등의 천재지변에서 오는 난을 당한다는 살이지만 작용력이 약하다. 다만 악살이 가중될 때는 참고해야 할 것이다.

④ 地殺(지살)

타도·타국 출입, 변동, 이사, 타향살이 등의 작용을 하며 유년의 지살년에도 변화, 변동, 원행, 이사 등을 하여 보게 된다.

⑤ 年殺(년살=一名(일명) 도화살, 함지살)

일반적인 작용력은 남명은 풍류와 여색을 좋아하고 방탕하며 여명은 미덕에 인정이 있으나 불미하기 쉽다. 여명에 역마와 도화가 합하면 음란, 정통도주가 두렵고 편관과 동주하면 박복하고 정관과 동주하면 과부인이다.

⑥ 月殺 (월살=고초살)

불생불사를 뜻한다. 택일법에도 적용하여 월살일에는 씨를 뿌리거나 닭·계란을 안기지 않고 피한다. 주중에 일시가 월살이면 장자건각으로 손추불절이요, 월시가 월살이면 접신자(무당)가 많고 종교인·철학인에도 많이 본다.

⑦ 亡身殺(망신살=일명 파군살)

속성속패, 패가망신을 당하여 보고, 역마지살이 임하면 로상 망신, 차액 등의 로상횡액을 조심하여야 한다.

⑧ 將星殺(장성살= 장군성)

관계, 군에서 대성, 야인과 동주면 생살대권을 장악, 관성과 동주하면 관계에서 대관으로 출세한다.

⑨ 攀鞍殺(반안살)

반안, 역마가 구비되면 말위에 안장을 올려놓고 장군이 행군하는 상으로 크게 출세한다는 것이다.

⑩ 驛馬殺(역마살)

타향 생활, 해외 출입, 변동, 이사, 분주다망, 역마가 주중 길신이면 입신발전에 해외유학을 가며, 재성에 임하면 외화를 획득함이 되는 것이다. 인성이나 관성에 역마가 임하면 해외 직장을 가져 보게 되며 지지역마이면 해외 이민, 해외 직장 등 해외에 장기 주거하여 본다. 유년 역마년에는 이사, 변동, 해외 출입, 원행하여 보게 되는 것이다. 대격자는 대발하나 소인은 평생 분주하고 이동이 많고 성격도 변덕이 많다.

⑪ 六害殺(육해살)

역마는 말이 달린다는 뜻인데 달리고 나면 피곤하고 지치는 법이라, 고로 구병·병고로 해석하는 것이다. 구병, 병고, 피곤, 유년 육해년에도 병고로 신음하여 본다고 추리한다.

⑫ 華蓋殺(화개살)

총명준수, 학문전진, 인수에 임하면 대학자, 화개가 공망이면 승려가되기 쉽고 일반적으로 화개가 중봉이면 대학교수에 많고 공망이면 정통신앙으로 종교인에 많으며 또한 심히 바르고 무악호인이 많다.

귀인(貴人)

천을귀인(天乙貴人)

일간에 수호신, 특수 암시, 최귀길신이다. 일간을 기준으로 그 짝에 해당하는 지지가 있을 경우, 천을귀인에 해당한다.

日干	甲	乙	丙	丁	戊	己	庚	辛	壬	癸
양귀인	未	申	酉	亥	丑	子	丑	寅	卯	巳
음귀인	丑	子	亥	酉	未	申	未	午	巳	卯

천을귀인은 총명하고 지혜가 있으며 남의 도움을 얻을 수 있고 흉사를 당해도 길로 변화하는 덕이 있다. 천을귀인에 형·충을 만나면 길이 사라진다. 천을귀인은 위의 표와 같이 양귀인과 음귀인 두 종류로 구별되어 있다. 양귀인은 양계절생, 음귀인인 소지자는 음계절생이면 귀인 특유의 성능이 한층 더 발휘되고 그 반대는 天乙緩慢(천을완만)이라 말하며 효능이 약하다.

양귀인 - 寅卯辰(봄), 巳午未(여름)
음귀인 - 申酉戌(가을), 亥子丑(겨울)
甲戊庚(丑未), 乙己(子申), 丙丁(亥酉), 辛(寅午), 壬癸(卯巳)

• 작용
- 귀인이 互換(호환)의 명은 부귀·대발한다.
- 천을귀인이라도 형·충·파·해·사·절·공망을 만나면 길의 작용이 없어진다.
- 월·일·시에 천을귀인은 상생하고 극이 없으면 극귀의 명이 된다.
- 역마재성, 식신, 정관, 생, 관왕, 합을 만나면 평생 복이 많다.
- 양귀인이 있을 때는 양계절에 태어나면 더욱 길하다.
- 음귀인은 음계절에 태어나면 복이 매우 크다.
- 귀인에 특유의 성능이 한층 더 발휘된다.
- 월·일·시에 있는 것을 더 중히 한다.
- 사주 내 천을귀인이 있을 때, 총명하고 지혜로운 사람이며 인덕이 있고, 흉사를 만나도 길로 변하는 덕이 있다. 복이 매우 후하고 고귀한 기질

이 있다. 사주 중에 있으면 공명·영달한다.

　– 천을귀인은 충, 파, 공망이 되면 천을귀인 작용이 분산되고 기예로 발달한다.

　– 천을귀인이 합이 되면 귀합이라 하여 작용이 더욱 강하다.

　– 사주 중에 천을귀인이 길성이 되면, 공명·번창한다.

　– 互煥(호환) 천을귀인은 재기를 잘한다.

　– 일절 흉살이 무력해지며 흉사가 길로 변한다. 인덕이 있다.

　– 택일에도 사용한다. 이사, 개업, 결혼, 약혼에서도 사용한다.

　– 천을귀인이 역마살과 동병하면 '천마귀인'이라 하여 상당한 지위에 오르거나 재물을 얻는다.

　– 천을귀인은 일시에 천을귀인이 제일이요 년월에 있는 것은 다음으로 본다.

　– 천을귀인이 양귀인(2자=丑未, 子申)이 있을 때 복을 집합하였다 하여 大好(대호)한다.

　– 천을귀인이 3개 이상 과다하면 남녀 모두 중혼·재혼지명이다.

　– 천을귀인이 双連座(쌍연좌)하면 박복하여 상처하거나 부부 이별한다.

日
乙

○　　子 子　　　子 申　　　申 申
　　　　쌍좌

財星(재성) 천을귀인	재물 인연이 있으며 처덕이 있다.
官星(관성) 천을귀인	名利(명리)통달하든가 남편 혹 자식 덕이 있다.
印綬(인수) 천을귀인	부모 인연 혹 덕이 있으며 학문으로 발달 혹 문서로 혜택이 있다.
食神 傷官(식신 상관) 천을귀인	의식주가 풍만하여 인덕이 있으며 자식 덕이 있다.
比肩 劫財(비견 겁재) 천을귀인	형제 덕이 있거나 형제가 수족같이 도와준다.
大運 · 歲運(대운·세운) 천을귀인	개운발달하며 운이 향상되고 매사가 순조롭게 풀린다. 우연히 귀인을 만나서 난관이 해소되고 길운이 되며 재물운도 길하다. 좋은 인연을 만나 결혼할 수도 있다.

문창귀인(文昌貴人)

사주에서 신살의 하나로 길성이다.

일간	甲	乙	丙	丁	戊	己	庚	辛	壬	癸
문창귀인	巳	午	申	酉	申	酉	亥	子	寅	卯

문창귀인은 길신의 하나로 양일생은 12운의 병이 붙는다. 음일생은 12운성에 장생이 붙는다. 이신이 사주 중에 있을 때에는 그 사람은 매우 총명하고 재주가 출중하다. 흉에 대하면 길로 화하며 그 작용은 천을귀인이나 천월이덕과 유사한 것이다. 오행의 상관적 秀氣(수기)發露(발로)의 신이며 문학·기예 등 뛰어난 재능을 가진다. 다만, 이 경우에는 신왕하여 조화가 잘되어 있는 것이 첫째 요건이고, 신약이나 식상태과하거나 형·

충·공망하는 것은 해당하지 않는다.

천덕귀인(天德貴人)

귀인의 하나로, 천덕귀인은 남에게 알려지지 않은 덕이 있고, 난관에 처하더라도 타인의 도움을 받을 수 있는 신이다.

日支 일지	寅	卯	辰	巳	午	未	申	酉	戌	亥	子	丑
天德 천덕	丁	申	壬	辛	亥	甲	癸	寅	丙	乙	巳	庚

• 작용
- 조상의 귀덕이 있다.
- 천우신조의 혜택이 있다.
- 천덕귀인도 충·형·공망이 되면 천덕귀인의 작용을 하지 못한다.
- 천덕귀인이 육합·삼합·방합이 되면 천덕귀인의 작용이 더욱 왕성하다.
- 전생에 공덕을 쌓아 조상에 음덕으로 積德(적덕)을 많이 쌓았다.
- 남명보다 여명에게 작용력이 강하며 이상적 부군을 만난다는 암시다.
- 천덕귀인의 흉살은 해산하고 백중에 재앙이 평생 침범하지 않는다.
- 심성이 선량하다.

時	日	月	年	여자
丁	戊	癸	壬	
巳	申 식신	卯	寅	
	천덕귀인			

월덕귀인(月德貴人)

인덕과 매사순성으로 부귀공명의 길성이다. 천덕귀인과 더불어 이덕귀인 혼인궁합 등 택일 등에서 우선시하는 길성이다. 월덕귀인이 청기하면 음덕은 물론 건실한 삶을 지향하며, 처덕과 인덕이 많아 매사 원만하게 이루어진다. 월덕귀인이 있으면 대체로 심성이 반듯하고 다정다감하며, 재운이 좋아 일시적 굴곡이 있어도 부귀공명하게 된다. 천덕귀인과 동주하면 일생 호의호식하고 흉사를 면한다. 여명의 천덕귀인은 좋은 배우자와 가연을 맺고 귀자를 낳는다. 월덕귀인이 용신이거나 용신과 동주하면 대길하나, 월덕귀인이 중첩되거나 흉신이면 길성 작용을 기대할 수 없다. 월덕귀인과 해당 지지를 십성에 비교하여 긍정이나 부정 심리 적용, 여성은 성격이 온순하고 정조관념이 있고 현모양처 유형이다.

• 월지 기준으로 주중의 천간과 대조 분석

日地	寅	卯	辰	巳	午	未	申	酉	戌	亥	子	丑
月德	丙	甲	壬	庚	丙	甲	壬	庚	丙	甲	壬	庚

• 작용
- 흉은 물러가고 기쁨은 근접해 있다.
- 유덕하고 물질의 혜택이 크다.
- 사주 내에 월덕귀인이 있으면 富貴安隱(부귀안은)을 주사한다.
- 일생안락하고 형액도산을 만나지 않는다.
- 결혼 후 처덕이 있거나 부덕으로 대길하다.

– 남명에서는 일시에 월덕귀인이 있으면 일평생 무액으로 기복이 없으며 길하다.

– 여명이 일시에 월덕귀인이 있으면 정조관념이 강하다. 자식이 현명하고 총명하며 발달이 크다.

– 월덕귀인이 길성이 되면 천복이 후하고 매사 형통하며 난관이 무산된다(정관, 정인, 정재, 식신, 편재가 있을 때 매우 좋다).

– 월덕귀인이 흉성이 되면 흉사가 많고 매사 막힘이 많고 인덕이 없다.

– 월덕귀인이 관에 임하면 직업이나 관운이 매우 길하다.

– 월덕귀인이 재성이 되면 문무겸전하고 재물에 덕이 있다.

– 식신이 월덕귀인이 되면 처음은 빈한하나, 후에는 영화를 누릴 수 있다.

– 대운·세운에서 월덕귀인을 만나면 생각지 않았던 길사가 발생한다.

년주 월덕귀인	초년에 화평하고 부모 혜택을 받는다.
월주 월덕귀인	부모 혜택을 받거나 부모와 인연이 매우 좋다.
일주 월덕귀인	일평생 위험한 일은 따르지 않는다.
시주 월덕귀인	귀자를 두거나 노년에 생활이 풍만하고 안락하다.

• 天德月德(천덕월덕)의 작용

– 하늘의 은총을 받는다.

– 백종 재액이 평생 불범한다.

– 관성에 임하면 관운이 좋고 인성에 임하면 심성이 극호하고 부모덕이 있다. 재성에 임하면 재복의 혜택을 받고 식신에 임하면 의식주 생활에

혜택을 받는다. 시상에 있으면 귀자를 두고 월상에 있으면 천우신조를 받는다.

- 특히 여자가 천월덕이 있으면 남편상이 좋고 귀자를 낳는다.
- 천덕 월덕은 결혼, 이사, 택일에 사용한다.

月 支	月 德
申 子 辰	壬
亥 卯 未	甲
寅 午 戌	丙

도화살(桃花殺) [= 子午卯酉]

사주에서 신살의 하나로, 남녀 색정의 신이다. 도화는 일명 '도화살'이라고 하며 남녀 색정의 신이다. 양일생은 12운성에서 목욕의 신이고, 음일생은 12운성에서 병의 신이다. 특히 묘와 유는 일출과 일몰의 뜻이므로 회약의 뜻이 강하다고 하여 후천운에서 이런 운을 맞이하는 것도 색정이 일어나기 쉽다고 본다.

- 사교적이며 타인과 친화력이 있다.
- 다정다감하고 명랑하다.
- 친근감이 있으며 화합을 잘한다.
- 여색과 주색이 심하다.
- 씩씩하고 억센 기가 강하다.
- 수완이 비범하다.

– 통솔력과 포섭력이 있다.

– 풍수지리에서는 子午卯酉(자오묘유)를 귀로 본다.

– 남녀 모두 황음하다.

– 주색에 빠지면 덕이 박하다.

– 子午卯酉 4자가 있고 사주조직이 좋으면 문장·문학·예술·작가·소설가로 대영예를 갖게 된다.

– 子午卯酉 4자가 있더라도 사주조직이 나쁘면 크게 발달이 어렵다.

– 子午卯酉는 경솔을 의미하고 패를 의미한다.

– 배합에 따라 반드시 흉하다고 할 수 없다.

– 남녀 모두 주색에 혼미하고 애교·교염이 있다.

– 문학예술 常法(상법)에 의하여 대부·대명으로 발달이 매우 크다.

– 종말이 좋지 않으며 단명, 자손이 박하고 여명은 醜女(추녀)다.

裸體桃花殺(나체도화살)

日을 기준으로 한다.

甲	丁	己	庚	癸
子	卯	卯	午	酉
日	日	日	日	日

• 작용

항상 이성으로 인해서 삼각관계가 생긴다.

眞桃花殺(진도화살=咸地殺)

생년 [寅(卯)午戌:卯], [巳(午) 酉丑:午], [申(酉)子辰:酉], [亥(子)卯未:子]
삼합의 다음자가 진도화다. 연애결혼해야 같이 산다.

• 작용

年	卯	결혼을 할 때는 반드시 연애결혼을 해야 한다.
月	午	남자는 연상의 여인과 인연을 맺는다. 그것이 편하다. 여자는 노랑(나이 많은 남자)과 인연이 있다.
日	子	매사 이성의 인연이 매우 좋다.
時	酉	여자는 연하남자와 인연을 맺는다. 남자는 나이 차이가 아주 많이 나는 어린 여자와 인연이 있다.

– 지 월지를 기준하여 일·시에 있는 것이 작용력이 강하다.
– 여명에 진도화살이 時(시)에 있으면 年下(연하)의 남편과 인연이 있다.

• 성품

– 묘하고 풍류심이 많으며 화려한 것을 좋아하며 조급한 성품이 있다.
– 색, 불륜, 연애, 염치, 화류계, 색정. 이성관계가 복잡하다. 다예다
능하다.
– 남자는 호색가이고 여자는 풍류인이다.
– 일지·시지에 진도화살이 있는 것이 최강하다.
– 진도화가 공망이 되면 작용력이 약하다.
– 신왕하고 진도화살마저 있으면 색정·풍류심이 강하다.
– 신약하고 진도화살이 있으면 반응이 적절하다.

月지 진도화살	생모재취人嫁(인가), 생모소실, 모외유모, 환경불량.
日지 진도화살	작첩동거, 부군작첩 외부와 정을 통하고 연애결혼.
時지 진도화살	색정으로 신용을 잃는다. 또는 돈을 잃는다. 화류계 여성, 자식 같은 여자와 정을 통한다.

- 여자는 연하남과 인연이 있으며 남자는 연하의 여인과 인연이 있다. 年에 진도화가 있으면 여자는 노랑과 姻緣(인연)이 있고 남자는 연상의 여인과 인연이 있다.

- 대운에서 진도화살이 오면 결혼운이며, 기혼자는 처 혹은 남편 이외의 이성과 인연을 맺게 된다. 부부 이별수도 있다.

- 세운에서 진도화살이 오면 이 년 동안 결혼운이거나 부부 이외의 이성을 사귄다.

- 진도화가 길성 혹 길신이 되면 좋은 사람과 인연을 맺는다.

- 진도화살이 흉신·흉성이 되면 불륜 관계를 맺거나 관재가 발생하거나 좋지 않은 사람과 인연을 맺는다.

- 진도화살이 대운·세운에서 올 때는 혼기로 본다.

- 진도화살이 육합·삼합·방합이 되면 好色(호색)을 하더라도 수치와 염치를 모른다.

- 일·시에 있는 것이 주로 강하고 년·월에 있는 것은 이차로 강하다.

- 남자는 정재 편재가 혼잡되고 진도화마저 있으면 재혼지명이다. 여자는 정관 편관 혼잡되고 진도화마저 있으면 재혼지명이다.

丁

酉 진도화　申(酉)　子　辰

倒揷桃花(도삽도화)

연애 걸다 형무소행. 주로 연상의 여인들을 마음먹고 찍으면 반드시 갖고, 갖는 즉시 버리고 만다. 여자와 결혼하기 위해서 먼저 대시하여 결혼했지만, 결혼 후에는 관심을 보이지 않는다는 뜻이다.

- 生年띠 － 子띠,　午띠,　卯띠,　酉띠

　　　　　　亥　　巳　　寅　　申

　　　　　　卯　　酉　　午　　子　　3자 모두 있어야 한다.

　　　　　　未　　丑　　戌　　辰

- 작용
- 남자는 년월에 도화가 있으면 년상에 여인과 인연을 맺는다.
- 여자는 노랑과 인연을 맺고 또한 인연이 잘 맺어진다.
- 풍류심이 많으며 간사하고 질투심이 강하다.
- 성품이 교묘하며 총명한 듯하나 총명하지 못하다.
- 도화살이 귀인(천을귀인)이 될 경우, 예술·예능으로 정진하면 명리를 얻을 것이다.
- 총명·현숙한 듯하여도 성품이 교묘하고 어질지 못하다.

時	日	月	年	남자
戊	戊	丙	己	
戌	午	寅	卯	

3자가 다 있어야 한다.

滾浪桃花(곤랑도화)

천간이 합이 되고 지지는 형살이 되는 것.

[예1] 甲　子日　　[예2] 庚　子日
　　　己　卯　　　　　　乙　卯

• 설명
　– 甲 己合과 子 卯 刑殺(형살)
　– 乙 庚合과 子 卯 刑殺(형살)

• 작용
여명은 창녀, 남명은 여자 때문에 怨望多(원망다).

刑殺桃花(형살도화)

연애 걸다 형무소행.

子 卯, 酉 酉, 子 酉

• 작용
색난, 관재구설, 주색으로 패망한다.

天强桃花殺(천강도화살)

木	火	土	金	水
甲乙	丙丁	戊己	庚辛	壬癸
子	卯	卯	午	酉

天干(천간)에 財(재)가 있고 식신 상관이 있으면 거부다. 지지 財(재)는 수전노.

時	日	月	年
丁식신	乙	庚	丙
亥편인 亥편인		子정인	戌

자형(부모덕 무,
인연 무
자수성가)

천강도화살
+ 이성에게 인기
천을귀인

* 편인이 있고 식신 상관이 있으면 돈이 다 나간다. 세운에서 와도 마찬가지다.

역마살(驛馬殺) [= 寅申巳亥]

변동, 이동, 활동, 고독신.

- 생기가 발랄한 소년과 같다.
- 윗사람에게 순종을 잘한다.
- 순박하고 고지식하다.
- 총명하고 지혜롭고 생활의 재능이 있다.
- 寅申巳亥 4자가 있고 사주가 비상하면 행복하고 권력지인으로 부·귀

격이 된다.

– 풍수지리에서는 寅申巳亥의 방위를 '자손궁'이라 한다.

– 사주가 양호하고 寅申巳亥 4자가 다 있으면 대권으로 장악하고 정치가, 군인, 경찰로 고위직을 갖는다.

– 지혜롭고 창의력이 있으며 흥명을 주도한다.

– 寅申巳亥 4자가 있더라도 사주조직이 불안하면 대권을 가지기 어렵다. 모든 것이 장수하지는 못한다.

– 대인관계는 무척 까다로우나 순박하다.

화개살(華蓋殺) [= 辰戌丑未]

墓(묘), 魂魄(혼백), 무덤, 고독, 종명, 방랑.

辰	水墓(수묘)
戌	火墓(화묘)
丑	金墓(금묘)
未	木墓(목묘)

– 辰戌丑未는 생활과 기반으로 삼는다.

– 경제의 보금자리로서 부지런하고 검소하다.

– 저축·치부하는 것에 천부적 재능을 가지고 있다.

– 수전노처럼 재물 축적에만 흥미를 가지고 있다.

– 풍수지리에서는 辰戌丑未를 부의 방위로 본다.

- 용이 변하여 대해에 봉한다 하여 고위고관을 이룬다.
- 辰戌丑未가 완비되어 있으면 반드시 재물로 부명이 될 때가 있다.
- 목적을 달성하고 나면 빨리 수명을 마친다.
- 辰戌丑未 4자가 있고 사주가 좋은 명이면 귀격이라도 육친에 형·파가 많이 닥치고 골육육친수가 많이 닥친다.

홍염살(紅艶殺)

日干	甲乙	丙	丁	戊己	庚	辛	壬	癸
地支	午	寅	未	辰	戌	酉	子	申

日	日	日	日	日	日
丙	丁	戊	庚	辛	壬
寅	未	辰	戌	酉	子

* 일주에 있는 것이 가장 강하다.

• 작용
- 일지에 있는 것이 작용력이 최강하다.
- 인기가 많으며 예술·예능 계통으로 소질이 있다.
- 명랑하고 쾌활하고 친화력이 있으며 사교적이다.
- 색욕이 강해서 자신을 파할 수가 있다.
- 정조 관념이 약하고 의지가 약하다.
- 양가집 여성이라도 천업을 가질 수 있다.

- 남녀 불량하고 허영·과시·사치를 좋아한다.
- 사주 내에 진도화 혹은 홍염살마저 있으면 妓生作妾(기생작첩)한다.
- 남녀 간 허영·사치하고 외정을 즐긴다.
- 중봉하면 여명은 기생이 되고 남명은 작첩한다.
- 여명에 홍염이 있고 관살 혼잡이고 상관 견관이면 창녀다.
- 남명는 정재·편재 혼잡, 여명은 정관·편관 혼잡하면 재혼지명이다.

탕화살(湯火殺)

日	日	日
寅	午	丑
寅日	재차	午日
午日	재차	寅丑
丑日	재차	寅午

중첩하면 강하다.

* 寅: 중풍, 당뇨, 간, 질병.
* 午: 안, 상, 해, 악살이 가임이 되면 실명한다.
* 丑: 하체, 자궁, 족, 정욕이 약하다. 순산하기 힘들다.

• 작용

 - 탕화살에 丑戌未, 寅巳申, 삼형살이 加臨(가임)이 되면 신상에 해가 된다.

 - 탕화살은 대운·세운에서 재차 만나는 것을 절기한다.

− 대운에서 寅午丑 탕화살을 만나면 교통사고가 나더라도 심하게 신체를 상한다.

− 운전, 등산, 운동을 조심한다.

− 사주 내에 탕화살이 많이 있으면 이미 태어날 때 신체가 허약했다.

− 대운·세운에서 탕화살운을 만나면 질병·사고로 신체를 다친다.

급각살(急脚殺)

春(춘)(寅卯辰): 亥子, 夏(하)(巳午未): 卯未, 秋(추)(申酉戌): 寅戌, 冬(동)(亥子丑): 丑辰.

• 작용

− 급각살이 사주 내에 완비하면 대운·세운에서 흉성(丑戌未·寅巳申)이 올 때 작용력이 강하다.

− 급각살에 재차 삼형살이 가임이 되면 작용력이 강하다.

− 낙상, 골절, 소아마비, 수족이상, 반신불수, 곱추, 중풍, 디스크, 신경통에 걸린다.

− 운전, 등산, 운동할 때 조심해야 한다.

− 급각살에 역마 충이 되면 교통사고로 불구자가 되기도 한다.

− 출생할 때부터 골상이 약하게 태어났다.

− 급각살이 사주 내에 완비되면 다른 사람보다 신체를 잘 다친다.

− 신약자 작용력이 강하다. 단명한다.

- 신강자 작용력이 약하다.
- 사주 내 팔자가 한 가지 오행으로 편고 되었을 때 신체가 허약하다.

효신살(梟神殺)

甲	乙	丙	丁	戊	己	庚	庚	辛	辛	壬	癸
子	亥	寅	卯	午	巳	辰	午	丑	未	申	酉
日	日	日	日	日	日	日	日	日	日	日	日

- 초년에 부모 인연이 없거나 생이별한다.
- 시가 효신살이면 자식 인연이 없다.
- 일지, 월지, 편인이거나 혹 편인이 많으면 편모슬하에서 자란다(생모 슬하에서 자랄 수 없다).
- 부부 불화. 편인은 부모 같은 부인이므로 불화한다.

천라지망살(天羅地網殺)

- 남명: 천라 戊 亥를 꺼린다.
  여명: 지망 辰 巳를 꺼린다.
- 범인이나 죄인을 구치소에 수감·강제·억압·통제하는 것을 말한다.
- 관재구설, 시비송사가 평생 동안 계속 連結(연결)되며 여명은 파혼한다.

- 극하는 자식 지액이 있다.
- 천라지망이 있으면 활인업 진출이 좋다. 경찰관, 헌병, 수사관, 역술인, 종교인을 하면 면해 간다.
- 남명은 諸事不如意(제사불여의)하고 금전연이 박하다.
- 여명은 부부 이별하며 자식 인연이 박하다.
- 년과 일 혹은 월과 시에 있으면 심히 흉폭하게 당한다(년·일·월·시에 있으면 작용이 강하다).

• 작용
- 천라지망살에 악살이 가임(더하면)되면 당주가 반드시 사망한다.
- 암매하고 불명예하며 불쾌한 살성이다.
- 사주 내에 천라지망이 완전하면 운체범인 죄인으로 구치소에 수감된다. 혹은 평생 막힘이 많고 풍파가 많다.
- 관재구설로 형무소에서 복역을 한다.
- 관형지액으로 시비·송사가 늘 접근해 있다.
- 남을 위해서 도움을 주는 9가지 직업이다(의사, 군인, 법관, 구류술자, 종교인, 조사관, 형무관, 경찰, 군인).
- 여명은 천라지망이 있으면 파혼 및 자식을 극하는 액이 발생한다.
- 천라지망에 악살이 가임(더하면)이 되면 옥중노고가 많다.
- 육충 중에서 辰戌충이 최고로 강하다.
- 辰戌충 2자가 있으면 기쁜 일도 있으면서 비극도 있다. 辰戌충이 최고로 강한 충이다.

고신살(孤神殺) · 과숙살(寡宿殺)

• 年(년) 기준

<pre>
       (과)   (띠)   (고)
    丑 ------- 寅卯辰 ------- 巳

    辰 ------- 巳午未 ------- 申

    未 ------- 申酉戌 ------- 亥

    戌 ------- 亥子丑 ------- 寅
</pre>
  과숙(과부)살   고신(홀아비)살=고진살=역마살

오행	木日	火日	土日	金日	水日
천간	甲乙	丙丁	戊己	庚辛	壬癸
財(재) 男 墓(묘) 子	辰	丑	辰	未	戌
官(관) 女 墓(묘) 子	丑	辰	未	戌	辰

• 작용

– 홀아비살 寅申巳亥, 과부살 辰戌丑未.

– 남자는 비견, 인수, 고신살(홀아비)이 있으면 결혼하기 어렵고 상처한다.

– 여자는 상관, 겁재, 편인, 과부살 있으면 과부를 면하기 어렵다.

– 남명은 정재, 편재가 포태법의 死(사), 絶(절)+홀아비살+고신살이 있으면 결혼하기 어렵다.

– 여명은 정관, 편관이 사, 절+과숙살이 있으면 여러 번 재혼한다.

– 과숙살이 있으면 육친이 불리하다(어려서도).

– 홀아비살·과부살이 있고 공망이 되면 어려서 비참한 일을 만난다.

– 유년에서 홀아비 과부살을 만나면 상하를 불문하고 부부 재앙을 면하기 어렵다.

– 과부, 홀아비살, 日, 時에 있으면 작용력이 강하다.

– 과부, 홀아비살이 있으면 子息(자식) 인연이 없다.

– 남명이 재성이 사·절한 중에서 고신을 만나면 結婚難(결혼난)을 겪는다.

– 여명은 부성이 사·절 중에서 과숙을 만나면 여러 번 결혼해도 백년해로하기 어렵다.

– 고신이나 과숙이 있는데 천간에 도식을 띠면 井欄徒食(정난도식)이다.

– 처를 극하고 자식을 해하며 여아를 많이 생산한다. 흉살을 띠면 종신토록 자식이 없다.

상문조객살(喪門弔客殺)

殺(살) 중에 최고 강하다.

• 年 기준

상문살 ------------ 年 ------------ 조객살

寅 ------------ 子 ------------ 戌

卯 ---------- 丑 ---------- 亥
辰 ---------- 寅 ---------- 子
巳 ---------- 卯 ---------- 丑

年 支 前(전) 二개 상문
年 支 後(후) 二개 조객　　　　　丙(2016년)
子 丑 寅 卯 辰 巳 午 未 申 酉 戌 亥
　　　　　　　　상문　　년띠　　조객

[예1] 그해가 壬寅일 때

壬

寅　　午　　戌 -------- 화

申　　子　　辰 -------- 수　격각(삼합으로 따진다)
상문살　　　조객살

사주 구성에서 申이나 辰이 있을 때 申은 상문(상을 당한다), 辰은 조객 (상복을 입는다)에 해당한다.

[예2] 2020년 올해: 庚子일 때

庚

申　　子　　辰 -------- 이 삼합이 된다.

寅　　午　　戌 -------- 水의 반대인 격각(충)은 火가 된다.
상문　　　조객

사주 구성에서 격각된 삼합의 앞 자의 寅은 상문살에 해당하고, 가운데 누자는 따지지 않는다. 그리고 삼합의 끝 자 戌은 조객살에 해당한다.

[예3] 2021년 내년: 辛丑일 때

$$辛$$

巳   酉   丑 -------- 金삼합의 극각(충)이 木이라서

亥   卯   未 -------- 가 된다.

따라서 사주 구성에서 亥는 상문살이고, 未는 조객살이다.

• 작용

– 사주 자체에서 상문조객이 완벽하면 항상 목적을 달성하기 어렵다.

– 상문조객이 사주에 있고 대운·세운에서 만나면 제일 가까운 육친이 사망하거나 재산이 나간다.

– 상문조객이 대운에서 만날 때 가장 위험하다.

– 상문조객이 대운에서 오고 재차 세운에서 흉운(신약–편관, 신강–편인)을 만날 때 재앙 200%이다.

– 命中(명중)에 상문조객이 있는데 대운·세운에서 거듭 만나면 哭泣(곡읍)을 할 만한 일을 당한다.

– 輕(경)하면 원친의 사별이 있다.

– 매사 파멸·파산하는 일이 많다.

– 재물이 모두 탕진된다.

– 신체를 대수술을 하든가 사망, 급사망, 혹은 대사고가 발생한다.

– 사주 내에 상문조객이 완비되면 항상 재앙이 근접해 있다.

– 평생 막힘이 많은 세월을 보낸다.

– 가까운 육친사별 혹 본인이 사망한다. 재물 손재한다.

– 상문이 한 자만 있고 조객이 없으면 작용을 하지 않는다. 2자가 다 있어야만 해당된다.

– 한 자만 있을 때는 대운·세운에서 만날 때 해당이 된다.

– 상문 조객 3자가 만날 때는 重則(중즉)사망, 輕則(경즉)파산, 부도, 형벌의 작용이 강하다.

– 대운·세운에서 만나면 질환, 수술, 암, 혹 대형사고가 발생하든가 신체를 다쳐 사망한다.

• 喪門弔客(상문조객)

– 인수: 부모님의 혜택은 받기 힘들다.

– 재성: 처덕이나 재물복은 약하다.

– 관성: 총명은 하더라도 직업 변동이 많으며 남편·자식 인연이 약하다.

– 식신 상관: 인덕이나 자식에 혜택은 약하다.

– 비견 겁재: 평생 형제와 화목하기 어렵다.

• 상문조객 + 三災(삼재)에 해당되면

[寅 午 戌]

申 入(입) 三 災(재)

酉 留(유) 三 災(재)흉살 가임이 두 배가 된다. 단, 대운이 吉(길)하면 해당 없다.

戌 出(출) 三 災(재)

寅 卯 辰 巳 午 未 申 酉 戌 亥 子 丑

상문　　　　　띠　　　조객

時	日	月	年
丙	乙	甲	乙
子	酉	申	亥

이미 2자(酉·亥)가 사주에 있고 대운·세운에서 丑이 오면 3자가 다 있을 때 가장 위험하다.

백호대살(白虎大殺)

일주	乙	庚辛	壬癸	甲乙	丙丁
입묘오행	木	火	土	金	水
입묘	未	戌	辰	丑	辰
	官墓(묘)	官墓	官墓	官墓	官墓

백호살은 기둥으로 있어야 하고 떨어져 있으면 안 된다. 흉살가임이 되면 무섭다.

백호살	갑진	무진	병술	임술	정축	계축	을미

• 작용

– 혈광사, 흉사, 횡사, 객사한다.

- 辰, 戌, 丑, 未,들은 墓庫(묘고)로 되어 있다.
- 택일에는 최고로 꺼린다(사용하지 않는다) 하여 避(피)한다.
- 신체에 재앙이 끊일 날이 없다.
- 암, 고혈압, 고질병이 발생한다. 교통사고를 당하면 신체를 크게 상해된다.

	日	여자
丙	庚	
戌	寅	
火 官		
墓 墓(묘)		

- 여명은 관살백호(남편)를 크게 꺼린다. 喪夫(상부)한다.
- 남명은 재성백호(부인)를 크게 꺼린다. 처는 사망하더라도 재물은 취득한다.

	日	여자
(정재)乙	庚	
未	丑	
木墓(묘)	丑未=冲 재고가 열린다.	

- 백호대살이 충이 되면 작용력이 강해진다.
- 백호대살에 형살, 흉살마저 加臨(가임)이 되면 더욱 강하다.
  丑戌未, 寅巳申

년주	조상이 신체 허약하다.
월주	부모육친의 신체가 질병 혹 허약하다.
일주	자신의 신체가 허약하거나 부부의 신체가 허약하다.
시주	자손의 신체가 허약하거나 신음한다.

- 壬癸일주: 辰水墓(묘), 丙丁일주: 戌火墓(묘), 庚辛일주: 丑金墓(묘), 甲乙일주: 未木墓(묘)

- 身墓(신묘): 일간에 신체가 허약하다는 징조다.

- 官墓(관묘): 남편이 죽어도 여자는 일만 해야 한다.

- 財墓(재묘): 부인이 죽어도 돈 창고가 열려서 돈이 들어온다.

양인살(羊刃殺)

아무 데나 4자 중에 있으면 된다. 건록 다음자가 양인살인데, 신살 중에서 가장 강한 살이다.

日干(일간)	甲	乙	丙	丁	戊	己	庚	辛	壬	癸
羊刃(양인)	卯	辰	午	未	午	未	酉	戌	子	丑

- 寅申巳亥는 샛궁이라서 양인을 못 붙인다.

- 羊(양): 外(외) 겉으로는 양같이 순하다.

- 刃(인): 內(내) 속으로는 오기가 드글드글 칼을 간다.

- 편관 = 백호, 칠살, 독약
- 육친에서 감당하기 어려운 살.
- 사주 편관+양인: 겉으로는 예의바른 사람.

- 작용
- 오만하고 예의가 없다.
- 몰인정하고 박정하다.
- 독불장군 같은 성품이 있다.
- 이기주의자며 외유내강하다.
- 荒暴(황폭)하고 적이 많다.
- 원수가 많으며 惡死(악사: 좋게 죽지 않음)한다.

- 남명
- 극처·극제한다.
- 상처·탈재·손재가 많다.
- 양인도 많으면 재혼한다.
- 신체는 다치든가 불구자가 된다.

- 여명
- 직업여성이다.
- 초혼에 실패할 수 있다.
- 매사 예의가 없으며 제멋대로 행동한다.
- 호색가가 많다.

- 양인신살
- 부부를 극·해한다.
- 재물을 탕진한다(운이 안 좋을 때 모두 탕진).
- 질병으로 신음한다(자신이 가지고 있는 고질병이 튀어나온다).
- 화친하기 어렵다(부모·이웃·형제·자식).

- 양인신살의 작용
- 양인은 겁재보다 더 강한 것으로 본다.
- 신약에는 보약, 신강에는 독약이다.
- 무관, 군인, 경찰이 적업이며, 적극적·강압적 성격이다.
- 남녀를 불문하고 배우자를 극한다.
- 생시양인은 고독하고 자식극, 처극을 한다. 생일양인은 부부 불화하고, 생일양인은 부모덕과 인연이 없으며, 생년양인은 조상 덕이 없다.
- 양인글자가 비견(형제 덕 없다), 상관(직업 운 약하다), 재(재복 없다) 등 육친을 가려서 본다.
- 천을귀인이면 가볍게 질병으로 본다.
- 양인 3개 이상이면 처자를 극하고 고위층에서 갑자기 떨어져 버린다(최고 수준에 오르면 배신당한다). 자기도 몸이 약하거나 흉터가 있다. 불구자가 된다(농아, 맹목자가 많다).
- 양인+형이나 충이면 매사 막히고 빈곤하고 사고가 많다.
- 양인 합이면 그 자리에서 다른 곳으로 이사해야 한다(용신 방향으로 옮긴다).
- 양인+편관+식신이 같이 있으면 권력, 홍업, 성공한다(검사, 군인, 경

찰관으로 출세).

　- 양인삼합이 되면 사고, 몸의 상처, 가정 내 불행이 찾아오고 불칙지
사(흉사가 연거푸)가 발생한다. 타인과 불화합한다.

　- 일주가 양인은 최고로 꺼린다.

丙　丁　戊　己　壬　癸 - 정을 막 주지 않는다.

午，　未，　午，　未，　子，　丑 　부부밖에 모른다.

(부부 불화)　　여러 번 결혼　　정조 관념이 강하다.

　- 양인을 생하면 (천간, 지지에) 항상 재앙이 크다(같은 기둥).

　- 양인이 子·午·卯·酉에 해당되면 반드시 무기(칼·총)로 몸을 다칠 수
있다.

　- 양인은 하늘 아래서는 최고로 악한 살이다.

　- 대운·세운에 양인운을 만나면 남명은 이성을 사귀고, 여명은 바람이
난다.

　- 양인이 목욕살과 있으면 고질병으로 고생한다.

• 양인살 상격

　- 양인은 편관이 희신이다. 법관 의사, 군인, 경찰, 권력으로 출세한다.

　- 양인은 편관이 없으면 현달하지 못하고 천격으로 살아간다.

　- 양인은 신약사주에서는 보약이라 발달이 빠르다.

　- 양인은 비견 겁재와 같은 역할을 한다.

　- 양인이 편관이 있으면 살인상생격을 이루어 상격으로 출세·형통하는

것이 빠르다.

– 양인을 다스리는 것은 오로지 편관밖에 없다.

• 양인살 하격

– 양인이 편관이 없으면 백정, 교도소, 장의사, 묘지관리인, 사형집행
관, 주방장, 살벌성이 있는 극천업을 갖게 된다.

– 양인은 천상과 흉성 중에 흉성이라 인간에게는 악살이다.

– 일간이 신강이 되면 독약이라 발달이 더디다.

– 양인은 육합, 삼합, 방합이 되면 성품이 아주 강하여 재앙을 초래한다.

– 양인을 충하면 양인에 악살이 날뛰어 재앙을 초래한다.

– 양인이 복음이 되면 양인에 작용이 2배로 흉작용이 강하다.

時	日	月	年
	丙양		
子	午인	未	午
冲	合	伏吟(복음)	

– 양인은 충도 합도 안 되고 복음이 되면 절대 안 된다.

– 양인이 다칙(1개 이상 2개부터) 高職(고직: 높은 직)에 있더라도 하루아
침에 전락, 하락으로 떨어지며 불구자가 된다.

– 양인이 공망이 되면 속이거나 사기가 많다.

– 양인이 충이 되는 운에는 항상 사고가 발생하거나 빈한지명이 된다.

– 互換(호환) 양인이 되면 재앙이 겹친다.

– 남녀 불문하고 간음하고 家道(가도)가 패망한다. 이성으로 인해 집안이 망한다.

년지 양인	조상 덕·인연이 없으며 초년에 부모 無德(무덕)하거나 인연이 없다.
월지 양인	성품이 강하여 부부 불화하며 인연이 약하다.
시지양인	노년에 고독하고 질병으로 고생을 많이 한다.

時	日	月	年
丁	丙	辛	庚
未	午	酉	戌

지지모두 양인이 호환양인이다.

괴강살(魁罡殺)

기둥으로 본다. 백호살 열 개보다 괴강살 1개가 더 무섭다.

庚	庚	壬	戊	壬
戌	辰	辰	戌	戌

月이나 日에 있을 때 우선이고, 다음은 다른 기둥이다.

日	月	
魁괴	魁괴	기둥으로 괴강이 되어 있을 때 2~3개 있어야 높
		은 직위에 오른다.
罡강	罡강	
日	괴강格	

• 성품

- 총명하고 엄격하다.

- 냉정하고 무정하다.

- 과단성이 있으며 과감하다.

- 강직하고 정직하다.

- 剛情(강정)이 있으며 강폭하다.

- 남녀 모두 고집이 태강하며 안하무인이다.

- 극빈, 극귀, 권력지인, 고직, 천직, 극길, 극흉, 무책임하다.

- 괴강살은 아주 성품이 강하며 결혼을 잘 안 시킨다.

- 괴강은 중간 또는 보통이 없이 극과 극이다.

- 여자는 상부하며 성격이 강하고 총명하며 관합에서는 최고로 꺼린다.

- 장수를 하거나 일찍 죽는다. 보통은 없다.

- 괴강살은 충이 되거나 신약하면 아래로 추락하며 빈천하게 살아간다.

- 대운·세운에서 신강이라도 재차 신강운이 와야 하며, 충운이 올 때 사망한다(유일하게 이것 1개만 해당된다).

- 대운, 세운에서 충이 되면 풍전등화다(수명뿐 아니라 모든 것이 다 없어진다, 무산).

日

庚　　→ (운에서 金이나 土로 일간을 도와주기만 하면 된다)

戌　辰(세운)

冲: 사망 - 괴강은 신약이나 충이 되면 죽을 고비다, 수명무산,

* 사주 내에서 기둥이 1개 있으면 괴강살의 사주가 아니고 2개 이상 있어야 한다. 괴강은
　사주 내에서만 본다. 단, 時(시)는 보지 않는다.

귀문관살(鬼門關殺)

子 酉, 巳 戌, 丑 午, 寅 未, 辰 亥, 卯 申

– 신경이 예민하다.

– 신약이면 더욱 강하다.

– 신강은 총명하다.

양차살(陽差殺) · 음착살(陰着殺)

[양차살 日柱(일주)]

丙　　丙　　戊　　戊　　壬　　壬
子　　午　　寅　　申　　辰　　戌

– 부부 풍파가 많다.

– 결혼에 난관이 많다.

– 일주에 있을 때 작용력이 강하다.

[음착살 日柱(일주)]

丁　丁　辛　癸　癸
丑　未　卯　巳　亥

– 고독하고 人德弱(인덕약)하다.

– 시에 있을 때 자식 불안하다.

– 부부 불화.

• 작용

– 양차 丙子, 戊寅, 丙午, 戊申, 壬辰, 壬戌.

– 음착 丁丑, 丁未, 辛卯, 癸巳, 癸亥.

– 부부간에 풍파가 많다. 결혼에 난관이 많다.

– 생일에 있으면 외가가 몰락하거나 고독하다.

– 생시에 있으면 처가가 몰락하거나 고독하다.

현침살(懸針殺)

甲　甲　辛　辛
申　午　卯　未

• 작용

  – 일주나 시주에 있으면 중하게 작용한다.

  – 현침이 중봉하면 성격이 예리하고 잔인하다.

  – 관재와 사고를 많이 당한다.

  – 사업을 하면 잘 안된다.

  – 직업은 활인업으로 의사, 약사, 기술업, 역술인, 침술업에 종사한다.

반음 복음(返吟 伏吟)

  – 일주, 년주를 기준으로 한다.

  – 충하는 것은 반음, 같은 것은 복음이다.

  – 대운·세운에서 복음·반음을 만나면 비참한 일이 생긴다.

  – 자기에게 재앙이 없으면 가까운 사람에게 재앙이 있다.

  – 일주(부부변동), 년주(사회활동 변동), 세운, 대운 비교.

금여(金輿)

  – 록전이위다(甲祿(갑록) 寅辰(인진).

  – 고급관사, 귀족이 되어 관용차를 타거나 여자는 귀부나 부호를 만나고 온후 양순하다.

  – 남녀 모두 얼굴이 잘생겼다.

고만살(孤灣殺)

• 日柱(일주) 기준

甲	乙	丙	丁	戊	戊	己	辛	壬
寅	巳	午	巳	申	午	酉	亥	子

• 작용

- 甲寅, 丁巳, 辛亥, 戊申, 己酉, 丙午, 壬子, 乙巳, 戊午, 日生(일생) 을 말한다.
- 일명 신음살은 일주에 적용하고 여명에 한해서 본다.
- 남편과 애정 생활이 원만하기 어렵다.
- 남편이 질병이 있거나 무능력하거나 본인이 활동해야 한다.
- 부군이 없어서 무력하여 부득이 자신이 직업을 갖는다.
- 辛亥, 己酉 일생 여명은 자녀를 출산 후 부군의 기세가 하강하여 남편보다 자녀에 애착심이 강하다.
- 재관의 조화가 잘되면 행복해질 수 있다.

삼기(三奇)[=좋은 것]

甲戊庚 乙丙丁 辛壬癸
- 학문을 좋아하고 재능이 탁월하다.
- 흉재가 범하지 못하고 삼합, 육합이 있으면 즉 국가주석이 된다.

– 귀를 거듭 만나므로 榮華貴發(영화귀발)하며 악살공망을 만나면 귀가 없어진다.

학당(學堂)

– 智慧(지혜)롭고 총명하며 주도적이다. 연구·학교·학문.

– 교직자의 命(명)에는 대부분 학당이 있다.

– 신약하고 형·충·파·해·공망이 되면 아무런 도움이 되지 못한다. 흉성과 삼합하면 凶重(흉중)하다.

– 천을귀인 정인, 정관과 합하면 의록이 풍부하고 귀인의 사랑을 받는다.

– 식신이 합하면 의록이 풍부하다.

– 건록과 합하면 의외의 횡재가 많다. 명망 복이 많다.

– 합한 가운데 충을 만나면 파국이 되고, 원진·刑(형)·害(해)가 있으면 언, 선행, 예의가 없다.

– 간지가 합을 이루면 간악사통하고 불량하며 음란한 행동을 한다.

궁합(宮合)

궁합이란, 혼인할 때 음양오행설에 입각하여 신랑 될 사람과 신부 될 사람의 사주를 보아 배우자로서 두 사람의 적격 여부를 알아보는 방법을 말한다. 궁합에는 12지지에 따른 겉궁합과 오행에 따른 속궁합이 있다. 예로부터 혼인 성립에 필요한 절차의 하나로서, 남녀의 생년월일에 의한 궁합과 택일의 관습을 가지고 있었는데, 궁합을 보아 사주와 오행에 煞(죽일=살)이 있으면 불길하다고 하여 결혼을 하지 않았다. 청혼을 한 상대방의 처지를 고려한 거절의 방법으로도 이용된 측면이 있다.

결혼 시기와 궁합 보는 법

궁합법

각각의 남녀 사주를 대조하여 상호 간에 가장 알맞은 사주를 配偶(배우)하는 방법이다. 상호 서로의 日支(일지), 月支(월지)에서 三合(삼합)할 것이다. 年支(년지), 時支(시지)를 제외한 한쪽 사주에 반회가 있고 다른 한쪽의 사주에 一神(일신)이 있어서 삼합하여 융화할 수 있는 것이 있으면 좋다.

－ 일간끼리 칠살이 되지 않을 것이다. 사주의 강약에서 균형이 좋을 것이다. 신왕과 중왕, 신왕과 신약, 중 왕과 신약 등이 좋고, 신왕과 신왕, 신약과 신약은 좋지 않다.

－ 격국의 극이 되지 않아야 할 것이다. 식신격에 대해서 인수격, 편인격에 대해서는 정재격 등, 격식으로 칠살이 되지 않는 것이 좋다.

－ 刑冲忌神(형·충·기신)이 없을 것이다. 월지와 일지에 충·형이 되는 것, 일지 오행이 격국의 기신에 해당하는 사주는 좋은 궁합으로 보지 않는다.

－ 태과는 감하고, 부족한 것은 생부할 것이다. 재성이 많은 것에는 비겁이 강한 것을 정하고, 관살이 태과하는 것에는 비겁이 강한 것을 정하고, 관살이 태과하는 것에는 인성 또는 식상이 강한 것을 정한다. 또 재성이 약한 것에는 식상을 정하고 관살이 약한 것에는 재성격을 정하는 것처럼 오행으로 그 배합에 적절함을 득하는 것도 중요한 일이다.

궁합의 **必要**(필요)

－ 우리 인간에게 음양의 짝을 맞추는 것과 같다.

－ 음양의 조화가 잘되면 발복의 근원이 되는 짝이다.

－ 차바퀴가 짝이 안 맞으면 굴러가기 어려운 것과 같다.

－ 사주팔자가 나빠도 궁합이 잘 맞으면 행복하게 산다.

－ 사주팔자가 좋아도 궁합이 나쁜 사람은 만나면 불행하게 산다.

－ 어떤 사주라도 완전하게 길한 사주는 타고나기 어렵다. 그러므로 결혼할 때 내가 필요한 오행을 상대방이 가지고 있는 사람과 결혼하면 자신

의 운명이 길한 것으로 바뀐다.

  - 상생되는 얼굴형과 산다(生: 잘산다).

   水생 木, 木생 火, 金생 水, 土생 金, 火생 土

  - 궁합, 충, 형, 원진이 많으면 생이별·사별한다(원진은 子未, 丑午, 寅酉, 卯申, 巳戌, 辰亥).

  사주팔자로 결혼 시기 보는 법

  - 남녀 사주 일간과 일지와 슴(합)이 될 때, 배우자의 神(신)이 대운·세운에서 올 때, 암장 중에 배우자의 神(신)이 슴이 될 때 결혼한다.

  - 사주에 배우자의 神이 없으면 대운·세운에서 들어오는 시기에 혼기로 잡는다.

  - 대운·세운에서 합이 되는 년에 결혼하면 화합으로 산다.

  - 대운·세운에서 충이 되거나 형, 원진이 되는 해 결혼하면 일생에 풍파·이별수가 있다.

  - 대운·세운과 년·월·일·시를 대조하는 것이 중요하다.

  - 결혼 시기는 농부가 씨앗을 좋은 땅에 뿌려도 시기를 맞추지 못하면 결실을 보기 어렵다.

  궁합 보는 법

  - 사주가 나빠도 궁합이 좋으면 행복하게 산다.

  - 사주가 좋아도 궁합이 나쁘면 불행하게 산다.

  - 궁합이 불길하면 생이별·사별한다.

  - 자석과 같은 것이 궁합이다.

– 서로가 年(년)과 年을 보는 것이 겉궁합이다.

– 남녀 사주가 합이 많이 되는 것이 속궁합이다.

– 제일 좋은 궁합은 서로 없는 오행을 가지고 있을 때이다.

– 서로 사주가 합이 많이 되는 부부는 설령 의식이 부족해도 부부 금실은 최고로 좋다.

– 성명학에서 부부 금실은 亨(형)격에 속한다.

결혼하자마자 발복하는 사주

– 궁합이 맞는 사람과 결혼할 때
– 결혼할 때 년·월을 잘 택일할 때

日

辛

亥(상관)

戊(정인)

甲(정재)

壬(상관)

– 궁합과 결혼 시기, 택일을 소홀히 해서는 안 된다.

– 궁합이 좋아서 결혼했는데 이혼하는 사람은 파종(택일)하는 시기가 나빠서이다(궁합이 아무리 좋아도 이혼한다).

이혼·이별하는 사주

결혼하자마자 이별, 망하는 사람

- 사주팔자가 액운이 많은 사주.
- 성명학에서 형격이 나쁜 사람.
- 결혼하는 택일이 나쁜 사람.
- 궁합이 나빠서 이혼하는 사람이 70%이다.
- 사주가 나빠서 이혼하는 사람이 30%이다.
- 세운에서 원진살이 들어와도 이별한다.
- 사별 아니면 재산 손실을 당하며, 가벼우면 질병에 걸린다.

이혼하는 사주

- 남녀 불문하고 일지지에 편인, 정인이 있으면 부부 불화.
- 여명에 일지지에 상관이 있을 때.
- 일지지에 상관이 있는 사람.
- 비견, 겁재가 사주에 많이 있을 때.
- 오행이 한쪽으로 너무 기울어져 있을 때 부부가 거닐기 어렵다.
- 원진, 귀문관살이 많이 있을 때.
- 여명이 편재가 많이 있을 때 인내하는 마음이 없으면 남편을 섬기기 어렵다.
- 남명이 편재가 많이 있을 때 부부 이별, 생이별한다.
- 남명이 비견, 겁재가 많으면 살다 이혼한다[財剋(재극)].
- 양인이 2개 이상 있을 때.

– 남자는 財가 絕(절)·墓(묘)에 있으면 사별한다.

– 여자는 관이 절, 묘가 있으면 과부나 보살이 된다.

– 남명 財庫(재고)충, 홀아비, 여명 관고충, 고부, 과부살, 홀아비살이 강하다.

– 간여지동(천간지지 같은 오행)일 때 부부 불화.

– 지지에 월, 일충은 부부 이별.

– 화개살(辰戌丑未) 중중하면 부부 이별.

결혼 늦게 해야 길한 사주

– 배우자관이 약한 사람.

– 사주로 부부궁이 나쁜 사람.

– 초혼 실패하는 사주는 년에 과부살, 홀아비살이 있거나 남명은 財(재)가 2개 이상 있을 때.

무자(無子) 사주

– 사주에 남자는 정, 편관이 많은 사람.

– 남여가 식상이 많은 사람.

– 일주가 戊子이거나 자식이 사주에 약하게 붙어 있는 사람.

– 時(시)에 辰戌丑未가 있는 사람.

– 부부 궁합할 때 辰戌丑未時에 하면 자식이 불구자이거나 자식이 없다.

– 사주에 비견, 겁재가 많으면 자식과 멀리 떨어져 사는 것이 길하다.

– 천간, 지지에 일, 시가 충, 공망, 절, 묘가 되면 자식을 낳아도 불구
자이거나 자식이 없다.

– 時에 정인, 편인은 자식이 없다.

[예] 乙戊壬丁　　丁戊癸壬　　여자
　　卯子子丑　　巳申卯寅

• 冲(충)에 작용

① 년지와 월지 충하면

– 부모·형제 불화.

– 부모 인연 약.

– 어려서 고향을 떠나는 것이 이익이다.

② 월지와 일지 충하면

– 배우자와 불화, 별거, 생사별.

– 가정 내 불안정.

– 성격이 조급하고 건강이 좋지 않다.

③ 일주·시주 冲(충)

– 말년에 불안하고 생활에 변동이 많다.

– 배우자, 자식과 이별수가 있다.

乾(건=남자)

① 초혼 실패

띠	子	丑	寅	卯	辰	巳	午	未	申	酉	戌	亥
달	二 十二月	一 三月	二 七月	二 十月	一 五月	九月	八月	九 十一月	四 八月	八 七月	十二月	三月

② 日柱 부부궁 불미한 사주

甲子. 乙丑. 戊辰. 甲戌. 丁丑. 丙戌. 己丑. 辛卯.

乙未. 辛丑. 甲午. 戊午. 丁未. 癸亥. 壬子. 乙卯. 日 출생자.

이별 혹 이성 파종.

坤(곤=여자)

① 초혼 실패, 풍파 많다.

띠	子	丑	寅	卯	辰	巳	午	未	申	酉	戌	亥
달	一 二月	四月	七月	十二月	四月	五月	八 十二月	六 七月	六 七月	八月	十二月	七 八月

② 日柱 부부궁 불미한 일주

乙巳. 丙寅. 丁亥. 丙午. 丁巳. 壬子. 戊辰. 辛酉.

癸亥. 壬戌. 丙戌. 戊戌. 戊午. 庚子. 日출생자.

• 여자는 운에서 子, 午, 卯, 酉, 도화가 들어올 때 결혼
– 대운: 편관, 정관.
– 세운: 상관, 식신 운에서 결혼한다.

• 남자는 운에서 대운 子, 午, 卯, 酉 도화가 들어올 때 결혼
편재, 정재, 편관, 정관, 결혼운. 즉, 大運(대운)에서 官, 財, 도화가 와야 결혼운이다.
– 일간은 음양이 서로 달라야 하고(남·여) 합이 되면 좋다. 일간이 생해주면 좋다.
– 포태법 일간을 본다(日地支). 속궁합을 본다. 맞지 않으면 언젠가 이별한다. 남자는 천간에 재가 많이 뜨면 재혼지명, 여자는 천간에 관이 많이 뜨면 재혼지명.
– 남자는 재묘가 있고 고진살이 있으면 재혼하거나, 처가 죽고 재혼한다. 여자는 관묘가 있고 과숙살이 있으면 재혼하거나, 남편은 죽고 재혼한다. 운에서라도 보여도 안 된다.
– 여자: 관묘+과숙살 = 과부가 된다.
– 남자: 재묘+고진살 = 홀아비가 된다. 200% 작용. 대운·세운에서 와도 같다.

행복한 결혼 생활의 3대 요건

– 乾命(남명): 정재든, 편재든 一位(1개)가 있는 것.

　坤命(여명): 정관이든, 편관이든 一位가 있는 것.

– 남녀 비견, 겁재가 많으면 이성에게 정을 쉽게 주고, 남녀 부부 이별을 쉽게 할 수 있다.

– 남명은 陽일간에 신강(강)이면 좋은 사주다. 부부 생활은 편안하다.

　여명은 陰일간에 신약(약)인 듯하면 부부 생활이 원만하다.

(음력) 해당 띠를 가진 사람은 이달에 결혼하면 흉하다.

생년	子	丑	寅	卯	辰	巳	午	未	申	酉	戌	亥
중혼살	四	五	六	七	八	九	十	十一	十二	一	二	三
재가살	五	六	七	八	九	十	十一	十二	一	二	三	四
절방살	十一	二	七	十一	二	七	十一	二	七	十一	二	七

* 重婚殺(중혼살): 여러 번 재혼하는 일이 발생한다. 홀로 빈방을 지킨다.
* 財嫁殺(재가살): 재혼할 수 있다. 별거 생활을 할 때가 있다.
* 絶房殺(절방살): 가정이 싫거나 부부가 보기 싫어진다. 부부가 배신할 때가 있다.

생일에서 보는 길흉

생일에서 보는 흉성운(吉凶星)

일간 길흉성	甲	乙	丙	丁	戊	己	庚	辛	壬	癸
태극귀인	子午	子午	卯酉	卯酉	辰戌丑 未	辰戌丑 未	寅亥	寅亥	巳申	巳申
천을귀인	丑未	申子	酉亥	酉亥	丑未	申子	丑未	寅午	卯巳	卯巳
복성귀인	寅	丑亥	子戌	酉	申	未	午	巳	辰	卯
천주귀인	巳	午	巳	午	申	酉	亥	子	寅	卯
천관귀인	酉	申	子	亥	卯	寅	午	巳	丑未	戌辰
천복귀인	未	辰	巳	酉	戌	卯	亥	申	寅	午
문창귀인	巳	午	申	酉	申	酉	亥	子	寅	卯
절도귀인	巳	未	巳	未	巳	未	亥	丑	亥	丑
양 인	卯	辰	午	未	午	未	酉	戌	子	丑
암 록	亥	戌	申	未	申	未	巳	辰	寅	丑
비 인	酉	戌	子	丑	子	丑	卯	辰	午	未
금 여 록	辰	巳	未	申	未	申	戌	亥	丑	寅
간 록	寅	卯	巳	午	巳	午	申	酉	亥	子

홍 염	申	午	寅	未	辰	辰	戌	酉	子	申
류 하	酉	戌	未	申	巳	午	辰	卯	亥	寅
학 사	子	亥	卯	寅	午	巳	午	巳	酉	申
천 재	戊	己	庚	申	壬	癸	甲	乙	丙	丁
래 록	丑卯	寅辰	辰午	巳未	辰午	巳未	未酉	申戌	戌子	亥丑
시 록	酉	戌	申	未	申	未	巳	辰	寅	丑
일 덕	甲	寅	丙	辰	癸	巳	庚	辰	壬	戌
일 귀	丁	酉	丁	亥	癸	巳	癸	卯		
음 착 양 차 살	丙子 丙午	丁丑 丁未	戊寅 戊申		辛卯 辛酉		壬辰 壬戌		癸巳 癸亥	
괴 강 (일주)	庚辰		壬辰		戊戌		庚戌			

생일에서 보는 신살

생일 \ 월지	亥子丑 月	寅卯辰 月	巳午未 月	申酉戌 月
격각살	丑 寅	辰 巳	未 申	戌 亥
하정살	子 午	寅酉, 子丑	巳戌亥	丑 申
장군살	申巳亥	酉戌辰	未卯子	丑寅午
심수살	未 亥	寅 申	未	卯 酉
폭패살	寅卯午	亥未戌	巳子辰	申酉丑
욕분살	丑	辰	未	戌

* 격각살: 육친적인 인연이 희박하여 타향살이를 하게 되며 일신의 고독이 따르게 되는 살이다. 이것은 가족이나 친구, 주변 사람과 멀리 떨어져 지내게 되는 삶을 뜻한다.

* 하정살: 인정이 두텁고 감정에 약하여 자신은 손해가 따르더라도 타인의 어려움을 잘 돌 봐 주게 되는 살이다.
* 장군살(장성살): 장군살은 흔히들 '장성살'이라고 부르기도 하며 군대를 통솔하는 장군을 지칭하는 뜻을 가지고 있고 간절히 소원하던 꿈을 실현해 권위와 지위가 승승할 수 있도 록 도와준다는 좋은 뜻의 길살이다. 이것을 뜻하는 것을 단어로 축약하자면 장수, 강직, 권위, 고집, 승부욕과 결단, 통솔력, 혈기왕성, 기고만장과 같은 것을 들 수 있다.
* 심수살: 이날에 출생한 사람은 지혜가 있고 특수한 재능이 있다고 하여 자기만 모든 일에 자신만만하게 처리하고 남의 의견은 듣지 않고 남의 밑에 있는 것을 좋아하지 않고 자신 이 똑똑하다는 기질이 있어 이것이 결점이다.
* 폭패살: 이날에 출생한 사람은 남의 의견은 받아들이지 않고 무슨 일이든 타인과 충돌을 많이 하고 사업에 실패한다. 이살성이 일월에 있으면 중년 시절에 실패를 하고 일시에 있 으면 말년에 실패하게 된다.
* 욕분살: 이날에 출생한 사람은 자아심이 강하고 독선적이고 자기 형편도 안 되면서 억지 로 남을 돌봐 주고 도리어 그 일에 결점이 생겨 거꾸로 원한을 사게 되어 원수가 된다.

생일에서 보는 길흉성

길흉성 \ 월지	寅	卯	辰	巳	午	未	申	酉	戌	亥	子	丑
천덕귀인	丁	申	壬	申	亥	甲	癸	寅	丙	乙	巳	庚
월덕귀인	丙	甲	壬	庚	丙	甲	壬	庚	丙	甲	壬	庚
천덕합	壬	巳	丁	丙	寅	己	戊	亥	辛	庚	申	乙
월덕합	辛	己	丁	乙	辛	己	丁	乙	辛	己	丁	乙
日時地支 화 개	戌	未	辰	丑	戌	未	辰	丑	戌	未	辰	丑
명 궁 주 수	子	亥	戌	酉	戌	亥	子	丑	寅	卯	寅	丑

❖ 참고 문헌 ❖

- 자평명리학
- 적천수
- 사주첩경
- 난강망
- 김종현, 『운정비결』, 도서출판 맑은샘, 2018.
- 중국원서
- 이재운 교수
- 다음, 네이버 출처

내 가족 사주는 내가 본다!
누구나 이해하기 쉬운 사주·명리 총정리

내 운명의 바코드는 무엇일까?

초판 1쇄 인쇄일 2021년 3월 8일
초판 1쇄 발행일 2021년 3월 15일

지은이 신보경
펴낸이 양옥매
교   정 조준경

펴낸곳 도서출판 책과나무
출판등록 제2012-000376
주소 서울특별시 마포구 방울내로 79 이노빌딩 302호
대표전화 02.372.1537   **팩스** 02.372.1538
이메일 booknamu2007@naver.com
홈페이지 www.booknamu.com
ISBN 979-11-5776-445-7 (03180)